U0104965

古典文獻研究輯刊

三二編

潘美月・杜潔祥 主編

第6冊

《四庫提要》精選精注（第六冊）

司馬朝軍 著

國家圖書館出版品預行編目資料

《四庫提要》精選精注（第六冊）／司馬朝軍 著 -- 初版 -- 新北市：花木蘭文化事業有限公司，2021〔民 110〕

目 6+214 面；19×26 公分

（古典文獻研究輯刊 三二編；第 6 冊）

ISBN 978-986-518-387-5（精裝）

1. 四庫全書 2. 研究考訂

011.08　　110000575

古典文獻研究輯刊

三二編　第 六 冊　　ISBN：978-986-518-387-5

《四庫提要》精選精注（第六冊）

作　者　司馬朝軍

主　編　潘美月、杜潔祥

總 編 輯　杜潔祥

副總編輯　楊嘉樂

編　輯　許郁翎、張雅淋　美術編輯　陳逸婷

出　版　花木蘭文化事業有限公司

發 行 人　高小娟

聯絡地址　235 新北市中和區中安街七二號十三樓

電話：02-2923-1455／傳真：02-2923-1452

網　址　http://www.huamulan.tw 信箱 service@huamulans.com

印　刷　普羅文化出版廣告事業

初　版　2021 年 3 月

全書字數　1388152 字

定　價　三二編 47 冊（精裝）台幣 120,000 元　

《四庫提要》精選精注
（第六冊）

司馬朝軍 著

目次

第六冊

31. 翰苑集二十二卷

唐陸贄〔一〕(754～805)撰。贄事蹟具《唐書》本傳。

案:《藝文志》載贄議論表疏集十二卷。又《翰苑集》十卷,常處厚纂。陳振孫《書錄解題》載《陸宣公集》二十二卷,中分《翰苑》《榜子》為二集〔二〕,其目亦與史志相同。惟晁公武《讀書志》所載乃只有《奏議》十二卷,且稱舊有《榜子集》五卷,《議論集》三卷,《翰苑集》十卷,元祐中蘇軾乞校正進呈〔三〕,改從今名。疑是裒諸集成此書,與史志名目全不相合。今考尤袤《遂初堂書目》所列,實作《翰苑集》。而錢曾《讀書敏求記》載所見宋槧大字本二十二卷者,亦作《翰苑集》,則自南宋以後已合議論表疏為一集,而總題以「翰苑」之名。公武所見乃元祐本,恐非全冊。而今世刊行贄集亦有題作《陸宣公奏議》者,則又沿《讀書志》而失之者也。〔四〕

宋祁作贄傳贊,稱其論諫數十百篇,譏陳時病,皆本仁義,炳炳如丹青,而惜德宗之不能盡用。故《新唐書》例不錄排偶之作,獨取贄文十餘篇,以為後世法。〔五〕司馬光作《資治通鑒》,尤重贄議論,採奏疏三十九篇。其後蘇軾亦乞以贄文校正進讀。**蓋其文雖多出於一時匡救規切之語,而於古今來政治得失之故,無不深切著明,有足為萬世高抬貴手者,故歷代寶重焉。**贄尚有詩文別集十五卷,久佚不傳。《全唐詩》所錄僅存試帖詩三首及《語林》所載逸句〔六〕。然經世有用之言,悉具是書。其所以為贄重者,固不必在雕章繪句之末矣。〔七〕(《四庫全書總目》卷一百五十)

【注釋】

〔一〕**【作者研究】**王素撰《陸贄評傳》(南京大學出版社 2001 年版)。

〔二〕**【史源】**《直齋書錄解題》卷十六。

〔三〕**【史源】**《郡齋讀書志》卷十七。

〔四〕**【版本】**《欽定天祿琳琅書目》卷六「元版子部」:《陸宣公集》十卷(一函五冊),唐陸贄著。字明紙瑩,洵屬元刊善本。

〔五〕**【陸贄】**字敬輿。唐蘇州嘉興(今屬浙江)人。《新唐書》卷一百五十七《陸贄傳贊》曰:「德宗之不亡,顧不幸哉!在危難時聽贄謀,及已平,追仇盡言,怫然以讒幸逐猶棄梗。至延齡輩,則寵任磐桓,不移如山,昏佞之相濟也。世言贄白罷翰林,以為與吳通玄兄弟爭寵,竇參之死,贄漏其言,非也。夫君子、小人不兩進,邪諂得君,則正士危,何可訾耶?觀贄論諫數十百篇,譏陳時病，皆本仁義，可為後世法，炳炳如丹，帝所用才十一。唐祚不競，惜哉！」

〔六〕【考證】《御定全唐詩》卷二百八十八收入試帖詩三首，即《曉過南宮聞太常清樂》《禁中春松》《賦得御園芳草》。按，試帖詩亦稱賦得體。唐科舉考試所用詩體名。因詩須緊扣題意，類似帖經，故稱。

〔七〕【整理與研究】1988 年浙江古籍出版社出版了劉澤民校點《陸宣公集》，2006 年中華書局出版了王素整理的《陸贄文集》。後者對陸贄的文集進行了詳細的校注，是目前陸集的最新成果。

32. 五百家注音辨昌黎先生文集四十卷

宋魏仲舉編。仲舉，建安人。

書前題慶元六年（1200）刻於家塾，實當時坊本也。首列評論、詁訓、音釋、諸儒名氏一篇，自唐燕山劉氏迄潁人王氏，共一百四十八家。又附以新添集注五十家，補注五十家，廣注五十家，釋事二十家，補音二十家，協音十家，正誤二十家，考異十家，統計只三百（六）〔七〕十八家，不足五百家之數〔一〕。而所云新添諸家，皆不著名氏。大抵虛構其目，務以炫博，非實有其書。即所列一百四十八家，如皇甫湜、孟郊、張籍等，皆同時唱和之人，劉昫、宋祁、范祖禹等，亦僅撰述《唐史》，均未嘗詮釋文集。乃引其片語，即列為一家，亦殊牽合。蓋與所刊《五百家注柳集》，均一書肆之習氣。

然其間如洪興祖、朱子、程敦厚、朱廷玉、樊汝霖、蔣璨、任淵、孫汝聽、韓醇、劉崧、祝充、張敦頤、嚴有翼、方崧卿、李樗、鄭耕老、陳汝義、劉安世、謝無逸、李樸、周行己、蔡夢弼〔二〕、高元之、陸九淵、陸九齡、郭忠孝、郭雍、程至道、許開、周必大、史深大等，有考證音訓者，凡數十家。原書世多失傳，猶賴此以獲見一二，亦不可謂非仲舉之功也。

朱彝尊稱此書尚有宋槧本在長洲文氏，後歸李日華家，正集之外尚有《外集》十卷，《別集》一卷，附《論語筆解》十卷。此本止四十卷，而《外集》《別集》不與焉。蓋流傳既久，又有所闕佚矣。〔三〕（《四庫全書總目》卷一百五十）

【注釋】

〔一〕【考證】清惲毓鼎《澄齋日記》：「（壬子臘月）十五日（二十一號）陰，會臣來久談。晚在聚魁坊便酌。在商務印書館買石印《五百家注昌黎集》四十冊，共一箱。原本為南宋精鐫，國初藏澹生堂祁氏，後歸朱竹垞、惠定宇兩先生，字畫勁厚，在當時可稱佳刻，石刻略縮十分之一，儼然原板。發篋陳書，琳琅奪目，助清興不淺。自石印之法行，無力藏書之貧子，皆得摩挲秘笈，今人讀書福，突過前賢百倍矣（中有一冊係補抄）。魏仲舉所輯，號稱五百家，其實不足此數，且有單詞片語而備一家者。唯所徵引諸家，今大半亡佚，賴此稍存崖略。《昌黎集》以朱子《韓文考異》、東雅堂及此注為最善本。余尤嗜五百家注，以其考據詳而發明時得文外意也。唯坊間翻雕粗劣，只供兒童家塾讀本，今獲此精影，大慰生平矣。」

〔二〕【蔡夢弼】字傅卿，建安人。其始末未詳。著《杜工部草堂詩箋》四十卷、《草堂詩話》二卷。《草堂詩話提要》云：「今《詩箋》久佚，惟此書僅存。皆論說杜甫之詩。凡二百餘條，皆採自宋人詩話、語錄、文集、說部，而所取惟《韻語陽秋》為多。《宋史．藝文志》載方道醇集諸家《老杜詩評》五卷，方銓《續老杜詩評》五卷，陳振孫《書錄解題》載莆田方道深續集諸家《老杜詩評》一卷，又載《杜詩發揮》一卷，今惟方道深書見於《永樂大典》中，餘皆不傳。然道深書瑣碎冗雜，無可採錄，不及此書之詳贍。」（《四庫全書總目》卷一九五）郭紹虞先生以此為「專家詩話之體」。

〔三〕【整理與研究】馬其昶有《韓昌黎文集校注》（上海古典文學出版社 1957 年版），錢仲聯先生有《韓昌黎詩繫年集釋》（上海古籍出版社 1957 年版），劉真倫教授撰《韓愈全集校注》（四川大學出版社 1996 年版）、《韓愈集宋元傳本研究》（上中國社會科學出版社 2004 年版）。

33. 東雅堂韓昌黎集注四十卷外集十卷

不著撰人名氏。

惟卷末各有東吳徐氏刻梓家塾小印。〔一〕考陳景雲《韓集點勘書後》曰：「近代吳中徐氏東雅堂刊《韓集》，用宋末廖瑩中世綵堂本。其注採建安魏仲舉五百家注本為多，間有引他書者，僅十之三。復刪節朱子單行《考異》，散入各條下，皆出瑩中手也。瑩中為賈似道館客，事見《宋史》似道傳。徐氏刊此本，不著其由來，殆深鄙瑩中為人，故削其名氏並開版年月也（云云）。」〔二〕

今考此本，前列《重校凡例》九條，內稱廟諱一條，確為宋人之語，景雲之說為可信。知此本為瑩中注也。〔三〕

景雲又自注此文曰：「東雅堂主人徐時泰，萬曆中進士，官工部郎中。」〔四〕今考《明進士題名碑》，萬曆甲戌（1574）科有徐時泰，長洲（今江蘇蘇州）人，蓋即其人矣。（《四庫全書總目》卷一百五十）

【注釋】

〔一〕【昌黎集序說】東坡云：「杜詩、韓文、顏書、左史，皆集大成也。」又云：「唐之古文自韓愈始。其後許韓而不至者，為皇甫湜。學皇甫湜而不至者，為孫樵。自樵以降，無足觀矣。」○山谷與王觀復書云：「杜子美到夔州後詩，韓退之自潮州還朝後文章，皆不煩繩削而自合矣。」又云：「老杜作詩，退之作文，無一字無來處。蓋後人讀書少，故謂韓杜自作此語耳。」又答洪駒父云：「諸文皆好，但少古人繩墨耳。可更熟讀司馬子長、韓退之文章。」

今按，錢仲聯主編《歷代別集序跋綜錄》漢～唐卷第137頁誤將此段標為「蘇軾序」。蘇軾不過二語，黃庭堅有三語。

〔二〕【史源】陳景雲《韓集點勘書後》：「近代吳中徐氏東雅堂刊韓集，用宋末廖瑩中世綵堂本，其注採建安魏仲舉五百家注本為多，間有引他書者，僅十之三，復刪節朱子單行《考異》，散入各條下，皆出瑩中手也。瑩中為賈似道館客，事蹟見《宋史》似道傳，其人乃粗涉文藝、全無學識者。其博採諸條，不特遴擇失當，即文義亦多疏舛，閱者但取魏本及《考異》全文互勘，得失立辨矣。瑩中之敗，在德祐元年，則書出德祐前可知。徐氏刊此本，不著其由來，殆深鄙瑩中為人，故削其氏名並開板歲月耶？今世綵堂韓集，與瑩中所輯似道《悅生堂禊帖》，並為世所希有矣。廖為閩中著姓，世有眉壽，高曾多及見曾玄，故以世采名堂。朱子高弟廖子晦亦其裔也。至於瑩中，遂以相門狎客，頹其家聲，而猶遵奉朱子之書。蓋先世之緒言猶在，不敢忘淵源所自也。」

〔三〕【史源】廟諱條云：「皇朝廟諱，諸本多易本字。如貞元作正元之類，非臨文不諱之義，徒失古意。今例但空本字點畫，若唐諱如以丙為景，以民為人之類，卻存古不改。」

今按，《重校昌黎集凡例》不止九條，應為十條。

〔四〕【考證】東雅堂主人徐時泰，浙江錢塘（今杭州）人，明天啟二年（1622）進士，官至翰林侍講；而萬曆甲戌（1574）科徐時泰，長洲（今江蘇蘇州）人，官工部郎中。《四庫全書總目》此處未加考證，誤將兩徐時泰混而為一。

34. 詁訓柳先生文集四十五卷外集二卷新編外集一卷〔一〕

唐柳宗元〔二〕(773～819)撰。宋韓醇音釋。醇字仲詔，臨邛人。其始末未詳。

宗元集為劉禹錫所編，其後卷目增損，在宋時已有四本：一則三十三卷，為元符間京師開行本；一則曾丞相家本；一則晏元獻家本；一則此四十五卷之本，出自穆修家，云即禹錫原本。案陳振孫《書錄解題》曰：「劉禹錫作序，稱編次其文為三十二通，退之之志若祭文，附第一通之末。今世所行本，皆四十五卷，又不附誌文，非當時本也。」考今本所載禹錫序〔三〕，實作四十五通，不作三十二通，與振孫所說不符。或後人追改禹錫之序，以合見行之卷數，亦未可知。

要之，刻韓、柳集者，自穆修始。雖非禹錫之舊第，諸家之本亦無更古於是者矣。政和中，胥山沈晦取各本參校，獨據此本為正，而以諸本所餘者別作《外集》二卷附之於後，蓋以此也。

至淳熙中，醇因沈氏之本為之箋注，又搜葺遺佚別成一卷，附於《外集》之末，權知珍州事王諮為之序。醇先作《韓集全解》〔四〕，及是又注柳文，其書蓋與張敦頤《韓柳音辨》同時並出，而詳博實過之。魏仲舉《五百家注》亦多引其說。明唐覲《延州筆記》嘗摘其注《南霽雲碑》，不知汧城鑿穴之奇句，本潘岳《馬汧督誄》，是誠一失，然不以害其全書也。〔五〕(《四庫全書總目》卷一百五十)

【注釋】

〔一〕【著錄】庫書書名題作《柳河東集》。

〔二〕【作者研究】吳文治撰《柳宗元評傳》(中華書局 1962 年版)、《古典文學研究資料彙編·柳宗元卷》(中華書局 1964 年版)、《柳宗元大辭典》(黃山書社 2004 年版)，顧易生撰《柳宗元》(上海古籍出版社 1979 年版)，劉光裕等撰《柳宗元評傳》(上海人民出版社 1989 年版)，何書置撰《柳宗元研究》(嶽麓書社 1994 年版)，孫昌武撰《柳宗元評傳》(南京大學出版社 1998 年版)，梁鑒江撰《柳宗元傳》(廣東高等教育出版社 1999 年版)，駱正軍撰《柳宗元思想新探》(湖南大學出版社 2007 年版)。

〔三〕【劉禹錫序】八音與政通，而文章與時高下。三代之文至戰國而病，涉秦、漢復起。漢之文至列國而病，唐興復起。夫政痝而土裂，三光五嶽之氣分，大音不完，故必混一而後大振。初，貞元中，上方向文章，昭回之光，下飾萬物，天下文士爭執所長，與時而奮，粲然如繁星麗天，而芒寒色正，人望而敬者，五行而已。

〔四〕【司馬按】天祿琳琅當時藏有《新刊詁訓唐昌黎先生文集》，乃最佳本，而《總目》未著錄，不知何故？

〔五〕【司馬按】關於《柳宗元全集》的整理，目前還未見新注本，應該有人勇挑重擔。

35. 增廣注釋音辨柳集四十三卷〔一〕

舊本題宋童宗說注釋，張敦頤音辯，潘緯音義。宗說，南城人，始末未詳〔二〕。敦頤有《六朝事蹟》，已著錄。緯字仲寶，雲間人。據乾道三年（1167）吳郡陸之淵序〔三〕稱，為乙丑（1145）年甲科，官灊山廣文，亦不知其終於何官也。〔四〕

之淵序但題《柳文音義》，序中所述，亦僅及韓仿祝充《韓文音義》傳《柳氏釋音》，不及宗說與敦頤。書中所注，各以「童云」、「張云」、「潘云」別之，亦不似緯自撰之體例。蓋宗說之《注釋》、敦頤之《音辯》本各自為書，坊賈合緯之《音義》刊為一編，故書首不以《柳文音義》標目，而別題曰《增廣注釋音辯唐柳先生集》也。

其本以宗元本集、外集合而為一，分類排次，已非劉禹錫所編之舊。而不收王銍偽《龍城錄》之類，則尚為謹嚴。其音釋雖隨文詮解，無大考證，而於僻音難字一一疏通，以云詳博則不足，以云簡明易曉，以省檢閱篇韻之煩，則於讀柳文者亦不為無益矣。舊有明代刊本，頗多訛字。此本為麻沙小字版，尚不失其真云。（《四庫全書總目》卷一百五十）

【注釋】

〔一〕【著錄】四庫本書名題作《柳河東集注》。

〔二〕【考證】童宗說為宋紹興二十一年進士，見《寰宇通志》卷四二建昌府人物科甲條。紹興三十年時，為袁州教授。（楊武泉《四庫全書總目辨誤》第 203 頁）

〔三〕【陸之淵序】余讀韓、柳文，常思古人奇字齟齬，吾目且梍吾喙也，開卷必與篇韻俱檢，閱反切終日，不能通一紙，偶得二書釋音，如獲指南，猶恨字畫差小，不便老眼。至灊山郡齋屬廣文是正將大其刻，以傳學者……廣文中乙丑年甲科，恬於進取，尚淹選調，生平用心於內，不求諸外，遂能會稡所長，成一家言，將與柳文並行不朽無疑矣。非刻意是書者，未必知論著之不易也。廣文諱緯，字仲寶。雲間人，姓潘氏。

〔四〕【考證】潘氏曾為監察御史、將作監、知鎮江府等職。（李裕民《四庫提要訂誤》第 362 頁）

36. 五百家注音辨柳先生文集二十一卷外集二卷新編外集一卷龍城錄二卷附錄八卷

宋魏仲舉編〔一〕。

其版式廣狹，字畫肥瘠，與所刻《五百家注昌黎集》纖毫不爽，蓋二集一時並出也〔二〕。前有評論、訓詁、諸儒姓氏，檢核亦不足五百家〔三〕。書中所引僅有集注、有補注，有音釋，有解義及孫氏、童氏、張氏、韓氏諸解，此外罕所徵引，又不及《韓集》之博。蓋諸家論韓者多，論柳者較少，故所取不過如此，特姑以五百家之名與《韓集》相配云爾。

書後《外集》二卷，《新編外集》一卷〔四〕，乃原集未錄之文，共二十五首。《附錄》二卷，則羅池廟牒及崇寧、紹興加封誥詞之類，而《法言注》五則亦在其中。又附以《龍城錄》〔五〕二卷，序傳、碑記共一卷，後序一卷，而《柳文綱目》、文安禮《年譜》則俱冠之卷首。其中如《封建論》後附載程敦夫論一篇，又揚雄《酒箴》、李華《德銘》、屈原《天問》、劉禹錫《天論》之類〔六〕，亦俱採掇附入，其體例與《韓集》稍異。雖編次叢雜，不無繁贅，而旁搜遠引，寧冗毋漏，亦有足資考訂者。

且其本槧鍥精工，在宋版中亦稱善本〔七〕。今流傳五六百年而紙墨如新，神明煥發，復得與《昌黎集注》先後同歸秘府，有類乎珠還合浦，劍會延津，是尤可為寶貴矣。（《四庫全書總目》卷一百五十）

【注釋】

〔一〕【編者】魏仲舉，名懷忠，別見《提要》他處。《四庫全書總目》卷五十九《韓柳年譜》：「仲舉，建安人，慶元中書賈也。」《四庫全書總目》卷八十九《三國六朝五代紀年總辨》提要：「魏仲舉乃建陽書賈，今所傳《五百家注韓柳文集》即出其家，蓋以刊書射利者。」

〔二〕【版本】清高宗御題云：「《五百家注昌黎集》實宋槧之佳者。《柳子厚集》雖亦五百家注，版式、行款、標題並同，而紙色墨香遜韓集遠甚。且正集廿二卷以下至末皆闕，又改『目錄終』以彌縫之，更非完善。第柳集注刊本今鮮存者，亦覺片羽可珍，惟當居韓之次耳。」《天祿琳琅書目》卷三《新刊五百家注音辯唐柳先生文集》提要：「二函，十二冊，唐柳宗元著，宋魏仲舉集注。正集二十一一卷，附錄二卷，外集二卷，新編外集一卷，《龍城錄》二卷。前載《看柳文綱目》一卷，宋文安禮《柳先生年譜》一卷，評論、詁訓諸儒名氏一卷，後附柳先生序傳碑記一卷：文集後序五篇。宗元正集四十五卷，此書自廿二卷以下皆闕，書賈將『目錄終』三字移補廿一卷後，故無魏仲舉木記。然版式字體與韓集同，實為宋本。」

〔三〕【考證】據《四庫全書》本《五百家注柳先生集》卷首「柳集所收評論詁訓諸儒，名氏」，唐人凡五家，宋人凡九十七家。後又云：「新添集注五十家，續添、補注七十家。」合計之，亦不及五百之半。所謂五百家注，誇辭耳。

〔四〕【考證】《四庫全書》本作《新編外集》三卷。又《鐵琴銅劍樓藏書目錄》卷十九著錄此書之宋刊殘本云：「原書四十五卷，今存第十六卷至二十一、第三十七卷至四十一卷。」參觀《四庫全書總目提要補正》第 1205 頁。

〔五〕【辨偽】《柳先生龍城錄序》：「柳先生謫居龍城，因次所聞於中朝士大夫，摭其實者為錄。後之及史之闕文者亦庶幾焉。」司馬按，此序疑偽。《龍城錄》係王銍偽撰。歷代涉及此書辨偽者撮錄如次：

宋張邦基《墨莊漫錄》卷二：「近時傳一書曰《龍城錄》，云柳子厚所作，非也，乃王銍性之偽為之。其梅花鬼事，蓋遷就東坡詩『月黑林間逢縞袂』及『月落參橫』之句耳。又作《雲仙散錄》，尤為怪誕，殊誤後之學者。又有李歜注杜甫詩及注東坡詩事，皆王性之一手，殊可駭笑，有識者當自知之。」

元吳師道《敬鄉錄》卷一：「愚考昔人謂《龍城錄》《唐志》無之，乃王銍偽撰，或云劉燾。」

《直齋書錄解題》卷十一：「《龍城錄》一卷，稱柳宗元撰。龍城謂柳州也。羅浮梅花夢事出其中。《唐志》無此書，蓋依託也。或云王銍性之作。」

《朱子語類》卷一三八：「柳子厚《龍城錄》乃王性之輩所作。」

《直齋書錄解題》卷十六：「方崧卿既刻韓集於南安軍，其後江陰葛嶠為守，復刊柳集以配之，別錄而下，皆嶠所裒集也。別錄者，《龍城錄》及《法言注五則》。《龍城》，近世人偽作。」

《容齋隨筆》卷十「梅花橫參」條：「今人梅花詩詞多用參橫字，蓋出柳子厚《龍城錄》所載趙師雄事。然此實妄書，或以為劉無言所作也。」

《困學紀聞》卷九：「《龍城錄》月落參橫之語，《容齋隨筆》辨其誤，然古樂府《善哉行》云：『月沒參橫，北斗闌干，親交在門，忘寢與餐。』《龍城錄》語本此，而未嘗考參星見之時也。」

《少室山房筆叢》卷十六：「《龍城錄》宋王銍性之撰，嫁名柳河東，銍本意假重行其書耳。今其書竟行，而子厚受誣千載。余嘗笑河東生平抉駁偽書，如《鬼谷》《鶡冠》等，千百載上無遁情，真漢庭老吏，日後迺身為宋人誣巇，不能辯，大是笑資，然亦亡足欺識者也。」

宋洪邁《夷堅志》戊卷五「李林甫」條：「柳子厚《龍城錄》蓋劉無言所作，皆寓言也。其一云：元和元年六月，惠州一娼女震死於市，脅下朱書云：『李林甫以毒虐弄權，帝命列仙舉三震之。』近者紹熙元年春，漢陽軍陽臺市蔡民女七歲，遭雷震死，有文在其背，若符篆，然識者讀之曰：『唐相李林甫七世為娼，今生滅形。』凡十三字，甚類前事也。襄陽道士黎大方嘗見之。」

陳景雲《韓集點勘》卷二：「《龍城》《雲仙》二錄，新舊史《藝文志》皆無之，洪容齋力斥《龍城錄》為妄書，而云或以為劉無言所著。至《朱子語類》及張邦基《墨莊漫錄》中則謂二錄皆王銍性之偽撰。按：無言名燾，湖州人，元祐三年進士，有文譽，東坡嘗和其詩。銍亦北宋末名士，陸放翁深推其記問該洽，而生平好撰偽書欺世，識者嗤之。則洪、張二說似朱、張尤為得實矣。容齋又嘗言孔傳《續白氏六帖》採摭唐事，殊有功，而悉載《雲仙錄》諸事，自穢其書（《雲仙散錄》馮贄撰）。按：孔帖兼載二錄，而容齋獨舉《雲仙》，蓋偶遺其一，要之，此二錄皆底下惡書也。注家不辨而俱引之，殆亦穢韓子之詩矣。」

宋吳子良《荊溪林下偶談》卷一《柳子厚龍城錄》：「舊唐史譏退之為羅池廟碑，以實柳人之妄，然余按《龍城錄》云：羅池北，龍城勝地也。役者得白石，上微辨刻書云：『龍城，柳神所守，驅厲鬼山左，首福土氓製。九丑，予得之，不詳其理，持欲隱余於斯歟？』審如是，則碑中所載子厚告其部將等云云，未必皆柳人之妄，而詩所謂『驅厲鬼兮山之左』，豈亦用石刻語耶？然子厚嘗曰：『聖人之道，不窮異以為神，不援天以為高。』其《月令論》《斷刑論》《天說》《禮說》《非國語》等篇皆此意，而《龍城錄》乃多眩怪不經，又何也？」

〔六〕【史源】《封建論》見卷三，程敦夫論同。揚雄《酒箴》見卷二。李華《唐丞相太尉房公德銘（房琯）》見卷九。《天論》見卷十六。

〔七〕【版本】《欽定天祿琳琅書目》卷三：「宗元正集四十五卷，此書自廿二卷以下皆闕，書賈將『目錄終』三字移補廿一卷後，故無魏仲舉木記。然版式字體與韓集同，實為宋本。且正集尚存其半，而外集諸種卷帙完好，亦足珍也。」

37. 劉賓客文集〔一〕三十卷外集十卷

唐劉禹錫〔二〕（772～842）撰。《唐書》禹錫本傳稱為彭城（今江蘇徐州）人，蓋舉郡望，實則中山無極（今河北定縣）人。是編亦名《中山集》，蓋以是也。

陳振孫《書錄解題》稱原本四十卷、宋初佚其十卷。宋次道裒其遺詩四百七篇、雜文二十二首為外集，然未必皆十卷所逸也。

禹錫在元和初以附王叔文，被貶為「八司馬」之一。召還之後，又以《詠玄都觀桃花》觸忤執政，頗有輕薄之譏〔三〕。然韓愈頗與之友善，集中有《上杜黃裳〔四〕書》，歷引愈言為重。又《外集》有《子劉子自傳》一篇〔五〕，敘述前事，尚不肯詆諆叔文，蓋其人品與柳宗元同。其古文則恣肆博辨，於昌黎、柳州之外，自為軌轍〔六〕。其詩則含蓄不足，而精銳有餘。氣骨亦在元、白上，均可與杜牧相頡頏。而詩尤矯出。陳師道稱蘇軾詩初學禹錫，呂本中亦謂蘇轍晚年令人學禹錫詩，以為用意深遠，有曲折處。劉克莊《後村詩話》乃稱：「其詩多感慨。惟『在人雖晚達，於樹似冬青』十字，差為閒婉。」〔七〕似非篤論也。

其雜文二十卷，詩十卷，明時曾有刊版〔八〕。獨《外集》世罕流傳，藏書家珍為秘笈。今揚州所進抄本，乃毛晉汲古閣所藏，紙墨精好，猶從宋刻影寫。謹合為一編，著之於錄，用還其卷目之舊焉。〔九〕（《四庫全書總目》卷一百五十）

【注釋】

〔一〕【書名】劉禹錫開成元年官太子賓客，故以官名其集。

〔二〕【作者研究】卞孝萱先生撰《劉禹錫年譜》（中華書局 1963 年版）、《劉禹錫評傳》（南京大學出版社 1996 年版），張達人撰《劉禹錫年譜》（臺灣商務印書館 1977 年版）。

〔三〕【史源】《劉賓客文集》卷二十四《元和十一年自朗州承召至京戲贈看花諸君子》：「紫陌紅塵拂面來，無人不道看花回。玄都觀裏桃千樹，盡是劉郎去後栽。」《再遊玄都觀絕句》：「百畝中庭半是苔，桃花淨盡菜花開。種桃道士歸何處，前度劉郎今又來。」

今按，二王八司馬為唐「永貞革新」的重要人物。玄都觀為隋、唐道觀名。

〔四〕【杜黃裳】（738～808），字遵素，唐京兆萬年（今陝西西安）人。唐憲宗時為同平章事。有謀略，建議多被採納，啟中興之功。

〔五〕【子劉子自傳】《劉賓客文集・外集》卷九：「子劉子，名禹錫，字夢得。其先漢景帝賈夫人子勝，封中山王，諡曰靖，子孫因封為中山人也。七代祖亮，事北朝為冀州刺史散騎常侍，遇遷都洛陽，為北部都昌里人。世為儒而仕，墳墓在洛陽北山，其後地狹不可依，乃葬滎陽之檀山原。由大王父已還，一昭一穆如平生。曾祖凱，官至博州刺史。祖鍠，由洛陽主簿察視行馬外事，歲滿，轉殿中丞侍御史，贈尚書祠部郎中。父諱緒，亦以儒學，天寶末應進士，遂及大亂，舉族東遷，以違患難，因為東諸侯所用。後為浙西從事，本府就加鹽鐵副使，遂轉殿中，主務於埇橋。其後罷歸浙右，至揚州，遇疾不諱。小子承夙訓，稟遺教，眇然一身，奉尊夫人不敢殞滅。後忝登朝，或領郡，蒙恩澤，先府君累贈至吏部尚書，先太君盧氏由彭城縣大君贈至范陽郡太夫人。初，禹錫既冠，舉進士，一幸而中試。間歲，又以文登吏部取士科，授太子校書。官司間曠，得以請告奉溫清。是時少年，名浮於實，士林榮之。及丁先尚書憂，迫禮不死，因成痼疾。既免喪，相國揚州節度使杜公領徐泗，素相知，遂請為掌書記。捧檄入告，太夫人曰：『吾不樂江淮間，汝宜謀之於始。』因白丞相以請，曰：『諾。』居數月而罷徐泗，而河路猶艱難，遂改為揚州掌書記。涉二年而道無虞，前約乃行，調補京兆渭南主簿。明年冬，擢為監察御史。貞元二十一年春，德宗新棄天下，東宮即位。時有寒雋王叔文，以善弈棋得通籍博望，因間隙得言及時事，上大奇之。如是者積久，眾未知之。至是起蘇州掾，超拜起居舍人，充翰林學士，遂陰薦丞相杜公為度支鹽鐵等使。翊日，叔文以本官及內職兼充副使。未幾，特遷戶部侍郎，賜紫，貴振一時。予前已為杜丞相奏署崇陵使判官，居月餘日，至是改屯田員外郎判度支鹽鐵等案。初，叔文北海人，自言猛之後，有遠祖風，唯東平呂溫、隴西李景儉、河東柳宗元以為言然。三子者皆與予厚善，日夕過言其能。叔文實工言治道，能以口辯移人。既得用，自春至秋，其所施為，人不以為當非。時上素被疾，至是尤劇。詔下內禪，自為太上皇，後諡曰順宗。東宮即皇帝位，是時太上久寢疾，宰臣及用事者都不得召對。宮掖事秘，而建桓立順，功歸貴臣。於是叔文首貶渝州，後命終死。宰相貶崖州。予出為連州，途至荊南，又貶朗州司馬。居九年，詔徵，復授連州。自連歷夔、和二郡，又除主客郎中分司東都。明年追入，充集賢殿學士。轉蘇州刺史，賜金紫。

移汝州兼御史中丞。又遷同州，充本州防禦長春宮使。後被足疾，改太子賓客分司東都。又改秘書監分司。一年，加檢校禮部尚書兼太子賓客。行年七十有一，身病之日，自為銘曰：不夭不賤，天之祺兮。重屯累厄，數之奇兮。天與所長，不使施兮。人或加訕，心無疵兮。寢於北牖，盡所期兮。葬近大墓，如生時兮。魂無不之，庸詎知兮。」

〔六〕【評論】劉咸炘云：「中唐文人抗志希古，反文集而攀諸子……當時與韓、柳角立者惟劉夢得。夢得學術亦無專主，觀其《天論》言天人交相勝，是非亡則天勝，蓋荀卿、王充之流。韓、柳於子家未有成書，夢得獨成《因論》七篇，其義正而庸，與韓、柳同，而詞更雕琢，喻多論少，反不如韓、柳之能窮極其說，較之《天論》，抑又下焉……諸子至唐以降，惟儒、道、法三家。專論唐世，則法家亦無聞焉，獨儒、道耳。蓋其時士無實學，非誇言尊孔孟，則惰氣託莊列。唐三百年諸子書本甚少，至末季乃稍稍多。」（《劉咸炘學術論集．子學編》第477～478頁）

〔七〕【史源】《後村詩話》卷一：「夢得歷德、順、憲、穆、敬、文、武七朝，其詩尤多感慨，惟『在人雖晚達，於樹比冬青』之句差閒婉。《答樂天》云：『莫道桑榆晚，餘霞尚滿天』。亦足見其精華老而不竭。」

〔八〕【版本】中華書局有聚珍仿宋版《劉夢得集》。現存劉禹錫集古本主要有三種：1. 清代避暑山莊舊藏宋紹興八年（1138）董刻本，題為《劉賓客文集》，屬小字本，今有徐鴻寶影印本。又淳熙十三年（1186）陸游據董本重刻，稱「浙本」。明清以來通行的刻本，基本上屬於這個系統。2. 日本平安福井氏崇蘭館所藏宋刻本，今藏於日本天理圖書館，題為《劉夢得文集》，屬蜀大字本。此本被確認為「日本國寶」。1913年董康在日本將它製成複本，後收入《四部叢刊》。3. 北京圖書館所藏宋刻殘本《劉夢得文集》一至四卷，建安坊刻本。毛晉、何焯、惠棟、馮浩、黃丕烈等人曾對劉禹錫集作過初步的校勘工作。

〔九〕【整理與研究】陶敏、陶紅雨撰《劉禹錫全集編年校注》（嶽麓書社2004年版），孫麗編撰《劉禹錫詩全集彙編匯注匯評》（崇文書局2017年版）。

38. 李文公集十八卷

唐李翱（772～841）撰。翱字習之，隴西成紀（今甘肅秦安）人，涼武昭舊之裔也。貞元十四年（798）進士。官至山南東道節度使，檢校戶部尚書。事蹟具《唐書》本傳。

其集《唐·藝文志》作十八卷〔一〕。趙汸《東山存稿》有《書後》一篇〔二〕，稱《李文公集》十有八卷，百四篇，江浙行省參政趙郡蘇公所藏本，與《唐志》合。陳振孫《書錄解題》則云蜀本分二十卷。近時凡有二本，一為明景泰間河東邢讓抄本，國朝徐養元〔三〕刻之，訛舛最甚。此本為毛晉所刊，仍十八卷，或即蘇天爵家本歟？

考閻若璩《潛丘札記》有《與戴唐器書》曰：「特假《舊唐書》參考，李浙東不知何名〔四〕，或李翱習之全集出，尚可得其人。然老矣，倦於尋訪矣（云云）。」〔五〕則似尚不以為足本，不知何所據也〔六〕。

翱為韓愈之侄婿，故其學皆出於愈。集中載《答皇甫湜書》，自稱《高愍女楊烈婦傳》不在班固、蔡邕下，其自許稍過。然觀《與梁載言書》，論文甚詳。至《寄從弟正辭書》謂：「人號文章為一藝者，乃時世所好之文。其能到古人者，則仁義之詞，惡得以一藝名之！」故才與學，雖皆遜愈，不能鎔鑄百氏，皆如己出，而立言具有根柢。大抵溫厚和平，俯仰中度，不似李觀、劉蛻〔七〕諸人有矜心作意之態。蘇舜欽謂其詞不逮韓，而理過於柳，誠為篤論。鄭獬謂其尚質而少工，則貶之太甚矣。

集不知何人所編。觀其有《與侯高第二書》，而無第一書，知其去取之間，特為精審。惟集中《皇祖實錄》一篇，立名頗為僭越。夫皇祖、皇考，文見《禮經》，至明英宗時始著為禁令。翱在其前，稱之猶有說也。若「實錄」之名，則六代以來已定為帝制。《隋志》所載班班可稽，唐、宋以來臣無敢稱者，翱乃以題其祖之行狀，殊為不經。編集者無所刊正，則殊失別裁矣。

陳振孫謂集中無詩，獨載《戲贈》一篇，拙甚。葉適亦謂其不長於詩，故集中無傳。惟《傳燈錄》載其《贈藥山僧》一篇，韓退之《遠遊聯句》記其一聯。振孫所謂有一詩者，蓋蜀本。適所謂不載詩者，蓋即此本。毛晉跋〔八〕謂：「邇來抄本始附《戲贈》一篇。」蓋未考振孫語也。然《傳燈錄》一詩，得於鄭州石刻。劉攽《中山詩話》云：「唐李習之不能詩，鄭州掘石刻，有鄭州刺史李翱詩云云，此別一李翱，非習之。《唐書》之傳不記為鄭州，王深甫編習之集，乃收此詩，為不可曉。」〔九〕《苕溪漁隱叢話》所論亦同。惟王楙《野客叢書》獨據《僧錄》敘翱仕履，斷其實嘗知鄭州，諸人未考〔十〕。考開元寺僧嘗請翱為鐘銘，翱答以書曰：「翱學聖人之心焉，則不敢遜乎知聖人之道者也。吾之銘是鐘也，吾將明聖人之道焉，則於釋氏無益。吾將順釋氏之教而述焉，則紿乎下之人甚矣，何貴乎吾之先覺也！」觀其書語，豈肯向藥山問道者？此石刻亦如韓愈《大顛三書》，因其素不信佛，而緇徒務欲言其皈依，用彰彼教耳。〔十一〕楙乃以翺嘗為鄭州信之，是知其一，不知其二也。

至《金山志》載翺五言律詩一篇，全剿五代孫魴作，則尤近人所託，不足與辨。葉夢得《石林詩話》〔十二〕曰：「人之才力有限。李翺、皇甫湜，皆韓退之高弟，而二人獨不傳其詩。不應散亡無一篇者，計或非其所長，故不作耳。二人以非所長而不作，賢於世之不能而強為之者也。」斯言允矣。（《四庫全書總目》卷一百五十）

【注釋】

〔一〕【考證】《新唐書·藝文志》實作十卷，不作十八卷，不知《四庫提要》何以致誤？

〔二〕【書所編李文公集篇目後】始汸見歐陽公論文，每稱韓、李，其讀《幽懷賦》，恨不得與之同時上下其議論。而老泉蘇公亦謂李文其味黯然以深，其光油然以幽。自是每欲求其集觀之，不可得，所得者《文苑英華》中數篇而已。既又見豫章黃公謂《皇祖實錄》文如女有正色。又子朱子論《復性書》雖病滅情之旨出於釋氏，而亦善其有如此思慮，益以不睹全集為憾。至是乃請於公，而得之甚慰也。（《東山存稿》卷五）

〔三〕【徐養元】（1607～？），字所庵。直隸唐山（今屬河北）人。崇禎十六年（1643）進士。

〔四〕李浙東乃李遜。

〔五〕【史源】見《潛丘札記》卷六。

〔六〕【考證】余嘉錫云：「《直齋書錄解題》卷十六作《李文公集》，仍為十卷，其云蜀本分二十卷者，謂但每卷分而為二，其文實無所增也。」（《四庫提要辯證》第1285～1286頁）

〔七〕【劉蛻】（821～？），字復愚，號文泉子。唐長沙人。有《劉蛻集》傳世。

〔八〕【毛晉跋】從昌黎公遊，與皇甫持正並推當時。葉石林評其文詞高古，可追配韓、蘇。舜欽評其理過於柳。總集凡十有八卷，共一百三首，皆雜著，無歌詩，今逸其疏引見待制官及歐陽詹傳二首，惜無從考。邇來抄本末附《戲贈》詩一篇云：「縣君好磚渠，繞水恣行遊。鄙性樂疏野，鑿池便成溝。兩岸植芳草，中央漾清流。所尚既不同，磚鑿各自修。從他後人見，境趣誰為幽。」鄙拙之甚。又《傳燈錄》載其《贈藥山僧》一篇云：「煉得身形似鶴形，千秋松下兩函經。我來欲問西來意，雲在青天水在瓶。」風味亦不相類。又韓文公遠遊聯句亦載一聯云：「前之詎灼灼，此去信悠悠。」其詩句僅見此耳。或病其不長於作詩，信哉！

〔九〕【史源】《中山詩話》。

〔十〕【史源】《野客叢書》卷十九「李習之為鄭州」條。

〔十一〕【評論】李翱力主排佛，但襲取「見性成佛」觀點，提出人性皆善，因情所惑，故有凡、聖之分。

〔十二〕【石林詩話】宋葉夢得撰。是編論詩，推重王安石者不一而足。而於歐陽修詩，一則摘其評河豚詩之誤，一則摘其語有不倫，亦不復改，一則摭其疑夜半鐘聲之誤。於蘇軾詩，一則譏其繫懣割愁之句為險諢，一則譏其捐三尺字及亂蛙兩部句為歇後，一則譏其失李廌，一則譏其不能聽文同，一則譏其石建腧廁之誤，皆有所抑揚於其間。蓋夢得出蔡京之門，而其婿章沖則章惇之孫，本為紹述餘黨，故於公論大明之後，尚陰抑元祐諸人。然夢得詩文，實南北宋間之鉅擘。其所評論，往往深中窾會，終非他家聽聲之見、隨人以為是非者比。略其門戶之私，而取其精覈之論，分別觀之，瑕瑜固兩不相掩矣。（《四庫全書總目》卷一九五）

今按，郭紹虞先生對於此書有很翔實的考論，頗多甘苦之言，云：「是書論詩宗旨頗與滄浪相近。如謂……凡此諸說均為石林論詩主旨所在。明此意旨，則知石林論詩所以推重安石而譏歐、蘇者亦自有因，固不僅如《提要》所云出於門戶之見矣。且石林之於安石，亦非一味推重者。如云：『王荊公燒以意氣自許，故詩語惟其所向，不復更為涵蓄。後從宋次道盡假唐人詩集，博觀而約取，晚年始盡深婉不迫之趣。』則知其所以推重安石者，正在其深婉不迫之趣，與其論詩宗旨有合耳。日人近藤元附和《提要》之言，於是書多肆譏彈，是真所謂隨人以為是非者矣。」（《宋詩話考》第 38～40 頁）

39. 孟東野集十卷

唐孟郊〔一〕（751～814）撰。郊字東野，武康（今浙江德清）人。貞元中舉進士。官溧陽尉。事蹟附載《新唐書・韓愈傳》。

愈集中《貞曜先生墓誌銘》，即為郊作也。是集前有宋敏求序〔二〕，稱世傳其集，編汴吳鏤本五卷一百二十四篇，周安惠本十卷三百三十一篇，蜀人蹇濬所纂凡二卷一百八十篇，取韓愈贈郊句名之曰《咸池集》。自餘諸家所雜錄，不為編帙。諸本各異，敏求總括遺逸，刪除重複，分十四類編集，得詩五

百一十一篇，又以雜文二篇附於後，共為十卷。此本卷數相符，蓋敏求所編也。〔三〕

郊詩託興深微，而結體古奧，唐人自韓愈以下莫不推之。自蘇軾詩「空螯小魚」〔四〕之誚，始有異詞。元好問《論詩絕句》乃有「東野窮愁死不休，高天厚地一詩囚」〔五〕之句。當以蘇尚俊邁，元尚高華，門徑不同，故是丹非素。究之郊詩品格，不以二人之論減價也。（《四庫全書總目》卷一百五十）

【注釋】

〔一〕【作者研究】華忱之撰《孟郊年譜》（附於（孟東野詩集），人民文學出版社1959年版），尤信雄撰《孟郊研究》（臺灣文津出版社1984年版），戴建業教授撰《孟郊論稿》（上海古籍出版社2006年版）。

〔二〕【宋序】宋敏求《孟東野詩集序》見卷首。

〔三〕【版本】《四部叢刊》影印明弘治本，1959年人民文學出版社出版校訂本。今按，《鈕匪石日記》云：「壬子九月十二日，詣黃蕘圃家，觀北宋本《孟東野集》。上有徐健庵、季滄葦及安岐印，每本卷末有安麓村橢方圖記。」（第5頁）

〔四〕【史源】《東坡全集》卷九《讀孟郊詩二首》。其一曰：「夜讀孟郊詩，細字如牛毛。寒燈照昏花，佳處時一遭。孤芳擢荒穢，苦語餘詩騷。水清石鑿鑿，湍激不受篙。初如食小魚，所得不償勞。又似煮彭蜞，竟日嚼空螯。要當斗僧清，未足當韓豪。人生如朝露，日夜火消膏。何苦將兩耳，聽此寒蟲號。不如且置之，飲我玉卮醪。」其二曰：「我憎孟郊詩，復作孟郊語。饑腸自鳴喚，空壁轉饑鼠。詩從肺腑出，出輒愁肺腑。有如黃河魚，出膏以自煮。尚愛銅斗歌，鄙俚頗近古。桃弓射鴨罷，獨速短蓑舞。不憂踏船翻，踏浪不踏土。吳姬霜雪白，赤腳浣白紵。嫁與踏浪兒，不識離別苦。歌君江湖曲，感我長羈旅。」

〔五〕【史源】《遺山集》卷十一。今按，詩囚，指苦吟詩人，言其彷彿為詩所囚禁。唐代孟郊、賈島曾被後人稱為詩囚。

40. 長江集十卷

唐賈島〔一〕（779～843）撰。島字閬仙，范陽（今北京西南）人。初為僧，名無本，後返初服。舉進士不第，坐謗責，授長江主簿，終於普州（今屬四川）司倉參軍。

島之謫也，《唐書》本傳謂在文宗時，王定保《摭言》謂在武宗時。晁公武《讀書志》謂長江祠中有宣宗大中九年（855）墨製石刻〔二〕，陳振孫《書錄解題》亦稱遂寧刊本首載此製〔三〕，二人皆辨其非。今考集中卷二有《寄與令狐相公》詩，不署其名。卷五有《送令狐綯〔四〕相公》詩，卷六有《謝令狐綯相公賜衣九事》詩，又有《寄令狐綯相公》詩二首，則顯出綯名。考綯本傳，其為相在大中四年（850）十月，與石刻墨製年號相合。然韓愈《送無本師歸范陽》詩，年譜在元和六年（811）。本傳載島卒時年五十六，從大中九年（855）逆數至元和六年（811），凡四十五年，則愈贈詩時島才十二歲。自長江移普州，又在其後，則愈贈詩時島不滿十歲，恐無此理〔五〕。今檢與綯諸詩，皆明言在長江以後，尚無顯證。至綯詩中有「梁園趨旌節」句，又有「是日榮遊汴，當時怯往陳」句，當是楚鎮河中之時。若綯則未嘗為是官，島安得有是語乎？知原集但作令狐相公，遂寧本各增一綯字，以遷就大中九年（855）之製。經晁、陳二家辨明，故後來刊本削去此製，而詩題所妄增則未及改正耳。

晁氏稱《長江集》十卷，詩三百七十九首。此本共存三百七十八首，僅佚其一，蓋猶舊本。〔六〕《唐音統籤》載島《送無可上人》詩「獨行潭底影，數息樹邊身」二句之下，自注一絕云：「二句三年得，一吟雙淚流。知音如不賞，歸臥故山秋。」晁氏其並此數之為三百七十九耶？集中《劍客》一首，明代選本末二句皆作「今日把示君，誰有不平事」。惟舊本《才調集》「誰有」作「誰為」，案：為字去聲。馮舒兄弟嘗論之，以「有」字為後人妄改，今此集正作「誰為」，然則猶舊本之未改者矣〔七〕。（《四庫全書總目》卷一百五十）

【注釋】

〔一〕**【作者研究】**李嘉言撰《賈島年譜》（商務印書館 1947 年版，又附於《長江集新校》），章泰笙撰《賈島研究》（正中書局 1947 年版）。

〔二〕**【史源】**見《郡齋讀書志》卷十八。

〔三〕**【史源】**見《直齋書錄解題》卷十九。

〔四〕**【令狐綯】**（802～837），字子直，唐懿宗時宰相。溫飛卿、李商隱皆為令狐綯所抑，李曰負恩，溫曰薄行。

〔五〕**【考證】**「本傳載島卒時年五十六」至「恐無此理」，蘇絳所撰墓誌明言「春秋六十有五」，《總目》根據誤本，愈推語誤。

〔六〕【整理與研究】李嘉言撰《長江集新校》(上海古籍出版社 1983 年版),李建昆撰《賈島詩集校注》(里仁書局 2002 年版),黃鵬撰《賈島詩集箋注》(巴蜀書社 2002 年版)。

〔七〕【史源】《長江集》卷一《劍客》:「十年磨一劍,霜刃未曾試。今日把似君,誰為不平事?」今按,盧文弨《抱經堂文集》卷十三《題賈長江詩集後》:「鈍吟云:『誰為不平,便須殺卻,此方見俠烈之概。若作誰有不平,與人報仇,直賈身奴耳。一字之異,高下懸殊。舊本之可貴類若是。』余得其本,因臨寫之,令後生知讀書之法,必如此研校,而後古人用意之精可得也。」「賈以瘦,故能成一家格。然此決非館閣中之所尚也,惟可與山林中人共賞之。」(中華書局 1990 年版第 182 頁)

41. 昌谷集四卷外集一卷

唐李賀〔一〕(790～816)撰。賀事蹟具《新唐書・文學傳》。案:賀系出鄭王,故自以郡望稱隴西,實則家於昌谷。昌谷地近洛陽,於唐為福昌縣,今為宜陽縣地(今屬河南)。集中屢言「歸昌谷」,宋張耒集有《春遊昌谷訪長吉故宅》詩,又《福昌懷古詩》中亦有《李賀宅》一首〔二〕,其明證矣。

《幽閒鼓吹》稱賀遺詩為其表兄投溷中,故流者少〔三〕。然但謂李藩所收耳,其沈子明所編、杜牧所序者,實未嘗亡。牧序述子明之書稱:「賀且死,嘗授我平生所著歌詩,釐為四編,凡二百三十三首。」〔四〕則卷帙並賀所手定也。唐、宋《志》皆稱賀集五卷,較牧序多一卷。檢《文獻通考》始知為集四卷,外集一卷。吳正子《昌谷集箋注》曰:「京師本無後卷。有後卷,鮑本也。嘗聞薛常州士龍言,長吉詩蜀本、會稽姚氏本皆二百一十九篇,宣城本二百四十二篇(云云)。」〔五〕蓋外集詩二十三首,合之則為二百四十二,除之則為二百一十九,實即一本也。惟正集較杜牧所序少十四首,而外集較黃伯思《東觀餘論》所跋少二十九首,則莫可考耳。〔六〕

《樂府詩集》載有《賀靜女春曙曲》一首、《少年樂》一首〔七〕,今本皆無之,得非伯思藏本所佚耶?正子又謂《外集》詞意儇淺,不類賀作,殆出後人摹仿。然正集如《苦篁調》《嘯引》之類,句格鄙率,亦不類賀作。古人操觚,亦時有利鈍。如杜甫詩之「林熱鳥開口,水渾魚掉頭」〔八〕,使非在本集,誰信為甫作哉!疑以傳疑可矣。〔九〕(《四庫全書總目》卷一百五十)

【注釋】

〔一〕【作者研究】傅經順撰《李賀傳論》（陝西人民出版社 1981 年版），陳治國纂《李賀研究資料》（北京師範大學出版社 1983 年版），劉衍撰《李賀詩傳》（山西人民出版社 1984 年版），吳企明纂《李賀資料彙編》（中華書局 1994 年版），姚思源撰《李賀傳》（北岳文藝出版社 1996 年版），趙宏欣撰《李賀歌傳》（中國文聯出版社 2016 年版），孟紅梅撰《大唐鬼才——李賀傳》（作家出版社 2015 年版），孫麗娜撰《李賀評傳》（上海出版社 2019 年版）。

〔二〕【史源】宋張耒《柯山集》卷十九《李賀宅》：「少年詞筆動時人，末俗文章久失真。獨愛詩篇超物象，只應山水與精神。清溪水拱荒涼宅，幽谷花開寂寞春。天上玉樓終恍惚，人間遺事已埃塵。」

〔三〕【史源】《幽閒鼓吹》：「李藩侍郎嘗綴李賀歌詩為之集，序未成，知賀有表兄，與賀筆硯之舊者，召之，見託以搜訪所遺。其人敬謝，且請曰：『某盡記其所為，亦見其多點竄者，請得所葺者視之，當為改正。』李公喜，並付之。彌年絕跡，李公怒，復召詰之。其人曰：『某與賀中外自小同處，恨其傲忽，常思報之，所得兼舊有者，一時投於溷中矣。』李公大怒，叱出之，嗟恨良久。故賀篇什流傳者少。」

李賀以歌詩謁韓吏部，時為國子博士，分司送客，歸極困，門人呈卷，解帶，旋讀之。首篇《雁門太守行》曰：「黑雲壓城城欲摧，甲光向日金鱗開。」卻援帶命邀之。

〔四〕【杜牧《昌谷集序》】……元和中，韓吏部亦道其歌詩：「雲煙綿聯，不足為其態也；水之迢迢，不足為其情也；春之盎盎，不足為其和也；秋之明潔，不足為其格也；風檣陣馬，不足為其勇也；瓦棺篆鼎，不足為其古也；時花美女，不足為其色也；荒國陊殿，梗莽邱隴，不足為其恨怨悲愁也；鯨呿鼇擲，牛鬼蛇神，不足為其虛荒誕幻也。蓋《騷》之苗裔，理雖不及，辭或過之。《騷》有感怨刺懟，言及君臣理亂，時有以激發人意。乃賀所為，無得有是。賀復探尋前事，所以深歎恨古今未嘗經道者，如《金銅仙人辭漢歌》《補梁庾肩吾宮體謠》，求取情狀，離絕遠去筆墨畦徑間，亦殊不能知之。」

〔五〕【辨偽】宋吳正子注、劉辰翁評《箋注評點李長吉歌詩．外集》云：「然觀此卷所作，名是後人模仿之為，詞意往往儇淺，真長吉筆者無幾，余不敢盡削，姑去其重出者一篇云。」

《箋注評點李長吉歌詩總評》云：「舊看長吉詩，固喜其才，亦厭其澀。落筆細讀，方知作者用心，料他人觀不到此也。是千年長吉，猶無知己也。以杜牧之鄭重為敘，直取二三歌詩而止，始知牧亦未嘗讀也，即讀亦未知也。微一二歌詩，將無道長吉者矣。謂其理不及《騷》，未也，亦未必知《騷》也。《騷》之荒忽則過之矣。更欲僕《騷》亦非也。千年長吉，余甫知之耳。詩之難讀如此，而作者常嘔心，何也？樊川反覆稱道形容，非不極至，獨惜理不及《騷》，不知賀所長正在理外，如惠施堅白，特以不近人情，而聽者惑焉，是為辨。若眼前語，眾人意，則不待長吉能之，此長吉所以自成一家歟？」

〔六〕【版本】人民文學出版社 1959 年出版《李賀詩集》較為完備。清姚文燮有注本，其自序云：「讀古人書者，必以心心古人，而以身身古人，則古人見也。人不能身心為賀，又安能見賀之身心耶？故必善讀史者，始可注書；善論唐史者，始可注賀。」

〔七〕【史源】《靜女春曙曲》：「嫩蝶憐芳抱新蕊，泣露枝枝滴天淚。粉窗香咽頹曉雲，錦堆花密藏春睡。戀屏孔雀搖金尾，鶯舌分明呼婢子。冰洞寒龍半匣水，一隻商鸞逐煙起。」《少年樂》：「芳草落花如錦地，二十長遊醉鄉里。紅纓不重白馬驕，垂柳金絲香拂水。吳娥未笑花不開，綠鬢聳墮蘭雲起。陸郎倚醉牽羅袂，奪得寶釵金翡翠。」

〔八〕【史源】《九家集注杜詩》卷三十五《奉送王信州崟北歸》。

〔九〕【整理與研究】舊注以清王琦等《李賀詩歌集注》（上海古籍出版社 1977 年版）最為詳明，新注有葉蔥奇《李賀詩集》（人民文學出版社 1959 年版），綜合研究有楊文雄的《李賀詩研究》（文史哲出版社 1983 年版）。

42. 王司馬集八卷

唐王建（約 766 或 768～？）撰。建字仲（和）〔初〕，穎川（今河南許昌）人。大曆十年（775）進士。大和中為陝州（今河南三門峽市）司馬。〔一〕

據《文獻通考》，建集十卷。此本為國朝胡介祉〔二〕所校刊，凡古體二卷，近體六卷，蓋後人所合併。前有介祉序謂：「虞山毛氏曾有刊本行世，校對亦未盡善。至《宮詞》，自宋南渡後逸去其七，好事者妄為補之。如『淚盡羅巾』，白樂天詩也；『鴛鴦瓦上』，花蕊夫人詩也；『寶帳平明』，王少伯詩也；『日晚長秋』與『日映西陵』，樂府《銅爵臺》詩也；『銀燭秋光冷畫屏』與『閒吹玉殿昭華管』，皆杜牧之詩也。獨《楊升庵集》中別載七首，云得之古本，今錄於後（云云）。」〔三〕介祉所論，蓋本之胡仔《苕溪漁隱叢話》。其考證皆精確，惟楊慎之言多不足據。《石鼓文》尚能偽造，何有於王建《宮詞》？介祉遽從而增入，未免輕信之失。至於「傷近而不見」，乃《玉臺新詠》舊題，此本訛為「傷近者不見」。江南三臺名見《樂府詩集》及《才調集》，此本訛為「江南臺」，亦未免小有所失，不能全譏毛本。但取以相較，猶為此善於彼耳。〔四〕（《四庫全書總目》卷一百五十）

【注釋】

〔一〕楊武泉云：「傅璇琮主編《唐才子傳校箋》王建條，主王建生於大曆元年之說……如此則大曆十年成進士之王建，非《王司馬集》之作者。《校箋》謂詩人王建鄙棄科舉，其人終身未成進士。大和中為陝州司馬之王建，與大曆十年舉進士之王建，非即一人，其說可信。」（《四庫全書總目辨誤》第205頁）

〔二〕【胡介祉】（1659～？），字智修，號谷園主人。浙江山陰人。著有《谷園續集》。

〔三〕【胡介祉《王司馬集題詞》】王司馬建，字仲初。潁州人。登大曆十年進士。與中官王樞密名守澄者善。司馬自恃才高，每多非刺。一日，酒中以漢桓、靈信任中官起黨錮興廢之事為譏，樞密深恨之，曰：「爾所作《宮詞》百首，天下傳誦，禁庭深邃，何從而得也？」司馬無以對。樞密將劾之，司馬乃作詩贈云：「先朝行坐鎮相隨，今上春宮見小時。脫下御衣先賜著，進來龍馬每教騎。長承密旨歸家少，獨奏邊機出殿遲。自是姓同親向說，九重爭得外人知。」樞密見詩，恐其波及己，事乃寢。後官陝州司馬，所為樂府與張籍齊名，而宮詞尤為人傳誦。其全集世多抄本，相沿既久，亥豕愈多……以俟博雅君子論定云。

司馬按，提要所引胡介祉序中辨偽文字，實源自明楊慎《升菴集》卷五十七「王建宮詞」條：「王建《宮詞》一百首，至宋南渡後失去七首，好事者妄取唐人絕句補入之。『淚盡羅巾夢不成』，白樂天詩也。『鴛鴦瓦上忽然聲』，花蕊夫人詩也。『寶帳平明金殿開』，王少伯詩也。『日晚長秋簾外報』，又『日映西陵松柏枝』二首，乃樂府《銅爵臺》詩也。『銀燭秋光冷畫屏』與『閒吹玉殿昭華管』，皆杜牧之詩也。」又按，花蕊夫人（約883～926），五代前蜀高祖王建妃。四川成都人。世傳花蕊夫人《宮詞》中，約有九十餘首為她所作。浦江清有《花蕊夫人宮詞考證》。

〔四〕【版本】1959年中華書局出版《王建詩集》。

43. 元氏長慶集六十卷補遺六卷

唐元稹〔一〕(779～831)撰。稹事蹟具《唐書》本傳。

考稹《與白居易書》稱:「河東李明府景儉在江陵(今湖北荊州)時,僻好僕詩章,僕因撰成卷軸。其中有旨意可觀而詞近古往者為『古諷』,意亦可觀而流在樂府者為『樂諷』,詞雖近古而止於吟寫性情者為『古體』,詞實樂流,而止於模象物色者為『新題樂府』,聲勢沿順、屬對穩切者為『律詩』,仍以五、七言為兩體,其中有稍存寄興與諷為流者為『律諷』。」又稱有悼亡詩數十首,豔詩百餘首,自十六時至元和七年(812),有詩八百餘首,成二十卷。又稱昨巴南道中有詩五十首,又書中得七年以後所為向二百篇。〔二〕然則稹三十七歲之時,已有詩千餘首。《唐書》本傳稱,稹卒時年五十三,其後十六年中,又不知所作凡幾矣。

白居易作稹墓誌,稱著文一百卷,題曰《元氏長慶集》,《唐書・藝文志》又載有小集十卷,然原本已闕佚不傳。此本為宋宣和甲辰(1124)建安劉麟所傳,明松江馬元調重刊。自一卷至八卷前半為古詩,八卷後半至九卷為傷悼詩,十卷至二十二卷為律詩,二十三卷為古樂府,二十四卷至二十六卷為新樂府,二十七卷為賦,二十八卷為策,二十九卷至三十一卷為書,三十二卷至三十九卷為表狀,四十卷至五十卷為制誥,五十一卷為序記,五十二卷至五十八卷為碑誌,五十九卷至六十卷為告祭文。其卷帙與舊說不符,即標目亦與自敘迥異,不知為何人所重編。前有麟序稱:「稹文雖盛傳一時,厥後浸以不顯,惟嗜書者時時傳錄。某先人嘗手自抄寫,謹募工刻行(云云)。」〔三〕則麟及其父均未嘗有所增損,蓋在北宋即僅有此殘本爾。〔四〕(《四庫全書總目》卷一百五十一)

【注釋】

〔一〕**【作者研究】**卞孝萱撰《元稹年譜》(山東人民出版社 1980 年版),張達人撰《唐元微之先生稹年譜》(臺北商務印書館 1980 年版),周相錄撰《元稹年譜新編》(上海古籍出版社 2005 年版),蹇長春撰《元稹評傳》(南京大學出版社 2002 年版),趙悅輝撰《半緣修道半緣君:元慎詩傳》(現代出版社 2018 年版),吳俁陽撰《元慎詩傳》(現代出版社 2019 年版)。

〔二〕**【史源】**元稹《元氏長慶集》卷三十。

〔三〕**【劉麟《元氏長慶集序》】**《新唐書・藝文志》載其當時君臣所撰著文集,篇目甚多。《太宗集》四十卷,至武后《垂拱集》一百卷,今皆弗傳。其餘名公巨人之文，所傳蓋十一二爾……元微之有盛名於元和、長慶間，觀其所論奏，莫不切當時務，詔誥歌詞，自成一家，非大手筆曷臻是哉！其文雖盛傳一時，厥後浸亦不顯，唯嗜書者時時傳錄，不亦甚可惜乎！僕之先子尤愛其文，嘗手自抄寫，曉夕玩味，稱歎不已。蓋惜其文之工而傳之不久且遠也。迺者因閱手澤，悲不自勝。謹募工刻行，庶幾元氏之文，因先子復傳於世。

〔四〕【版本與整理】《元稹集》有嘉靖三十一年翻刻本和 1983 年中華書局點校本。而今國內連宋刊殘本也已經不存在了，令人扼腕。日本今存《元氏長慶集》宋刊本九卷，分藏於靜嘉堂文庫、國立東京大學總合圖書館和金澤文庫。(《日本藏漢籍珍本追蹤紀實》第 239 頁）此書有《四部叢刊》本，張元濟跋云：「傅沅叔同年得見殘宋建本《元微之集》，卷一之卷十四、卷五十一之六十，凡二十四卷。今宋本卷一之十四及序目並已歸於涵芬樓，惟卷五十一之六十，不知流落何所。」(《張元濟古籍書目序跋彙編》第 864 頁）日人花房英樹編《元稹索引簡編》(京都府立大學 1971 年版)。日人花房英樹編《元稹索引簡編》(京都府立大學 1971 年版)，楊軍撰《元稹集編年箋注》(三秦出版社 2002 年版)。

44. 白氏長慶集七十一卷

唐白居易〔一〕(772～846) 撰。居易有《六帖》，已著錄。

案：錢曾《讀書敏求記》稱，所見宋刻居易集兩本，皆題為《白氏文集》，不名《長慶集》。汪立名校刻《香山詩集》，亦謂寶曆以後之詩，不應概題曰「長慶」。今考居易嘗自寫其集，分置僧寺，據所自記，太和九年 (835) 置東林寺者，二千九百六十四首，勒成六十卷；開成元年 (836) 置於聖善寺者，三千二百五十五首，勒成六十五卷；開成四年 (839) 置於蘇州南禪院者，凡三千四百八十七首，勒為六十七卷，皆題曰《白氏文集》。開成五年 (840) 置於香山寺者，凡八百首，合為十卷，則別題曰《洛中集》。惟長慶四年 (824) 元稹作《白氏長慶集序》〔二〕，稱盡徵其文，手自排纂，成五十卷，二千一百九十一首。又稱明年當改元長慶，訖於是，因號曰《白氏長慶集》。則《長慶》一集，特穆宗甲辰以前之作，曾及立名所辨，不為無據。然《唐志》載《白氏長慶集》七十五卷，《宋志》亦載《白氏長慶集》七十一卷，而《白氏文集》之名轉不著錄。又高斯得《恥堂存稿》有《白氏長慶集序》〔三〕。宋人目錄傳於今者，晁公武《讀書志》、尤袤《遂堂書目》、陳振孫《書錄解題》亦均作《白氏長慶集》，則謂宋刻必作《白氏文集》，亦未盡然。況元稹之序本為《長慶集》作，而《聖善寺文集記》中載有居易自注，稱元相公先作集序並目錄一卷在外，則《長慶集序》已移弁開成新作之目錄，知寶曆以後之詩文均編為續集，襲其舊名矣，未可遽以總題「長慶」為非也。

其卷帙之數，晁公武謂「前集五十卷，後集二十卷，續集五卷，今亡三卷」，則當有七十二卷。陳振孫謂七十一卷之外，又有外集一卷，亦當有七十二卷。而所標總數，乃皆仍為七十一卷，與今本合，則其故不可得詳。

至彭叔夏《文苑英華辯證》謂集中《進士策問》第二道俗本妄有所增〔四〕，又馮班《才調集評》〔五〕亦稱每卷首古調、律詩、格詩之目為重刻改竄，則今所行本已迥非當日之舊矣。〔六〕（《四庫全書總目》卷一百五十一）

【注釋】

〔一〕【作者研究】陳友琴纂《古典文學研究資料彙編·白居易卷》（中華書局 1962 年版），朱金城撰《白居易年譜》（上海古籍出版社 1982 年版）、《白居易研究》（陝西人民出版社 1987 年版、臺北文史哲出版社 1992 年版），萬曼撰《白居易傳》（湖北人民出版社 1957 年版），王拾遺撰《白居易生活繫年》（寧夏人民出版社 1981 年版）、《白居易傳》（陝西人民出版社 1983 年版），撰《白居易傳》（湖北人民出版社 1957 年版），褚斌傑撰《白居易評傳》（北京大學出版社 1994 年版），蹇長青撰《白居易評傳》（南京大學出版社 2002 年版），全濤聲撰《白居易詩傳》（巴蜀書社 2020 年版）。日人花房英樹撰《白居易研究》（世界思想社 1971 年版）。

〔二〕【白氏長慶集序】《白氏長慶集》者，太原人白居易之所作……大凡人之文各有所長，樂天之長可以為多矣。夫以諷諭之詩長於激，閒適之詩長於遣，感傷之詩長於切，五字律詩百言而上長於贍，五字七字百言而下長於情，賦、贊、箴、戒之類長於當，碑、記、敘事、制誥長於實，啟、表、奏、狀長於直，書、檄、詞、策、剖、判長於盡。總而言之，不亦多乎哉！（元稹《元氏長慶集》卷五十一）

〔三〕【白氏長慶集序】予早歲讀白傅詩，疑其得之太易，若寡深沉之思者，不深嗜也。晚見世之為詩者，鑽礪太工，雖清越可喜，而沉浸濃鬱之風衰矣。乃復取白集，日翻十數紙，則見其溫柔平淡，沖曠坦夷，凡世之肩摩轂擊而爭者，視之泊如也。然後知其見遠識微，一時之士皆莫能及。其生平交友，如元微之、劉夢得輩，文章雖略相似，而心事則判然殊矣。公平生凡五棄官，姑蘇來歸，年方五十有八，已無復當世志。優游退避，嘯傲泉石，幾二十年……觀其詩，頗悼世途，呂梁太行之艱，觸事生感，屢致其意，豈其尚友螽濳，而非果於忘世者歟？或又謂公晚歲嗜浮圖㝹劇，而風情亦不少衰。二者相背而馳，公則一之，不知此其所以為達也。（宋高斯得《恥堂存稿》卷四）

今按，高斯得（1199～？），字不安。邛州蒲安人。著有《恥堂存稿》八卷。

〔四〕【史源】宋彭叔夏《文苑英華辯證》卷九：「白居易進士策問第二道：『大時不齊，大信不約，大白若辱，大直若屈。雷一發而蟄蟲蘇，勾萌達，霜一降而天地肅，草木衰，其為時也大矣，斯豈不齊者乎？日月代明，而晝夜分刻漏者準之，無杪忽之失焉，春秋代謝，而寒暑節律呂者候之，無黍纍之差焉。其為信也大矣，斯豈不約者乎？堯讓天下，而許由遁，周有天下，而伯夷餓，其為白也大矣，斯豈辱身者乎？桀不道，龍逢諫而死，紂不道，比干諫而死，其為直也大矣，斯豈屈己者乎？』詳上下文，斯語極為允當，而印行集本卻於『辱身』、『屈己』之上各添一『不』字，但欲與不齊、不約相應，而忘其淺陋，今別白言之，以見印本經後人添改，大率類此，益知舊書之可信也。

〔五〕【才調集評】由於馮舒、馮班的《二馮先生評閱才調集》代表了清初的一個詩派，且有一定的影響，故紀昀特對此書加以刪正，有《二馮先生評閱才調集》。孫琴安認為：「紀昀評詩，不偏激、不拘謹，有大家風度，往往三言兩語，便中關節，將全詩疏通，實評家之楷模也。而紀氏對唐代一些代表作家和作品的看法，亦可於此中見出。」（《唐詩選本提要》第 370～371 頁）今按，世人多以為紀昀無著述，實則紀昀喜歡批點，評點之作不少，如《唐人試律說》。有心者可以作《紀氏著述考》。

〔六〕【整理與研究】朱金城撰《白居易集箋校》（上海古籍出版社 1988 年版），謝思煒撰《白居易詩集校注》（中華書局 2006 年版）。

45. 白香山詩集四十卷附錄年譜二卷

國朝汪立名〔一〕編。立名有《鍾鼎字源》，已著錄。

唐白居易《長慶集》詩文各半，立名引宋祁之言，謂居易長於詩，而他文未能稱是，因別刊其詩，以成是集。又據元稹序，謂長慶時所作僅前五十卷，其寶曆以後所作不應概名以「長慶」。案：立名此論未確，已詳辨於《長慶集》下。因即其歸老之地題曰「香山」，參互眾本，重加編次，定為《長慶集》二十卷，《後集》十七卷，《別集》一卷。又採摭諸書，為《補遺》二卷，而以新定《年譜》一卷、陳振孫舊本《年譜》一卷並元稹《長慶集序》一篇、《舊唐書》本傳一篇冠於首，復採諸書之有關居易詩者，各箋注於其下。〔二〕

居易集在東林寺者，陸游《入蜀記》稱宋時已佚，真宗嘗令崇文院寫校，包以斑竹帙送寺，建炎中亦壞於兵。其傳於世者，錢曾所云宋本，莫知存佚。舊有明武定侯家刻本，今亦罕見。世所行者，惟蘇州錢氏、松江馬氏二本，皆頗有顛倒訛舛。胡震亨《唐音丁籤》所錄，又分體瑣屑，往往以一題割隸二卷，殊為叢脞。

立名此本，考證編排特為精密，其所箋釋雖不能篇篇皆備，而引據典核，亦勝於注書諸家漫衍支離，徒溷耳目，蓋於諸刻之中特為善本。其書成於康熙壬午（1702），朱彝尊〔三〕、宋犖〔四〕皆為之序云。（《四庫全書總目》卷一百五十一）

【注釋】

〔一〕**【汪立名】**號西亭，江西婺源人。官工部主事。

〔二〕**【汪立名《白香山詩集序》】**昔人謂大曆後，以詩名家者，靡不由杜出，韓之南山，白之諷諭，其最著矣。就二公論之，大抵韓得杜之變，白得杜之正，蓋各得其一體，而造乎其極者。故夫貫穿聲韻，操縱格律，肆厥排比，終不失尺寸，少陵而下，亦莫如二公。自後山妄斥昌黎，已非通論。至香山詩辭旨雖主於暢達，要自刻意陶浣而出之，使人不復能尋其斤斫之跡。

〔三〕**【朱彝尊序】**詩家好名，未有過於唐白傅者。既屬其友元微之排纘長慶集矣，而又自編後集為之序，復為之記。既以集本付其從子外孫矣，而又分貯之東林、南禪、聖善、香山諸寺，比於杜元凱峴山碑，尤汲汲焉。或疑公曠達，不應戚戚於年歲之逾邁，沾沾於官秩之遷除，計祿俸之損益，不知公之進退出處，繫時事之否泰，恒恐後人論世者不得其詳，故屢見之篇詠，斯則公之微意乎？

〔四〕**【宋犖序】**余好為詩，尤喜讀古人書，嘗以為詩者載道之文，言若止嘲風雪，弄花草，則於六義盡去矣。其後觀唐書，至白公樂天傳，公所言往往與余合，因愛讀其詩不輟，乃知公立身本末無不合乎道，特餘事作詩人耳……公嘗與元稹書，略云：「大丈夫所守者道，所待者時，進退出處，何往而不自得，僕志在兼濟，行在獨善，奉而始終之則為道，言而發明之則為詩。」又曰：「今僕之詩，人所愛者悉不過雜律詩與《長恨歌》以下耳，時之所重，僕之所輕。」則公之立言載道為何如，而豈屑屑嘲風雪弄花草以矜豔麗於雕章者比哉！

46. 樊川文集二十卷外集一卷別集一卷

唐杜牧〔一〕(803～852 或 853)撰。牧字牧之，京兆萬年(今陝西西安)人。(大)〔太〕和二年(828)登進士第。官至中書舍人。事蹟附載《新唐書・杜佑傳》內。

是集為其甥裴延翰所編〔二〕。《唐・藝文志》作二十卷，晁氏《讀書志》又載《外集》一卷，王士禎《居易錄》謂舊藏杜集止二十卷，後見宋版本雕刻甚精，而多數卷〔三〕。考劉克莊《後村詩話》云：「樊川有《續別集》三卷，十八九皆許渾詩，牧仕宦不至南海，而《別集》乃有南海府罷之作。」〔四〕則宋本《外集》之外又有《續別集》三卷，故士禎云然也。此本僅附《外集》《別集》各一卷，有裴延翰序，又有宋熙寧六年(1073)田概序，較克莊所見《別集》尚少二卷，而南海府罷之作不收焉，則又經後人刪定，非克莊所見本矣。

范攄《雲溪友議》曰：「先是李林宗、杜牧言，元白詩體舛雜，而為清苦者見嗤，因茲有恨。」〔五〕牧又著論，言近有元白者，喜為淫言媟語，鼓扇浮囂，吾恨方在下位，未能以法治之〔六〕。《後村詩話》因謂牧風情不淺，如杜秋娘、張好好諸詩，案：杜秋詩非豔體，克莊此語殊誤。「青樓薄倖」之句，「街吏平安」之報，未知去元、白幾何，比之以燕伐燕〔七〕，其說良是。《新唐書》亦引以論居易。然考牧集無此論，惟《平盧軍節度巡官李戡墓誌》述戡之言曰：「嘗痛自元和以來，有元、白詩者，纖豔不逞，非莊士雅人，多為其所破壞。流於民間，疏於屏壁，子父女母交口教授，淫言媟語，冬寒夏熱，入人肌骨，不可除去，吾無位，不得用法以治之。欲使後代知有發憤者，因集國朝以來類於古詩得若干首，編為三卷，目為唐詩，為序以導其志(云云)。」〔八〕然則此論乃戡之說，非牧之說。或牧嘗有是語，及為戡誌墓，乃藉以發之，故攄以為牧之言歟？

平心而論，牧詩冶蕩甚於元、白，其風骨則實出元、白上。其古文縱橫奧衍，多切經世之務。《罪言》一篇，宋祁作《新唐書・藩鎮傳論》，實全錄之。費袞《梁溪漫志》載歐陽修使子棐讀《新唐書》列傳，臥而聽之，至《藩鎮傳敘》，歎曰：「若皆如此傳，群力亦不可及。」〔九〕識曲聽真，殆非偶而。即以散體而論，亦遠勝元、白。觀其集中有《讀韓杜集詩》〔十〕，又《冬至日寄小侄阿宜詩》曰：「經書刮根本，史書閱興亡。高摘屈宋豔，濃薰班馬香。李杜泛浩浩，韓柳摩蒼蒼。近者四君子，與古爭強梁。」則牧於文章具有本末〔十一〕，宜其薄視長慶體矣。〔十二〕（《四庫全書總目》卷一百五十一）

【注釋】

〔一〕【作者研究】繆鉞撰《杜牧年譜》（人民文學出版社 1980 年版）、《杜牧傳》（人民文學出版社 1977 年版），胡可先撰《杜牧研究叢稿》（人民文學出版社 1993 年版），張金海纂《杜牧資料彙編》（中華書局 2006 年版），吳在慶撰《杜牧詩傳》（團結出版社 2020 年版）。

〔二〕【考證】樊川為西漢名將樊噲封地，唐代多豪貴者聚居於此，杜牧祖父杜佑亦有別墅在焉，牧晚年移居於此，囑文集之事以外甥裴延翰，並預為命名為《樊川集》。其歿後，裴延翰編次成《樊川文集》，於序中曰：「『……要有數百首文章，異日爾為我序，號《樊川集》，如此，顧樊川一禽魚、一草木，無恨矣。庶千百年，未隨此磨滅耶？』明年冬，遷中書舍人，始少得恙，盡搜文章，閱千百紙，擲焚之，才屬留有十二三……以是在延翰久藏蓄者，甲乙簽目，比較焚外，十多七八，得詩、賦、傳、錄、論、辨、碑、誌、序、記、書、啟、表、制，釐為二十編，合四百五十首，題曰《樊川文集》。嗚呼！雖當一時戲感之言，孰見魄兆而果驗白耶？」（詳見韋力《芷蘭齋書跋初集》第 105～107 頁）

〔三〕【史源】《池北偶談》卷十四「樊川集」條：「予舊藏杜牧之《樊川集》二十卷，後見徐健庵乾學所藏宋版本，雕刻最精，而多數卷。考《後村詩話》云：樊川有續、別集三卷，十八九皆許渾詩。牧仕宦不至南海，別集乃有南海府罷之作，甚可笑。」司馬按，《總目》所考實出《池北偶談》，並非出於《居易錄》。又按，1978 年上海古籍出版社出版《樊川文集》《樊川詩集注》。杜牧籍里樊川，因以名集。裴延翰《樊川集序》云：「長安南下杜樊鄉，酈善長注《水經》，實樊川也。延翰外曾祖司徒岐公之別墅在焉。上五年冬，仲舅自吳興守拜考功郎中，知制誥，盡吳興俸錢，創治其墅。出中書直，亟召昵密，往遊其地。一旦談啁酒酣，顧延翰曰：『司馬遷云：「自古富貴，其名磨滅者不可勝紀。」我適稚走於此，得官受俸，再治完具，俄及老為樊上翁。既不自期富貴，要有數百首文章，異日爾為我序，號《樊川集》，如此顧樊川一禽魚、一草木無恨矣。庶千百年未隨此磨滅矣。』明年冬，遷中書舍人，始少得恙，盡搜文章，閱千百紙，擲焚之，才屬留者十二三。」

〔四〕【史源】《後村詩話》卷一：「杜牧、許渾同時，然各為體，牧於唐律中常寓少拗峭，以矯時弊，渾則不然，如『荊樹有花兄弟樂，橘林無實子孫忙』之類，律切麗密或過牧，而抑揚頓挫不及也。二人詩不著姓名亦可辨。樊川有續別集三卷，十之八九皆渾詩。牧佳句自多，不必又取他人詩益之。若《丁卯集》割去許多傑作，則渾詩無一篇可傳矣。牧仕宦不至南海，別集乃存南海府罷之作，甚可笑。」司馬按，《總目》所考實出《池北偶談》，並非直接引用《後村詩話》。又按，《丁卯集》，許渾撰。許渾（800？～858？），字用晦。唐潤州丹陽（今江蘇鎮江）人。《新唐書》卷六十有傳。工七言律詩，《咸陽城東樓》有名句曰：「溪雲初起日沉閣，山雨欲來風滿樓。」

〔五〕【史源】見《雲溪友議》卷中。

〔六〕【史源】《唐詩紀事》卷四十一：「後杜牧守秋浦，與祜為詩酒友，酷吟祜宮詞，以白有非祜之論，常不平之，乃為詩以高之曰：『誰人得似張公子，千首詩輕萬戶侯。』又云：『如何故國三千里，虛唱歌詞滿六宮。』杜盛言其美者，欲以苟異於白，而曲成於張也。故牧又著論言：『近有元者喜為淫言媟語，鼓扇浮囂，吾恨方在下位，未能以法治之。』斯亦敷佐於祜耳。」

〔七〕【史源】《後村詩話》卷四：「杜牧罪元白詩歌傳播，使子父女母交口誨淫，且曰：『恨吾無位，不得以法繩之。』余謂此論，合是元魯山陽道州輩人口中語。牧風情不淺，如《杜秋娘》《張好好》諸篇，青樓薄倖之句，街吏平安之報，未知去元白幾何，以燕伐燕，元白豈肯心服？」

〔八〕【史源】見《樊川集》卷六。

〔九〕【史源】見《梁溪漫志》卷六「唐藩鎮傳敘」條。

〔十〕【史源】《讀韓杜集》：「杜詩韓筆愁來讀，似倩麻姑癢處抓。天外鳳凰誰得髓，無人解合續弦膠。」

〔十一〕【評論】劉咸炘云：「文集盛而子、史專家之沉沒於其中者不少，其已成書者可以別出，乃有未及成書而其作實出類拔萃，為子、史之雄者，唐有一人焉，曰杜牧之……論著僅五篇，而《罪言》《原十六衛》《戰論》《守論》四篇詞旨堅栗，不下孫武，唐以後兵家無能及者，蘇明允視之孱矣。傳僅三篇，皆簡勁有遠致，不下韓、柳，而《燕將》篇酷似《國策》，亦六朝以來所無。蓋牧之憤時之難，志在兵家，嘗注《孫子》……牧之之於史，抗韓、柳無慚，而子則過之，劉（夢得）、皮（日休）更不足並論。而世之言八家十家者，皆不及焉，亦足見其評論之疏陋也。」（《劉咸炘學術論集·子學編》第 472～473 頁）

〔十二〕**【整理與研究】**清馮集梧撰《樊川詩集注》四卷（中華書局上海編輯所 1962 年排印本），注釋較詳，而評解較少。吳在慶《杜牧集繫年校注》（中華書局 2008 年版）。

47. 李義山詩集三卷

唐李商隱〔一〕（約 813～約 858）撰。商隱字義山，懷州河內（今河南沁陽）人。開成二年（837）進士。釋褐秘書省校書郎，調弘農尉。會昌二年（842），又以書判拔萃。王茂元鎮河陽，辟為掌書記，歷佐幕府，終於東川節度判官、檢校工部郎中。事蹟具《唐書·文藝傳》。

商隱詩與溫庭筠齊名，詞皆縟麗。然庭筠多綺羅脂粉之詞，而商隱感時傷事，尚頗得風人之旨。故《蔡寬夫詩話》〔二〕載王安石之語，以為唐人能學老杜而得其藩籬者，惟商隱一人〔三〕。自宋楊億、劉子儀等沿其流波，作《西崑唱酬集》，詩家遂有西崑體，致伶官有撏扯之譏〔四〕。劉攽載之《中山詩話》，以為口實〔五〕。元祐諸人起而矯之，終宋之世，作詩者不以為宗〔六〕。胡仔《漁隱叢話》至摘其《馬嵬詩》《渾河中詩》，詆為淺近〔七〕。後江西一派漸流於生硬粗鄙，詩家又返而講溫、李。

自釋道源以後，注其詩者凡數家，大抵刻意推求，務為深解，以為一字一句皆屬寓言，而《無題》諸篇，穿鑿尤甚。今考商隱《府罷詩》中有「楚雨含情皆有託」句〔八〕，則借夫婦以喻君臣，固嘗自道。然《無題》之中，有確有寄託者，「來是空言去絕蹤」〔九〕之類是也；有戲為豔體者，「近知名阿侯」之類是也；有實屬狎邪者，「昨夜星辰昨夜風」〔十〕之類是也；有失去本題者，「萬里風波一葉舟」〔十一〕之類是也；有與《無題》相連，誤合為一者，「幽人不倦賞」〔十二〕之類是也。其摘首二字為題，如《碧城》《錦瑟》諸篇〔十三〕，亦同此例。一概以美人香草解之，殊乖本旨。至於流俗傳誦，多錄其綺豔之作，如集中《有感二首》之類，選本從無及之者，取所短而遺所長，益失之矣。〔十四〕（《四庫全書總目》卷一百五十一）

【注釋】

〔一〕【作者研究】張采田撰《玉谿生年譜會箋》，附載《李義山詩辨正》（上海古籍出版社 1983 年版），鍾銘鈞撰《李商隱詩傳》（中州書畫社 1982 年版），吳調公《李商隱研究》（上海古籍出版社 1985 年版），董乃斌撰《李商隱傳》（陝西人民出版社 1985 年版）、《李商隱的心靈世界》（上海古籍出版社 1992 年版）、《錦瑟哀弦：李商隱傳》（作家出版社 2015 年版），楊柳撰《李商隱評傳》（當代中國出版社 1997 年版），劉學鍇等纂《李商隱資料彙編》（中華書局 2001 年版），劉學鍇撰《李商隱傳論》（安徽大學出版社 2002 年版、黃山書社 2013 年增訂本），王永寬等《李商隱與中晚唐文學研究》（中州古籍出版社 2003 年版）。

今按，王國維在為張采田《玉谿生年譜會箋》所撰續文中指出：「有唐一代，惟玉谿生詩詞旨最為微晦，遺山論詩，已有『無人作鄭箋』之歎。三百年來，治之者近十家，蓋未嘗不以論世為逆志之具。然唐大中以後，史失其官，《武宗實錄》亦亡於五季，故新舊二書，於會昌後事，動多疏舛。後世注玉溪詩者，僅求之於二書，宜其於玉溪之志，多所扞格也。」

〔二〕【蔡寬夫詩話】蔡居厚撰。原本散佚，今有輯本。詳參郭紹虞先生《宋詩話考》第 135～138 頁。

〔三〕【評論】宋魏慶之《詩人玉屑》卷十七「荊公晚年喜稱義山」條：「王荊公晚年亦喜稱義山詩，以為唐人知學老杜而得其藩籬，惟義山一人而已。每誦其『雪嶺未歸天外使，松州猶駐殿前軍。』『永憶江湖歸白髮，欲回天地入扁舟。』與『池光不受月，暮氣欲沉山。』『江海三年客，乾坤百戰場。』之類，雖老杜亡以過也。義山詩合處信有過人；若其用事深僻，語工而意不及，自是其短。世人反以為奇而傚之，故崑體之弊，適重其失，義山本不至是云。詩到義山，謂之文章一厄，以其用事僻澀，時稱西崑體。然荊公晚年，亦或喜之，而字字有根蒂。如『試問火城將策探，何如雲屋聽窗知。』『未愛京師傳谷口，但知鄉里勝壺頭。』其用事琢句，前輩無相犯者。」

〔四〕【評論】宋魏慶之《詩人玉屑》卷十七「宗李義山」條引《古今詩話》：「楊大年、錢文僖、晏元獻、劉子儀為詩，皆宗李義山，號西崑體。後進傚之，多竊取義山詩句。嘗內宴，優人有為義山者，衣服敗裂，告人曰：『吾為諸館職撏扯至此。』聞者大噱。然大年詠漢武詩云：『力通青海求龍種，死諱文成食馬肝。待詔先生齒編貝，忍令乞米向長安。』義山不能過也。」

〔五〕【史源】劉攽《中山詩話》:「祥符天禧中，楊大年、錢文僖、晏元獻、劉子儀以文章立朝，為詩皆宗尚李義山，號西崑體，後進多竊義山語句。賜宴優人有為義山者，衣服敗敝，告人曰:『吾為諸館職，撏撦至此。』聞者歡笑。大年漢武詩曰:『力通青海求龍種，死諱文成食馬肝。待詔先生齒編貝，忍令索米向長安。』義山不能過也。元獻王文通詩曰:『甘泉柳苑秋風急，卻為流螢下詔書。』子儀畫義山像，寫其詩句，列左右，貴重之如此。」

〔六〕【評論】錢鍾書《談藝錄》(補訂本）四十四「遺山論江西派」云:「山谷學杜，人所共知;山谷學義山，則朱少章(弁)《風月堂詩話》卷下始親切言之，所謂:『山谷以崑體工夫，到老杜渾成地步。」

〔七〕【史源】《苕溪漁隱叢話後集》卷十四:「義山詩，楊大年諸公皆深喜之，然淺近者亦多，如《華清宮詩》云:『華清恩倖古無倫，猶恐蛾眉不勝人。未免被他褒女笑，只教天子暫蒙塵。』用事失體，在當時非所宜言也……義山又有《馬嵬詩》云:『如何四紀為天子，不及盧家有莫愁。』《渾河中詩》云:『咸陽原上英雄骨，半是君家養馬來。』如此等詩，庸非淺近乎?」

〔八〕【史源】《李義山詩集》卷中《梓州罷吟寄同舍》。

〔九〕【無題】來是空言去絕蹤，月斜樓上五更鐘。夢為遠別啼難喚，書被催成墨未濃。蠟照半籠金翡翠，麝薰微度繡芙蓉。劉郎已恨蓬山遠，更隔蓬山一萬重。

〔十〕【無題】昨夜星辰昨夜風，畫樓西畔桂堂東。身無彩鳳雙飛翼，心有靈犀一點通。隔座送鉤春酒暖，分曹射覆蠟燈紅。嗟餘聽鼓應官去，走馬蘭臺類斷蓬。

〔十一〕【無題】萬里風波一葉舟，憶歸初罷更夷猶。碧江地沒元相引，黃鶴沙邊亦少留。益德冤魂終報主，阿童高義鎮橫秋。人生豈得長無謂，懷古思鄉共白頭。

〔十二〕【無題二首之二】幽人不倦賞，秋暑貴招邀，竹碧轉悵望，池清尤寂寥。露花終裛濕，風蝶強嬌饒。此地如攜手，兼君不自聊。(《李義山詩集》卷上)《箋注》本此首在卷一，題作《失題》。

〔十三〕【碧城三首】碧城十二曲闌干，犀闢塵埃玉闢寒。閬苑有書多附鶴，女牀無樹不棲鸞。星沉海底當窗見，雨過河源隔座看。若是曉珠明又定，一生常對水精盤。○對影聞聲已可憐，玉池荷葉正田田。不逢蕭史休回首，莫見洪崖又拍肩，紫鳳放嬌銜楚佩，赤鱗狂舞撥湘弦。鄂君悵望舟中夜，繡被焚香獨自眠。〇七夕來時先有期，洞房簾箔至今垂。玉輪顧兔初生魄，鐵網珊瑚未有枝。檢與神方教駐景，收將鳳紙寫相思。武皇內傳分明在，莫道人間總不知。（《李義山詩集》卷上）〇《錦瑟》：「錦瑟無端五十絃，一絃一柱思華年。莊生曉夢迷蝴蝶，望帝春心託杜鵑。滄海月明珠有淚，藍田日暖玉生煙。此情可待成追憶，只是當時已惘然。」（《李義山詩集》卷上）

〔十四〕【整理與研究】清馮浩箋注《玉谿生詩集箋注》（上海古籍出版社 1979 年版），張采田撰《李義山詩辨正》（上海古籍出版社 1983 年版），葉蔥奇撰《李商隱詩集疏注》（人民文學出版社 1985 年版），劉學鍇、余恕誠合撰《李商隱詩歌集解》（中華書局 1998 年版）。舊注以馮浩本最有價值，新注則首推《李商隱詩歌集解》，集校勘、編年、注釋、箋評、賞析於一體。

48. 李義山詩注三卷附錄一卷

國朝朱鶴齡（1606～1683）撰。鶴齡有《尚書埤傳》，已著錄。

李商隱詩舊有劉克、張文亮二家注本，後俱不傳，故元好問《論詩絕句》有「詩家總愛西崑好，只恨無人作鄭箋」之語。案：西崑體及宋楊億等摹擬商隱之詩，好問竟以商隱為西崑，殊為謬誤，謹附訂於此。明末釋道源始為作注，王士禎《論詩絕句》所謂「獺祭曾驚博奧殫，一篇《錦瑟》解人難。千秋毛鄭功臣在，尚有彌天釋道安」〔一〕者，即為道源是注作也。然其書徵引雖繁，實冗雜寡要，多不得古人之意。

鶴齡刪取其什一，補輯其什九，以成此注〔二〕。後來注商隱集者，如程夢星、姚培謙、馮浩諸家，大抵以鶴齡為藍本，而補正其闕誤。惟商隱以婚於王茂元之故，為令狐綯所擠，淪落終身，特文士輕於去就，苟且目前之常態，鶴齡必以為茂元黨李德裕，綯父子黨牛僧孺，商隱之從茂元為擇木之智、渙邱之公，然則令狐楚〔三〕方盛之時，何以從之受學，令狐綯見仇之後，何以又屢啟陳情？新、舊《唐書》班班具在，鶴齡所論未免為迴護之詞。至謂其詩寄託深微，多寓忠憤，不同於溫庭筠、段成式綺靡香豔之詞，則所見特深，為從來論者所未及。

惟所作《年譜》，於商隱出處及時事頗有疏漏，故多為馮浩注本所糾。又如《有感》二首詠文宗甘露之變〔四〕者，引錢龍惕之箋，以李訓〔五〕、鄭注為奉天討、死國難，則觸於明末璫禍，有激而言，與詩中「如何本初輩，自取屈羶誅。臨危對盧植，始悔用龐萌」諸句，顯為背觸，殊失商隱之本旨。又《重有感》一首，所謂「竇融表已來關右，陶侃軍宜次石頭」者，竟以稱兵犯闕，望劉從諫漢十常侍之已事，獨未聞乎？鶴齡又引龍惕之語，不加駁正，亦未免牽就其詞。

然大旨在於通所可知，而闕所不知，絕不牽合新、舊《唐書》，務為穿鑿，其摧陷廓清之功，固超出諸家之上矣。〔六〕（《四庫全書總目》卷一百五十一）

【注釋】

〔一〕**【史源】**王士禎《精華錄》卷五。

〔二〕**【自序】**申酉之歲，予箋注杜工部詩於紅豆山莊。既卒業，有友人謂予曰：「玉谿生詩沉博絕麗，王介甫稱為善學老杜，惜從前未有為之注者。元遺山云：『詩家總愛西崑好，只恨無人作鄭箋。』子何不並成之，以嘉惠來學？」予因翻核新、舊《唐書》本傳，以及箋啟序狀諸作所載於《英華》《文粹》者，反覆參考，乃喟然歎曰：嗟乎！義山蓋負才傲兀，抑塞於鉤黨之禍，而傳所云『放利偷合，詭薄無行』者，非其實也。夫令狐綯之惡義山，以其就王茂元、鄭亞之辟也。其惡茂元、鄭亞，以其為贊皇所善也。贊皇入相，薦自晉公。功流社稷，史家之論，每曲牛而直李。茂元諸人皆一時翹楚，綯安得以私恩之故，牢籠義山，使終身不為之用乎？綯特以仇怨贊皇，惡及其黨，因並惡其黨贊皇之黨者，非真有憾於義山也……吾故曰：義山之詩，乃風人之緒音，屈、宋之遺響，蓋得子美之深而變出之者也。豈徒以徵事奧博，擷採妍華，與飛卿、柯古爭霸一時哉！學者不察本末，類以才人浪子目義山，即愛其詩者，亦不過以為帷房暱媟之詞而已，此不能論世知人之故也。予故博考時事，推求至隱，因箋成而發之，以復於友人，且以為世之讀義山集者告焉。

〔三〕**【令狐楚】**（766～837），令狐綯之父。

〔四〕**【甘露之變】**唐文宗（809～840），即李昂，公元 827～840 年在位，有帝王之道，而無帝王之才。文宗為剪除北司宦官，密令南衙朝官於太和九年（835）十一月二十一日發動的一場宮廷政變。李訓與鄭注等合謀剷除宦官，但被宦官發覺，仇士良、魚弘志等劫持文宗，大肆誅殺朝臣，宦官更為專政。史稱「甘露之變」。

〔五〕**【李訓】**（？～835），字子垂。李逢吉侄。唐文宗時宰相。因甘露之變，為禁軍所殺。

〔六〕【版本】清徐夔有《李義山詩集箋注》三卷。沈德潛《清詩別裁》謂「龍友醉心義山，謂以男女會合喻君臣事，便得風騷宗旨。所注與朱長孺注互有異同」。如義山《藥轉》原詩為：「鬱金堂北畫樓東，換骨神方上藥通。露氣暗連青桂苑，風聲偏獵紫蘭叢。長籌未必輸孫皓，香棗何勞問石崇。憶事懷人兼得句，翠衾歸臥繡簾中。」徐夔箋云：「此言冰山之不可託也。『換骨神方』，謂可生可死，可富可貴，可貧可賤，其權勢直能換人之骨。『露氣』句謂內通宮闈，『風聲』句謂戕害善類。五六極說豪華，卻深刺之，言此人必有亡國敗家之禍，如孫皓、石崇其人者。一結謂我亦曾至其家，識其人，從此不敢登其堂矣。用『翠衾』『繡簾』，與上始稱。『長籌』『香棗』，言此人穢濁之至。大約其時中宮橫行，如仇士良輩，義山有鑑於此，而作此詩也。」

49. 李義山文集箋注十卷

國朝徐樹穀（1655～？）箋，徐炯注。樹穀字藝初，康熙乙丑（1685）進士，官至山東道監察御史；炯字章仲，康熙壬戌（1682）進士，官至直隸巡道，皆崑山（今屬江蘇）人。

考《舊唐書・李商隱傳》，稱有表狀集四十卷，《新唐書・藝文志》稱李商隱《樊南甲集》二十卷、《乙集》二十卷、《玉谿生詩》三卷、《文賦》一卷、《宋史・藝文志》稱《李商隱文集八卷、《四六甲乙集》四十卷、《別集》二十卷、《詩集》三卷。今惟《詩集》三卷傳，文集皆佚。國初吳江朱鶴齡始裒輯諸書，編為五卷，而闕其狀之一體。康熙庚午（1690），炯典試福建，得其本於林佶，採摭《文苑英華》所載諸狀補之，又補入《重陽亭銘》一篇，是為今本。

鶴齡原本雖略為詮釋，而多所疏漏，蓋猶未竟之稿。**樹穀因博考史籍，證驗時事，以為之箋。炯復徵其典故訓詁，以為之注。**其中《上崔華州書》一篇，樹斷其非商隱作。近時桐鄉馮浩注本〔一〕則辨此書為開成二年（837）春初作，崔華州乃崔龜從〔二〕，非崔戎，故賈相國乃賈餗，非賈耽，崔宣州乃崔鄲，非崔群〔三〕，引據《唐書》紀傳證樹穀之誤疑。又《重陽銘》一篇，炯據《全蜀藝文志》採入，馮浩注本則辨其碑末結銜乃鄉貫皆可疑，知為舊碑漫漶，楊慎偽補足之，援慎偽補樊敏、柳敏二碑，證炯之誤信。又據《成都文類》採入《為河東公上西川相國京兆公書》一篇及逸句九條，皆足補正此本之疏漏。然《上京兆公書》乃案牘之文，本無可取，逸句尤無關宏旨，故仍以此本著於錄焉。〔四〕（《四庫全書總目》卷一百五十一）

【注釋】

〔一〕【馮浩注本】馮浩注本即《樊南文集詳注》，此本係乾隆間馮浩在徐樹穀、徐炯兄弟的《李義山文集箋注》基礎上編纂而成。道光、同治年間錢振倫、錢振常兄弟又合撰《樊南文集補編》十二卷。二書注釋均極翔實，1988 年上海古籍出版社將以上兩種以《樊南文集》之名點校出版，並附錄錢振倫《玉谿生年譜訂誤》。

〔二〕【崔龜從】(？～約 853)：字玄告，唐清河人。官至宰相。上所撰《續唐曆》三十卷，已佚。

〔三〕【崔群】(772～832)：字敦詩，唐貝州人。文宗時官至吏部尚書。

〔四〕【整理與研究】劉學鍇、余恕誠等先生撰《李商隱文編年校注》(中華書局 2002 年版)。

50. 溫飛卿集箋注九卷〔一〕

明曾益撰，顧予咸(1613～1669)補輯，其子嗣立(1665～1722)又重訂之〔二〕。凡注中不署名者，益原注。署「補」字者，予咸注。署「嗣立案」者，則所續注也。益字予謙，山陰（今浙江紹興）人，其書成於天啟中〔三〕；予咸字小阮，長洲（今屬江蘇蘇州）人，順治丁亥（1647）進士，官至吏部考功司員外郎〔四〕；嗣立字俠君，康熙壬辰（1712）進士，由庶吉士改補中書舍人〔五〕。

曾注謬訛頗多，如《漢皇迎春詞》乃詠漢成帝時事，而以「漢皇」為高祖，《邯鄲郭公詞》為北齊樂府舊題，郭公者，傀儡戲也，舊本訛「詞」為「祠」，遂引東京郭子儀祠以附會祠字之訛，嗣立悉為是正，考據頗為詳覈。然多引白居易、李賀、李商隱詩為注，雖李善注《洛神賦》《遠遊》「履」字引繁欽《定情詩》為證，古人本有此例，然必謂《夜宴謠》「裂管」字用白居易「歘然聲作如管裂」句，《曉仙謠》「下視九州」字用賀「遙望齊州九點煙」句，《生禖屏風歌》「銀鴨」字用商隱「睡鴨香爐換夕薰」句，似乎不然，是亦一短也。《唐・藝文志》載庭筠《握蘭集》三卷、《金荃集》十卷、《詩集》五卷、《漢南真稿》十卷，《宋志》亦同。陳振孫《書錄解題》作《飛卿集》七卷，又陸游《渭南集》有溫庭筠集跋〔六〕，稱其父所藏舊本，以《華清宮》詩為首，中有《早行》詩，後得蜀本，則《早行》詩已佚。《文獻通考》則云溫庭筠《金荃集》七卷、《別集》一卷〔七〕，是宋刻已非一本矣。曾本合為四卷，名曰《八叉集》，以作賦之事名其詩，頗為杜撰。嗣立此注稱從所見宋刻，分《詩集》

七卷、《別集》一卷，以還其舊，疑即《通考》所載之本。又稱宋《文苑英華》《萬首絕句》所錄為《集外詩》一卷，較曾本差為完備，然總之非唐本之舊也。〔八〕(《四庫全書總目》卷一百五十一)

【注釋】

〔一〕【書名】四庫本作《溫飛卿詩集箋注》。今按，夏承燾《唐宋詞人年譜》(上海古典文學出版社 1955 年版)有《溫飛卿年譜》。

〔二〕【顧嗣立《跋溫飛卿詩集後》】昔先考功令山陰時，邑人曾君，名益字謙，注溫庭筠詩四卷，曰《八叉集》。先考功謂其用心良苦，特鳩工剞劂，流傳一時。後歷銓曹歸里，葺治雅園，寄情詩酒。間嘗繙閱曾注，惜其闕佚頗多，援引亦不免穿鑿，重為箋注，廣搜博考，援筆記纂。凡夫割剝支離、舛錯附會之說，輒復隨手刪削。未畢事，而先考功歿世，時嗣立甫五歲耳。荏苒迄今，年過三十，濩落一無成就，惴惴焉惟以隕越先業是懼。去年秋(按此記作於康熙三十六年)，從長安歸，檢校篋中，得先考功遺筆，傷前緒之未竟，撫卷不勝泫然。用是鍵戶校勘，薈萃經史百家，以至稗官小說、釋典道藏，諸書無不櫽括，採拾所增者，復得十之三四。而曾注中如《漢皇迎春詞》之誤釋高祖，《邯鄲郭公詞》之誤釋令公，訛謬不一，痛為芟汰，又約計十之五六。(《溫飛卿詩集箋注》附錄)

〔三〕【考證】萬曼《唐集敘錄》:「溫詩的注釋本最早的是明山陰曾益注《溫八叉集》四卷，此書和曾注《昌谷集》向不經見，葉德輝《郎園讀書志》七曾錄此書，每半頁九行，行二十字，秀野草堂刻本，仁和邵懿辰批註《四庫簡明目錄》有明刻《溫八叉集》四卷，蓋即此本。據葉氏考證，當刻於順治初年，因刻工字體尚沿明末風氣，故邵氏不能分辨。《天一閣書目》亦載此本。」

〔四〕【顧予咸】《(乾隆)江南通志》卷一百四十《人物志》:「顧予咸，字小阮，長洲人。順治丁亥進士。授寧晉知縣。畿南多盜，廉其魁數人，捕弗誅，厚衣食之，為耳目，盜悉驚散。縣地多不耕，上官徵賦如故，力爭乃免。又平賦役，而豪家不得匿田，以累貧弱。調知浙之山陰，兩舉卓異。擢刑部主事，歷吏部考功員外郎。時當掌計，遽移疾歸。適郡有大獄，株累逮繫。昭雪後居鄉，風格峻整，為後進所憚。」

〔五〕【顧嗣立】《(乾隆)江南通志》卷一百四十《人物志》:「顧嗣立字俠君，長洲人。考功郎予咸子。康熙己卯順天舉人，壬辰欽賜進士。選庶吉士，改中書。以疾歸，嗣立博學有才名，尤工詩。所居秀野草堂，常集四方知名士，觴詠無虛日。輕財好義，家以日貧，而風流文雅照映一時。所選詩集皆盛行於世。」

〔六〕【跋溫庭筠詩集】先君舊藏此集，以《華清宮》詩冠篇首，其中有《早行》詩，所謂「雞聲茅店月，人跡板橋霜」者，久已墜失，得此集於蜀中，則不復見《早行詩》矣。(《渭南文集》卷二十六)

〔七〕【史源】《文獻通考》卷二百四十三。

〔八〕【評論】錢大昕《潛研堂文集》卷三十一《跋溫飛卿詩》云：「《溫飛卿詩》，今盛行吳中顧俠君注。蓋因山陰曾益注而增正之，然尚多踳誤……甚矣注書之不易也！」今按，此書雖然存在校勘、注釋方面的缺失，但仍然是目前最好的注本。又按，關於此書的增補，鄭文撰《溫飛卿詩集箋注補》(甘肅文化出版社 2002 年版)。又按，如果有人在此基礎上做出溫庭筠全集的新注本，可能名垂文學史。

51. 孫可之集十卷

唐孫樵（約 822～約 883）撰。樵字可之，又字隱之，自稱關東人。函谷以外幅員遼闊，不知其籍何郡縣也。大中九年（855）進士。授中書舍人。僖宗幸岐、隴時，詔赴行在，遷職方郎中、上柱國，賜紫金魚袋。

《新唐書·藝文志》《通志》《通考》皆載樵《經緯集》三卷，《書錄解題》稱樵自為序，凡三十五篇。此本十卷〔一〕，為毛晉汲古閣所刊，稱王鏊從內閣抄出。前載樵自序〔二〕稱：「藏書五千卷，常自探討，幼而工文，得其真訣，廣明元年（880）駕避岐、隴，朝廷以省方蜀國，文物攸興，品藻朝論，旌其才行，遂閱所著文及碑碣、書檄、傳記、銘誌，得二百餘篇，撮其可觀者三十五篇（云云）。」與陳振孫之說合。又稱：「編成十卷，藏諸篋笥（云云）。」則與三卷之說迥異。

近時汪師韓集有《孫文志疑序》一篇，因謂樵文惟《唐文粹》所載《後佛寺奏》《讀開元雜記》《書褒城驛》《刻武侯碑陰》《文貞公笏銘》《與李諫議行方書》《與賈秀才書》《孫氏西齊錄》《書田將軍後事》《書何易於》十篇為真，餘一十五篇皆後人偽撰〔三〕。然卷帙分合，古書多有，未可以是定真偽。且師韓別無確據，但以其字句格局斷之，尤不足以為定論也。樵《與王霖秀才書》云：「某嘗得為文真訣於來無擇，來無擇得之於皇甫持正，皇甫持正得之於韓吏部退之。」其《與友人論文書》又復云〔四〕。然今觀三家之文，韓愈包孕群言，自然高古。而皇甫湜稍有意為奇，樵則視湜益有努力為奇之態，其彌有意於奇，是其所以不及歟？《讀書志》引蘇軾之言，稱學韓愈而不至者為皇甫湜，學湜而不至者為孫樵〔五〕，其論甚微。毛晉跋是集〔六〕，乃以軾言為非，所見淺矣。（《四庫全書總目》卷一百五十一）

【注釋】

〔一〕【版本】1979 年上海古籍出版社據宋蜀刻本《孫可之文集》影印出版。

〔二〕【自序】四庫本無。

〔三〕【史源】四庫本無汪師韓《孫文志疑序》，待考。

〔四〕【與友人論文書】古今所謂文者，辭必高然後為奇，意必深然後為工，煥然如日月之經天也，炳然如虎豹之異犬羊也，是故以之明道則顯而微，以之揚名則久而傳。今天下以文進取者，歲叢試於有司不下八百輩，人人矜執自大，所得故其習於易者，則斥澀艱之辭；攻於難者，則鄙平淡之言。至有破句讀以為工，摘俚語以為奇。秦、漢已降，古文所稱工而奇者，莫若揚、馬。然吾觀其書，乃與今之作者異耳。豈二子所工，不及今之人乎？此樵所以惑也。當元和、長慶之間，達官以文馳名者，接武於朝，皆開設戶牖，主張後進，以磨定文章，故天下之文薰然歸正……顧頑樸無所知曉，然嘗得為文之道於來公無擇，來公無擇得之皇甫公持正，皇甫持正得之韓先生退之，其所聞者如前所述，豈樵所能臆說乎？（《孫可之集》卷二）

〔五〕【史源】《郡齋讀書志》卷十八。

〔六〕【毛晉跋】四庫本無。

52. 皮子文藪十卷

唐皮日休（約 834 或 838～約 883）撰。日休字襲美，襄陽人。居於鹿門山，自號醉吟先生。登咸通八年（867）進士。官太常博士。《唐書》稱其降於黃巢，後為所害。尹洙《河南集》有《大理寺丞皮子良墓誌》〔一〕，則稱日休避廣明之難，奔錢氏。子光業，為吳越丞相，生璨，為元帥判官，子良即璨之子。陸游《老學庵筆記》亦據皮光業碑以為日休終於吳越，並無陷賊之事〔二〕，皆與史全異，未知果誰是也。

是編乃其文集，自序〔三〕稱咸通丙戌（865）不上第，退歸州墅，編次其文，發篋業萃，繁如藪澤，因名《文藪》，凡二百篇。宋晁公武謂其尤善箴銘〔四〕。今觀集中書、序、論、辨諸作，亦多能原本經術。其《請孟子立學科》

〔五〕《請韓愈配饗太學》〔六〕二書，在唐人尤為卓識，不得僅以詞章目之。集中詩僅一卷，蓋已見《松陵唱和集》〔七〕者不復重編，亦如《笠澤叢書》之例耳。

王士禎《池北偶談》嘗摘其中《鹿門隱書》〔八〕一條，《與元徵君書》一條，皆「世民」二字句中連用，以為不避太宗之諱〔九〕。今考之信然。然後人傳寫古書，往往改易其諱字，安知日休原本非「世」本作「代」，「民」本作「人」，而今本易之耶？是固未足為日休病也。〔十〕（《四庫全書總目》卷一百五十一）

【注釋】

〔一〕【皮公墓誌銘並序】公諱子良，字漢公，其先襄陽人曾祖日休避廣明之難，徙籍會稽，及錢氏王其地，遂依之，官太常博士，贈禮部尚書。祖先業佐吳越國為其丞相，父璨元帥府判官，歸朝歷鴻臚少卿。公幼能屬辭……銘曰：皮氏擅名，厥初襄陽。後家乎南，再世以昌。公事本朝，其惟舊邦。才奮而通，命難勿充。公葬河南，是成公志。公有令子，既孝既禮。遂家河南，為子孫始。

〔二〕【史源】《文藪》卷十：《該聞錄》言，皮日休陷黃巢為翰林學士，巢敗被誅。今《唐書》取其事。按尹師魯作《大理寺丞皮子良墓誌》稱：曾祖日休避廣明之難，徙籍會稽，依錢氏，官太常博士，贈禮部尚書，祖光業為吳越丞相，父璨為元帥府判官，三世皆以文雄江東。據此，則日休未嘗陷賊為其翰林學士被誅也。光業見《吳越備史》頗詳，孫仲容在仁廟時仕亦通顯，乃知小說謬妄，無所不有。師魯文章傳世，且剛直有守，非欺後世者，可信不疑也。故予表而出之，為襲美雪謗於泉下。

〔三〕【自序】咸通丙戌中，日休射策不上第，退歸州來別墅，編次其文，復將貢於有司。發篋叢萃，繁如藪澤，因名其書曰《文藪》焉……傷前王太佚，作《憂賦》；慮民道難濟，作《河橋賦》；念下情不達，作《霍山賦》；憫寒士道壅，作《桃花賦》。《離騷》者，文之菁英者，傷於宏奧。今也不顯《離騷》，作《九諷》。文貴窮理，理貴原情，作《十原》。太樂既亡，至音不嗣，作《補周禮九夏歌》。兩漢庸儒，賤我《左氏》，作《春秋決疑》。其餘碑、銘、贊、頌、論、議、書、序，皆上剝遠非，下補近失，非空言也。較其道，可在古人之後矣。古風詩，編之文末，俾視之粗俊於口也。亦由食魚遇鯖，持肉偶饌。《皮子世錄》著之於後，亦太史公《自序》之意也。凡二百篇為十卷。

〔四〕【史源】《郡齋讀書志》卷十八。

〔五〕【請孟子為學科書】聖人之道，不過乎經。經之降者不過乎史，史之降者不過乎子。子不異乎道者，孟子也。捨是子者，必戾乎經史，又率於子者，則聖人之盜也。夫孟子之文，粲若經傳，天惜其道不燼於秦。自漢氏得之，常置博士，以專其學，故其文繼乎六藝，光乎百氏，真聖人之微旨也。若然者何？其道曄曄於前，其書汲汲於後，得非道拘乎正，文極乎奧，有好邪者憚正而不舉，嗜淺者鄙奧而無稱耶？蓋仲尼愛文王，嗜昌歜，以取味，後之人將愛仲尼者，其嗜在孟子矣。嗚呼！古之士以湯、武為逆取者，其不讀《孟子》乎？以楊、墨為達智者，其不讀《孟子》乎？由是觀之，孟子功利於人亦不輕矣。今有司除茂才、明經外，其次有熟莊周、列子書者，亦登於科。其誘善也雖深，而懸科也未正。夫莊、列之文，荒唐之文也。讀之可以為方外之士，習之可以為鴻荒之民，有能汲汲以救時補教為志哉！伏請命有司去莊、列之書，以孟子為主。有能精通其義者，其科選視明經。苟若是也，不謝漢之博士矣。既遂之，如儒道不行，聖化無補，則可刑其言者。(《文藪》卷九)

〔六〕【請韓文公配饗太學書】夫孟子、荀卿翼傳孔道，以至於文中子，文中子之末，降及貞觀、開元，其傳者醨，其繼者淺，或引刑名以為文，或援縱橫以為理，或作詞賦以為雅，文中之道曠百祀而得室授者，唯昌黎文公之文，蹴楊、墨於不毛之地，蹂釋、老於無人之境，故得孔道巍然而自正。夫今之文，千百士之作，釋其卷，觀其詞，無不裨造化，補時政，繄公之力也。(《文藪》卷九)

〔七〕【古松陵】即今之吳江。《松陵唱和集》，以地名集。

〔八〕【評論】劉咸炘云：「皮日休崇揚（雄）、王（通）者也，其書（指《鹿門隱書》——引者）凡六十條，而自命六十篇，甚謬。其宗旨總雜，不可究詰。然皆折衷孔孟，亦有激切當世之言，附之揚、王之後亦一家也。晚唐文人，皮、陸並稱，陸不及皮遠甚。魯望諸文大都玩物以自適，雕琢淺陋，譜錄、小說，兩無所處，蓋文之最無用者……譚獻曰：『皮、陸好聱牙之文，學古籍之面貌。元次山實開其端，《法言》《中說》不任咎也。』」(《劉咸炘學術論集·子學編》第 478～479 頁)

〔九〕【史源】《池北偶談》卷二「不避廟諱」條。

〔十〕【整理與研究】蕭滌非等整理《皮子文藪》(上海古籍出版社 1981 年版)。

53. 笠澤叢書四卷補遺一卷

唐陸龜蒙（？～約 881）撰。龜蒙有《耒耜經》〔一〕，已著錄。

此集為龜蒙自編。以其叢脞細碎，故名《叢書》〔二〕。以甲、乙、丙、丁為次，後又有《補遺》一卷。宋元符間，蜀人樊開始序而梓之〔三〕。政和初，毗陵朱兗復行校刊，止分上、下二卷，及補遺為三。

此本為元季龜蒙裔孫德原重鐫，既依蜀本釐為四卷，而序仍毗陵本作三卷者，字偶誤也。王士禎《漁洋文略》有此書跋，謂得都穆重刊蜀本，內紀《錦裙》在丙集，《迎潮詞》在丁集，而此本《錦裙》在乙集，《迎潮詞》在丙集，敘次又不盡依蜀本之舊，疑德原又有所竄亂矣。〔四〕

龜蒙與皮日休相倡和，見於《松陵集》者，功力悉敵，未易定其甲乙。惟雜文則龜蒙小品為多，不及日休《文藪》時標偉論。然閒情別致，亦復自成一家，固不妨各擅所長也。（《四庫全書總目》卷一百五十一）

【注釋】

〔一〕【耒耜經】唐陸龜蒙撰。龜蒙字魯望，號甫里先生，唐吳郡長州（今江蘇蘇州）人。事蹟具《唐書書・隱逸傳》。此書有《津逮秘書》本、《學津討源》本。

〔二〕【史源】《笠澤叢書》卷一：「叢書者，叢脞之書也。叢脞，猶細碎也。細而不遺，大可知其所容矣。笠澤，松江之名。」

〔三〕【樊開序】愚謂貯之篋笥，以私一人之觀覽，不若鏤板而傳諸好事，庶斯文之不墜，而魯望之名復振，亦儒者之用心也。

〔四〕【版本】潘景鄭先生詳述《笠澤叢書》版本（《著硯樓讀書記》第 449～453 頁）。王欣夫先生亦云：「《笠澤叢書》清代所傳，刊本以雍正辛亥江都陸鍾輝水雲漁屋本，校本以嘉慶中海寧吳騫校宋蜀本及舊抄各本為最善。」（《蛾術軒篋存善本書錄》第 244～248 頁）此書有《四部叢刊》本。張元濟撰《明抄本甫里先生文集校勘記》。（《張元濟古籍書目序跋彙編》第 864～869 頁）

54. 唐風集三卷

唐杜荀鶴〔一〕（846～約 907）撰。荀鶴，池州人。案計有功《唐詩紀事》稱，荀鶴有詩名，大順初擢進士第二，牧之微子也。牧之自齊安移守秋浦時，有妾懷娠，出嫁長林鄉杜筠，而生荀鶴。又稱荀鶴擢第，時危勢晏，復還舊山。

田頵在宣州（今屬安徽），甚重之。頵起兵，陰令以箋問至梁太祖，許。及頵遇禍，梁主表授翰林學士、主客員外郎中、知制誥。恃勢侮易縉紳，眾怒欲殺之。未及，天祐初卒。又稱荀鶴初謁梁王朱全忠，雨作而天無雲，荀鶴賦詩，有「若教陰翳都相似，爭表梁王造化功」句，是荀鶴為人至不足道。其稱杜牧之子，殆亦梁師成之依託蘇軾乎？

其詩最有名者，為「風暖鳥聲碎，日高花影重」一聯。而歐陽修《六一詩話》以為周樸詩，吳聿《觀林詩話》〔三〕亦稱見唐人小說，作樸詩，荀鶴特竊以壓卷。然則此一聯者，又如寶月之於柴廓矣。

此集乃其初登第時所自編，詩多俗調，不稱其名。以唐人舊集，流傳已久，姑存以備一家〔二〕。毛晉刻本，前有顧雲序〔四〕，序末「謂之《唐風集》」以下文不相屬，蓋舊本《唐詩紀事》載雲此序，誤連下條「荀鶴初謁梁王（云云）」六十四字為一條，晉不察而誤並抄之，殊為疏舛。今刊除此段，以還其舊焉。〔五〕（《四庫全書總目》卷一百五十一）

【注釋】

〔一〕【杜荀鶴】字彥之，唐池州人，杜牧之私生子。屢試不第，曾隱居九華山，自號九華山人。

〔二〕【考證】余嘉錫對此有考證，詳見（《四庫提要辯證》第1312～1313頁。

〔三〕【史源】《觀林詩話》，宋吳聿撰。聿字子書，自署楚東人……蓋南宋初人。故所稱引，上至蘇軾、黃庭堅、賀鑄，下至汪藻、王宣而止也。其中如辨陸厥《中山王孺子妾歌》誤用安陵君一條，李善《文選注》已先有此論，聿抒為新得，蓋偶未及檢。又引《摭言》趙牧學李長吉歌詩一條，《摭言》無此文，蓋記杜牧語；又誤增學李長吉歌詩一句，亦為疏舛。卷末錄謝朓事三條，不加論斷，殊無所取。覈其詞意，似乎欲解王安石、歐陽修倡和詩中「吏部文章二百年」句，而其文未畢，或傳寫有所佚脫，又誤分一則為三則歟？聿之詩學出於元祐，於當時佚事尤所究心。如謂黃庭堅論黃獨為土芋，而雲或以為黃精者，乃指蘇軾「詩人空腹待黃精，生事只看長柄械」句，而不欲顯名。又陳師道所稱「但解開門留我住，主人不問是誰家」句，乃蘇軾《藏春兩絕句》之一，託云古語。又蘇軾「不向如皋閒射雉，人間何以得卿卿」句，世譏軾誤以如皋為地名，聿謂親見其手寫《會獵詩》，「不向」乃作「向不」。又軾嘗名賈耘老之妾曰雙荷葉，世不曉所謂。聿謂其事載《泉南老人集》，取雙髻並前之義，其名出於溫庭筠詞。《澠水燕談》稱張舜民題蘇軾《老人行役詩》，乃蘇轍作，王辟之誤記。軾《梅花詩》用返魂字，乃用韓偓《金鑾秘記》中語，說者誤引蘇德哥及聚窟州返魂香事，皆查慎行《補注蘇詩》所未及。又如黃庭堅與惠洪詩，實用《陳平傳》解衣裸而刺船句相謔。惠洪作《冷齋夜話》，乃以欲加冠巾自解，與庭堅自稱「從王安石得古詩句法」，及安石詞「揉藍一水縈花草」句，乃追用所見江上人家壁間絕句諸事，亦他書所未言。至於引郭義恭《廣志》證陸龜蒙詩蕙炷字，引尉遲樞《南楚新聞》證僧詩氈根字，引《隋書・禮志》證古詩「長跪問故夫」句，引許慎《說文》證衣亦可名「不借」，不獨草屨，引《南史・邱仲孚傳》證唐詩半夜鐘，引《宋書》證吳融誤用虞嘯事，引《世說新語》庾亮事證著屐登樓，引元結自序證歐陽修、黃庭堅誤讀笭箵字，引潘岳《西征賦》證晁錯之錯可讀「七各切」，引江淹串《雜擬》詩證《東觀奏記》誤稱沈約，引顧愔《新羅圖記》證松五粒非五鬣，引《歌錄》證《殷芸小說》誤解蜻蛚，引《西京雜記》駁賀鑄詞誤用玉硯生冰，以及駁蘇軾誤以白居易《除夜詩》為《寒食詩》，以長桑君為倉公，以《左傳》「小人之食」為「小人之羹」諸條，皆足以資考證。在宋人詩話之中，亦可謂之佳本矣。（《四庫全書總目》卷一百九十五）

今按，郭紹虞先生云：「是書所論較偏考證，間述佚事，蓋猶沿宋人筆記之體，與專主論詩者不同。《四庫總目提要》於是書考證部分論述特詳，舉其長處，亦間正其疵誤，評斷甚允。蓋當時撰提要者，多偏於考據，故極為中肯。《提要》以卷末錄謝朓事三條不加論斷，疑傳寫有所佚脫。竊疑此或未完成之作，尚待寫定，故亦不顯於時也。」（《宋詩話考》第72～73頁）

〔四〕【版本源流】潘景鄭《杜荀鶴文集跋》云：「此宋蜀刻本《杜荀鶴文集》三卷，亦經毛氏皮藏，有汲古閣藏印。是集清初從毛氏歸季振宜，今歸上海圖書館。現由上海古籍出版社據原書影印出破。」（《著硯樓讀書記》第494頁）

〔五〕【顧雲序】見其雅麗激越之句，能使貪吏廉，邪臣正，父慈子孝，兄友弟悌，人倫之紀備矣。其壯語大言，則決起逸發，可以左攬工部袂，右拍翰林肩，吞賈喻八九於胸中，曾不蔕介。情動於中，則極思冥搜，神遊希夷，形兀枯木，五聲勞於呼吸，萬象貧於抉剔，信詩之雄傑者也。美哉！裴公之知人為不誣矣。於戲！旌別淑慝，史臣之職。僕幸得為之敘錄，視其人齒尚壯，才力未盡，謳吟之興方酣，俟其繼作，得如《周頌》者，目之為《唐風集》。

今按，敘中所謂「左攬工部袂，右拍翰林肩」，工部指杜甫，翰林制李白，極盡誇飾之能事。又按，此序四庫本與敘文匯編本文字略有不同。

〔六〕【整理與研究】胡嗣坤等撰《杜荀鶴及其〈唐風集〉研究》（巴蜀書社2005年版）。

55. 羅昭諫集八卷

唐羅隱〔一〕（833～909或910）撰。隱有《兩同書》〔二〕，已著錄。

考《吳越備史》〔三〕隱本傳云，隱有《江東甲乙集》《淮海寓言》及《讒書》《後集》並行於世。鄭樵《通志·藝文略》載《羅隱集》二十卷、《後集》三卷，又有《吳越掌記集》三卷。至陳振孫《書錄解題》則《甲乙集》僅十卷，而《後集》反有五卷，又多《湘南集》三卷，且注：「《甲乙集》皆詩，《後集》有律賦數首，《湘南集》乃長沙幕中應用之文。隱又有《淮海寓言》及《讒書》等，求之未獲（云云）。」據此，則不特《吳越掌記集》不傳，即《淮海寓言》《讒書》二種，振孫且不得見矣。

此本為康熙初彭城（今江蘇徐州）知縣張瓚所刻，後有瓚跋云：「昭諫諸集，今不復見，僅得《江東集》抄本於邑人袁英家，嗣後得《甲乙集》刻本，合而讀之，雖全集不獲盡睹，窺豹者已得一斑矣。」蓋出於後人所掇拾，非舊帙也。

所載詩四卷，又有雜文一卷。詩與毛晉所刻《甲乙集》合，雜文則不知原在何集。其《湘南集》僅存自序一篇，列於卷中。序謂湘南文失落於馬上軍前，僅分三卷，而舉業祠祭亦與焉。今雜文既無長沙應用之作，亦無舉業祠祭之文，惟諸啟多作於湖南，或即《湘南集》中之遺歟？《文苑英華》有隱《秋雲似羅賦》一篇，蓋即《後集》之律賦，此本失載，則所採亦尚遺漏矣。第七卷末一篇為《廣陵妖亂志》，前十一篇疑即《淮海寓言》之文也。第八卷有《兩同書》十篇，《唐志》著錄，其說以儒、道為一致，故曰「兩同」，似乎《讒書》之外又有此書者，其異同則不可考矣。

隱不得志於唐，迨唐之亡也，梁主以諫議大夫召之，拒不應。又力勸錢鏐討梁，事雖不成，君子韙之。其詩如《徐寇南逼感事獻江南知己》一首，《即事中元甲子》一首〔四〕，《中元甲子以辛丑駕幸蜀》四首〔五〕，皆忠憤之氣，溢於言表，視同時李山甫、杜荀鶴輩有鸞梟之分。雖殘闕之餘，猶為藝林所寶重，殆有由矣。〔六〕（《四庫全書總目》卷一百五十一）

【注釋】

〔一〕【作者研究】汪德振撰《羅隱年譜》（商務印書館《中國史學叢書》本）。

〔二〕【史源】《兩同書》，唐羅隱撰。凡十篇。上卷五篇，皆終之以老氏之言。下卷五篇，皆終之以孔子之言。《崇文總目》謂「以老子修身之說為內，孔子治世之道為外，會其指而同原」。然則「兩同」之名蓋取晉人「將無同」之義。晁公武以為「取兩者同出而異名」，非其旨矣。《書錄解題》引《中興書目》，以為唐吳筠撰。考《宋史・藝文志》，別有吳筠《兩同書》二卷，與此書同載之雜家類中，非一書也。(《四庫全書總目》卷一百一十七)

今按，劉咸炘有考辨之文（詳見《劉咸炘學術論集・子學編》第479～481頁），但其文詞游移不定，始而認為書出羅隱「亦有可信之理」，終而認為「此書殆可定為吳筠作」。劉咸炘長於辯論，《舊書別錄》一書多有可觀，但此條似未定之稿，前後矛盾，難成定論。劉氏以蓋世之才，成此蓋世之作，可謂智者千慮，必有一失。

〔三〕【吳越備史】北宋錢儼（937～1003）撰。編年體。記公元875～968年間事。舊本題宋武勝軍節度使掌書記范坰、巡官林禹撰。載錢鏐（852～932，907～932年在位）以下累世事蹟，依年紀事可補《五代史》《吳越世家》之缺。是書有四庫本、《四部叢刊》續編本。有關版本情況，可參考王欣夫《蛾術軒篋存善本書錄》第98～99頁，《張元濟古籍書目序跋彙編》第894～896頁。

〔四〕〔五〕【史源】見《羅昭諫集》卷三。

〔六〕【整理與研究】雍文華校輯的《羅隱集》（中華書局1983年版）是目前最為完備的本子，李之亮撰《羅隱詩集箋注》（嶽麓書社2001年版）。

56. 浣花集十卷補遺一卷

唐韋莊〔一〕(836～910）撰。莊字端己。杜陵（今陝西西安）人。乾寧（九）〔元〕年（894）第進士。授校書郎，轉補闕。後仕蜀王建，至吏部侍郎、同平章事。

《文獻通考》載莊集五卷。此本十卷，乃毛晉汲古閣所刻，為莊弟藹所編，前有藹序。疑後人析五為十，故第十卷僅詩六首也。末為《補遺》一卷，同毛晉所增。然如《癸丑年下第獻新先輩》一首，既見於卷八，又入《補遺》，殊為失檢。

《全唐詩》所錄，較此本多《勉兒子》《即事》等篇共三十餘首。蓋藹序作於癸亥年六月，為唐昭宗（867～904，公元888～904年在位）之天復三年（903），莊方得杜甫草堂，故以名集〔二〕。自是以後，篇什皆未載焉，故往往散見於諸書，後人遞有增入耳。〔三〕(《四庫全書總目》卷一百五十一)

【注釋】

〔一〕【作者研究】夏承燾《唐宋詞人年譜》有《韋端己年譜》(上海古典文學出版社 1955 年版)，任海天撰《韋莊研究》(人民文學出版社 2004 年版)，顏文郁撰《韋莊接受史》(花木蘭文化出版社 2011 年版)。今按，韋莊為韋應物四世孫，卒謚文靖。

〔二〕【韋藹序】余家之兄莊，自庚子亂離前，凡著歌詩文章數十通。屬兵火迭興，簡編俱墜，唯餘口誦者，所存無幾。爾後流離漂泛，寓目緣情。子期懷舊之辭，王粲傷時之製。或離群軫慮，或反袂興悲。四愁九愁之文，一詠一觴之作。迄於癸亥歲，又綴僅千餘首。庚申夏，自中諫辟為判使。辛酉春，應聘為西蜀奏記。明年，浣花溪尋得杜工部舊址，雖蕪沒已久，而柱砥猶存。因命芟夷，結茅為一室。蓋欲思其人而成其處，非敢廣其基構耳。藹便因閒日，錄兄之稿草中，或默記於吟詠者，次為若干首，目之曰《浣花集》，亦杜陵所居之義也。

今按，《浣花集》詞風清麗，長於白描，多寫閨情、遊宴。1958 年人民文學出版社出版新校本《韋莊集》。聶安福撰《韋莊集箋注》(上海古籍出版社 2002 年版)，林淑華撰《主體意識的情志書寫——韋莊詩詞關係研究》(花木蘭文化出版社 2015 年版)

〔三〕【史源】《北夢瑣言》卷六：「蜀相韋莊應舉時，遇黃寇犯闕，著《秦婦吟》一篇，內一聯云：『內庫燒為錦繡灰，天街踏盡公卿骨。』爾後公卿亦多垂訝，莊乃諱之，時人號『秦婦吟秀才』，他日撰《家戒》，內不許垂《秦婦吟》障子，以此止謗，亦無及也。」今按，《秦婦吟》反映黃巢起義時社會現實，藝術成就較高，一度失傳，後見於敦煌遺書中。羅振玉有跋語(《雪堂類稿》乙冊第 347～348 頁)，王國維亦撰二跋，「取地下之實物與紙上之遺文互相釋證」，較羅振玉更具遠見卓識。紀爾斯撰《秦婦吟之考證與校釋》(《燕京學報》第一期)，陳寅恪撰《秦婦吟校箋》，聶安福《韋莊集箋注》第 315～345 頁有詳細的注釋，並附錄了各家的考論意見。

57. 小畜集三十卷小畜外集七卷

宋王禹偁〔一〕(954～1001)撰。禹偁字元之，巨野(今屬山東荷澤市)人。太平興國八年（983）進士。官至翰林學士、知制誥。屢以事謫守郡，終於知蘄州。事蹟具《宋史》本傳。

禹偁嘗自次其文，以《易》筮之，得《乾》之《小畜》，因以名集〔二〕。晁公武《讀書志》〔三〕、陳振孫《書錄解題》〔四〕皆作三十卷，與今本同。惟《宋志》作二十卷。然《宋志》荒謬最甚，不足據也。

宋承五代之後，文體纖儷，禹偁始為古雅簡淡之作。其奏疏尤極剴切，《宋史》採入本傳者，議論皆英偉可觀。在詞垣時所為應制駢偶之文亦多宏麗典贍，不愧一時作手。

集凡賦二卷、詩十一卷、文十七卷。紹興丁卯（1147），歷陽沈虞卿嘗刻之黃州〔五〕。明代未有刊本，世多抄傳其詩，而全集罕覯。故王士禛《池北偶談》稱僅見書賈以一本持售，後不可復得為憾。近時平陽趙氏始得宋本刊行〔六〕。而陳振孫《書錄解題》所載《外集》三百四十首，其曾孫汾所裒輯者，則久佚不傳。

此殘本為河間紀氏閱微草堂所藏〔七〕，僅存第七卷至第十三卷，而又七卷前闕數頁，十三卷末《集賢錢侍郎知大名府序》惟有篇首二行，計亦當闕一兩頁。原帙簽題即曰《小畜外集殘本》上、下二冊，知所傳止此矣。其中《次韻和朗公見贈》詩及題下自注「朗」字皆闕筆，知猶從宋本影抄本。凡詩四十四篇、雜文八篇、論議五篇、傳三篇、箴讚頌九篇、代擬二十篇、序十二篇，共一百一篇，較原帙僅三之一。然北宋遺集，流傳漸少，我皇上稽古右文，凡零篇斷簡散見《永樂大典》中者，苟可編排，咸命儒臣輯錄成帙，以示表章。此集原書七卷巋然得存，是亦可寶之秘笈，不容以殘闕廢矣。〔八〕（《四庫全書總目》卷一百五十二）

【注釋】

〔一〕【作者研究】黃啟方撰《王禹偁研究》（學海出版社 1979 年版），徐規撰《王禹偁事蹟著作編年》（商務印書館 2003 年版）。

〔二〕【自序】閱平生所為文，散失焚棄之外，類而第之，得三十卷。將名其集，以《周易》筮之，遇《乾》之《小畜》。《乾》之《象》曰：「君子以自強不息。」是禹偁修辭立誠、守道行己之義也。《小畜》之《象》曰：「風行天上，小畜。君子以懿文德。」說者曰：「未能行其施，故可懿文而已。」是禹偁位不能行道，文可以飾身也。集曰《小畜》，不其然乎！

〔三〕【史源】《郡齋讀書志》卷十九。

〔四〕【史源】《直齋書錄解題》卷十七。

〔五〕【沈虞卿序】平生撰著極富，有手編文集三十卷，名曰《小畜集》。其文簡易醇質，得古作者之體。往往好事得之者，珍秘不傳，以故人多未見。虞卿假守於此，追訪舊址，躊躇增慨，想見其人，思欲以次興葺，而鈍拙無能。救過不贍，輒且先其大者，因以家笥所藏《小畜集》八本，更加點勘，鳩工鏤板，以廣其傳，庶與四方學者共之。

〔六〕【版本】趙熟典於乾隆二十五年（1760）刊於愛日堂。此書有《四部叢刊》本。張元濟《宋刻配呂無黨抄本王黃州小畜集札記》云：「先後收得汪閬源、徐紫珊兩抄本，復從杭州葉氏借得汪魚亭抄本、趙熟典刻本。最近觀書常熟瞿氏鐵琴銅劍樓，始睹此本，借歸比對，五本之中，此為最勝。」（《張元濟古籍書目序跋彙編》第869頁）

〔七〕【河間紀氏閱微草堂所藏】即紀昀家藏本。

〔八〕【整理與研究】黃啟方撰《王禹偁研究》（學海出版社1979年版），王延梯等撰《王禹偁詩集編年箋注》（香港天馬出版有限公司2005年版），高獻撰《王禹偁詩詞研究》（團結出版社2017年版），秦蓁、李碧凝、肖田田合撰《王禹偁「白體詩」研究》（四川大學出版社2018年版），陳為兵撰《王禹偁散文研究》（中國社會科學出版社2018年版）。

58. 和靖詩集四卷

宋林逋〔一〕（967～1029）撰。逋事蹟具《宋史・隱逸傳》。

其詩澄澹高逸，如其為人。史稱其就稿輒棄去，好事者往往竊記之〔二〕。今所傳尚三百餘篇。茲集篇數與本傳相合，蓋當時所收止此。其他逸句，往往散見於說部及真蹟中。劉克莊《後村詩話》謂逋一生苦吟，自摘出五言十三聯。今惟五聯見集中，如「隱非唐甲子，病有晉春秋」，「水天雲黑白，霜野樹青紅」，「風回時帶溜，煙遠忽藏村」，及郭索鉤輈之聯，皆不在焉。七言十七聯，集逸其三。使非有《摘句圖》旁證，則皆成逸詩矣。〔三〕今《摘句圖》亦不傳，則其失於編輯者固不少也。是集前有皇祐五年（1053）梅堯臣序〔四〕。康熙中長洲吳調元校刊之。

後附《省心錄》一卷，實李邦獻所作，誤以為逋，今為考辨釐正，別著錄子部中〔五〕，而此集則削之不載焉。〔六〕（《四庫全書總目》卷一百五十二）

【注釋】

〔一〕【作者研究】鍾嬰撰《猶喜曾無封禪書——林逋評傳》(周峰主編《吳越首府及北宋東南第一州》，浙江人民出版社 1988 年版)。按《宋史》卷四百五十七：「林逋，字君復。杭州錢塘人。少孤力學，不為章句。性恬淡好古，弗趨榮利。家貧，衣食不足，晏如也。初，放遊江、淮間。久之，歸杭州，結廬西湖之孤山。二十年足不及城市。真宗聞其名，賜粟帛，詔長吏，歲時勞問。薛映李及在杭州，每造其廬，清談終日而去。嘗自為墓於其廬側，臨終為詩，有『茂陵他日求遺稿，猶喜曾無封禪書』之句。既卒，州為上聞，仁宗嗟悼，賜諡和靖先生，賻粟帛。」

〔二〕【史源】《宋史》卷四百五十七：「逋善行書，喜為詩，其詞澄浹峭特，多奇句，既就稿，隨輒棄之。或謂何不錄以示後世？逋曰：『吾方晦跡林壑，且不欲以詩名一時，況後世乎？』」

〔三〕【史源】《後村詩話》卷三：「五言尤難工。林和靖一生苦吟，自摘出十三聯，今惟五聯見集中……梅聖俞作集序，謂先生詩未嘗自貴，就輒棄之，所存百無一二，蓋實錄云。」

今按，集中以「疏影橫斜水清淺，暗香浮動月黃昏」最有名。

〔四〕【梅堯臣序】天聖中，聞錢塘西湖之上有林君，嶄嶄有聲，若高峰瀑泉，望之可愛，即之愈清，挹之甘潔而不厭也。是時，余因適會稽，還訪於雪中。其談道，孔、孟也。其語近世之文，韓、李也。其順物玩情，為之詩則平澹邃美，詠之令人忘百事也。其辭主乎靜正，不主乎刺譏，然後知其趣向博遠，寄適於詩爾。君在咸平、景德間，已大有聞。會朝廷修封禪，未及詔聘，故終老而不得施用於時。凡貴人巨公一來語合，慕仰低回不忍去。君既老，不欲強起之，乃令長吏歲時勞問。及其歿也，諡曰和靖先生。先生少時多病，不娶，無子。諸孫大言能掇拾所為詩，請余為序。先生諱逋，字君復，年六十二。其詩時人貴重甚於寶玉，先生未嘗自貴也，就輒棄之，故所存者百無一二焉。

〔五〕【省心雜言】宋李邦獻撰……前有祁寬、鄭望之、沈濬、汪應辰、王大實五序，後有馬藻、項安世、樂章三跋，並有邦獻孫耆岡及四世孫景初跋三首，皆謂此書邦獻所作。耆岡且言曾見手稿，而辨世所稱林逋之非。其說出於李氏子孫，自屬不誣……其書切近簡要，質而能該，於範世勵俗之道頗有發明。

（《四庫全書總目》卷九二《省心雜言》提要）李邦獻《省心錄》著錄於子部儒家類二，易名為《省心雜言》。

〔六〕【整理與研究】沈幼徵撰《林和靖詩集校注》（浙江古籍出版社 1986 年版），余洪峰撰《梅林歸鶴——歷代林和靖隱逸主題繪畫研究》（中州古籍出版社 2018 年版）。

59. 穆參軍集三卷附錄遺事一卷

宋穆修（979～1032）撰。修字伯長，鄆州（今屬山東荷澤市）人。蘇舜欽集有修哀文〔一〕，稱其咸平中舉進士，得出身。而集中《上潁州劉侍郎書》稱「某以大中祥符中竊進士第」，邵伯溫《易學辨惑》亦稱修為祥符二年（1009）梁固榜進士〔二〕。《宋史》本傳又云：「真宗東封，詔舉齊魯經行之士，修預選，賜進士出身。」〔三〕所述小異，似當以自敘為確也。修初授泰州司理參軍，以伉直為通判秦應所誣構，貶池州，再逢恩徙潁、蔡二州文學掾，明道元年（1032）病卒。宋人皆謂之穆參軍，從其初官也。

修受數學於陳摶，《先天圖》之竄入儒家，自修始。其文章則莫考所師承，而歐陽修《論尹洙墓誌書》謂其學古文在洙前，朱子《名臣言行錄》亦稱洙學古文於修〔四〕，而邵伯溫《辨惑》稱修家有唐本韓、柳集，募工鏤版〔五〕，今柳宗元集尚有修後序。蓋天資高邁，沿溯於韓、柳而自得之。宋之古文，實柳開與修為倡。然開之學及身而止，修則一傳為尹洙，再傳為歐陽修，而宋之文章於斯極盛，則其功亦不鮮矣。

據蘇舜欽哀文稱，訪其遺文，惟得《任中正尚書家廟碑》《靜勝亭記》《徐生昌墓誌》《蔡州塔記》四篇，不能成卷。祖無擇集有修集序，稱其遺文於嗣子照得，詩五十六，書、序、記、誌、祭文總二十，次為三卷〔六〕。其序作於慶曆三年（1043），所刻詩文之數與今本合，蓋此集猶無擇所編之舊也。王得臣《麈史》述史驤之言，譏其作《巨盜詩》以刺丁謂為有累於道〔七〕。考邵伯溫《辨惑》載修於丁謂為貧賤交，謂後貴，修乃不與之揖，謂銜之，頗為所軋。修集中《聞報自崖徙雷》一章，即為謂作。〔八〕則驤所謂累於道者，病其挾私怨耳。然其詩排斥姦邪，尚不致乖於公義，未可深非。

又葉適《水心集》譏呂祖謙《宋文鑒》所收修《法相院鐘記》《靜勝亭記》二篇為腐敗粗澀〔九〕，亦言之已甚。惟第三卷之首載《亳州魏武帝帳廟記》一篇，稱：「曹操建休功，定中土，垂光顯盛大之業於來世。」又稱：

「惟帝之雄，使天濟其勇，尚延數年之位，豈強吳庸蜀之不平。」又稱：「至今千年下，觀其書，猶震惕耳目，悚動毛髮，使人凜其遺風餘烈。」又稱：「高祖於豐沛，光武於南陽，廟像咸存，威德弗泯，其次則譙廟也（云云）。」其獎篡助逆，可謂大乖於名教。至述守臣之言有：「吾臨此州，不能導爾小民心知所奉，是亦吾過（云云）。」〔十〕顯然以亂賊導天下，尤為悖理。尹洙《春秋》之學稱受於修，是於《春秋》為何義乎！自南宋以來，無一人能摘其謬，殊不可解。

今承睿鑒指示，使綱常大義，順逆昭然，允足立天經而定人紀，豈可使之仍廁簡牘，貽玷汗青。謹刊除此文，以彰兗鉞。其他作則仍錄之，用不沒其古文一脈、蓽路藍縷之功。

舊本前有劉清之序，佚而不載，今從《龍學集》補錄。《遺事》一卷，不知何人所編，亦附載備考。諸家抄本或稱《河南穆先生文集》，或稱《穆參軍集》，祖無擇序則稱《河南穆公集》，參差不一。今考《文獻通考》，以《穆參軍集》著錄。蓋南宋時通用此名，今從之焉。（《四庫全書總目》卷一百五十二）

【注釋】

〔一〕【哀穆先生文】先生字伯長，名修。幼嗜書，不事章句，必求道之本原，皆記士徒無意處，孰評論之。性剛峭，喜於背俗，不肯下與庸人小合，願交者多固拒之。議事堅明上下，合古皆可錄。然好詆卿弼，斥言時病，謹細後生畏聞之。又獨為古文，其語深峭宏大，羞為禮部格詩賦。常語人曰：「寧區區糊口為旅人，終不為匪人辱吾文也。」（《蘇學士集》卷十五）

〔二〕【史源】伯長祥符二年，梁固榜登進士第，調海州理椽，以忤通判，遂為捃摭，由是削籍隸池州。其集中有《秋浦會遇詩》，自敘甚詳。

〔三〕【史源】《宋史》卷四百四十二。

〔四〕【史源】《宋名臣言行錄》前集卷十。

〔五〕【史源】敘潁州文學參軍，故當時呼之曰穆參軍。老益貧，家有唐本韓柳集，乃丐於所親厚者，得金，募工鏤板，印數百帙，攜入京師相國寺，設肆鬻之。伯長坐其旁，有儒生數輩至其肆，輒取閱，伯長奪取，怒視，謂曰：「先輩能讀一篇，不失句讀，當以一部為贈。」

〔六〕【祖無擇序】積於中者之謂道，發於外者之謂文。有道有文，然後可以為君子。道有用舍，文有否泰，然用舍否泰，在命不在道。與文也，君子不以其

命之窮而輟於為道，道之不行，而不廢於學文。故雖身厄於當時，而名顯於後世者，由此也。（《龍學文集》卷八）

〔七〕【史源】《麈史》卷二：「穆伯長為《巨盜詩》，斥故相丁謂也。予因舉於史驤思遠，思遠曰：『此於伯長之道有累矣。』」

〔八〕【史源】《穆參軍集》卷四。

〔九〕【史源】《文獻通考》卷二百三十三引葉水心曰：柳開、穆修、張景、劉牧當時號能古文，今《文鑒》所存《來賢亭記》（柳）、《河南尉廳壁記》（張）、《法相院鐘記》《靜勝亭記》（穆）、《待月亭記》（劉）諸篇，可見時以偶儷工巧為尚，而我以斷散拙鄙為高。自齊梁以來，言古文者無不如此。韓愈之備盡時體，抑不自名。李翺、皇甫湜往往不能知，而況孟郊、張籍乎？古人文字固極天下之巧麗矣，彼怪迂鈍樸，用功不深，才得其腐敗粗澀而已。

60. 晏元獻遺文一卷

宋晏殊〔一〕（991～1055）撰。殊有《類要》，已著錄。

《東都事略》稱殊有文集二百四十卷〔二〕，《中興書目》作九十四卷，《文獻通考》載《臨川集》三十卷、《紫薇集》一卷〔三〕。陳振孫《書錄解題》云：「其五世孫大正為《年譜》一卷，言先元獻嘗自差次，起儒館至學士為《臨川集》三十卷，起樞廷至宰席為《二府集》二十五卷（云云）。」〔四〕今皆不傳。

此本為國朝康熙中慈谿胡亦堂所輯，僅文六篇、詩六首，餘皆詩餘。殊當北宋盛時，日與諸名士文酒唱和。其零章斷什，往往散見諸書，如《復齋漫錄》〔五〕《古今歲時雜詠》〔六〕《侯鯖錄》〔七〕《西清詩話》〔八〕所載諸詩，此本皆未收入，未為完備。

然殊在北宋，號曰能文，雖二宋之作，亦資其點定，如《能改齋漫錄》所記「白雪久殘梁複道，黃頭閒守漢樓船」者，其推重可以想見〔九〕。原集既已無存，則此裒輯之編，僅存什一於千百者，亦不能錄備一家矣。〔十〕（《四庫全書總目》卷一百五十二）

【注釋】

〔一〕【作者研究】夏承燾《唐宋詞人年譜》內有晏殊年譜。慕容蘋果撰《一曲新詞酒一杯——晏殊傳》（北京工業大學出版社 2017 年版），鄒曉春撰《北宋大神晏殊傳》（浙江文藝出版社 2019 年版）。

〔二〕【史源】《東都事略》卷五十六。

〔三〕【史源】《文獻通考》卷二三四。

〔四〕【史源】《直齋書錄解題》卷十七。

〔五〕【史源】《復齋漫錄》云：「晏元獻因觀王琪大明寺詩板，大加稱賞，召至同飯。飯已，又同步遊池上，時春晚，有落花。晏公每得句，書牆壁間，或彌年未嘗強對，且如『無可奈何花落去』一句，至今未能對也。王應聲曰：『似曾相識燕歸來。』自此辟置館職，遂躋侍從。」

今按，此闋《浣溪沙》為晏殊代表作，全詞曰：「一曲新詞酒一杯，去年天氣舊亭臺，夕陽西下幾時回。無可奈何花落去，似曾相識燕歸來，小園香徑獨徘徊。」

〔六〕【考證】《古今歲時雜詠》收錄《和宋子京召還學士院》《立春祠太乙》《上巳瓊林苑宴二府同遊池上即事口占》《寒食東城作》《七夕》《中秋月》等詩。

今按，上巳，原定為三月上旬的一個巳日（所以叫上巳），舊俗以此日臨水拔除不祥，叫做修禊。但是自曹魏以後，把節日固定為三月三日。後來變為水邊飲宴、郊外遊春的節日。七夕即七月七日。相傳是夕乃牛郎織女聚會之夜，人家婦女結綵縷穿七孔針，陳酒脯瓜果於庭中，以乞巧。中秋即八月十五日。

〔七〕【考證】《侯鯖錄》收錄《詠上竿伎》一首。

〔八〕【史源】《西清詩話》云：「元獻初罷政事，守亳社，每歎士風彫落。一日，營妓曰：『劉蘇哥有約終身，而其母禁之，至苦，不勝鬱悒，方春物暄妍，馳駿馬，出郊，登高冢曠望，長慟而卒。』元獻云：『士大夫受人盼睞，隨燥濕變渝，如翻覆手，曾狂女子不若。』為序其事，以詩弔之云。

〔九〕【史源】《漁隱叢話前集》卷二十六引《西清詩話》云：「二宋俱為晏元獻殊門下士，兄弟雖甚貴顯，為文必手抄寄公，懇求彫潤。嘗見景文寄公書曰：莒公兄赴鎮圃田同遊西池作詩云：『長楊獵罷寒熊吼，太一波閒瑞鵠飛。』語意驚絕，因作一聯云：『白雪久殘梁複道，黃頭閒守漢樓舡。』仍注『空』字於『閒』之旁批云：『二字未定，更望指示。』晏公書其尾曰：『空優於閒，且見雖有舡不禦之意，又字好語健。』蓋前輩務求博約，情實純至，蓋如此也。」

〔十〕【整理與研究】原有集，已散佚，僅存《珠玉詞》及清人所輯《晏元獻遺文》。王瑞臣等撰《珠玉詞箋注》（黑龍江出版社 1998 年版），劉揚忠撰《晏殊詞新釋輯評》（中國書店 2003 年版）。

61. 宋元憲集四十卷

宋宋庠（996～1066）撰。史稱庠所著有《國語補音》三卷、《紀年通譜》十二卷、《別集》四十卷、《掖垣叢志》三卷、《尊號錄》一卷，今惟《國語補音》有傳本，已著錄，餘書與文集並佚。

國朝厲鶚編《宋詩紀事》，僅採掇《西清詩話》《侯鯖錄》《合璧事類》《揚州府志》所載，得詩八首〔一〕，則海內絕無其本已三四百年矣。《永樂大典》修於明初，距宋末僅百餘年，舊刻猶存，故得以採錄。而庠文章淹雅，可取者多，故所載特為繁富。今以類排比，仍可得四十卷，疑當時全部收入也。方回《瀛奎律髓》載，夏竦守安州（今湖北安陸）日，庠兄弟以布衣遊學，席上各賦《落花詩》，竦以為有台輔器〔二〕。趙令畤《侯鯖錄》亦云：「二宋《落花詩》為時膾炙。」〔三〕今考庠詩所謂「漢皋佩冷臨江失，金谷樓危到地香」，祁詩所謂「將飛更作回風舞，已落猶成半面妝」者，特晚唐濃麗之格，實不盡其所長。祁集有和庠《赴鎮圃田遊西池作》，極稱其「長楊獵近寒熊吼，太液歌殘瑞鵠飛」句，歎其警邁。蔡絛《西清詩話》亦稱之，又載其《許昌西湖》詩「鑿開魚鳥忘情地，展盡江湖極目天」，曠古未有〔四〕。然集中名章雋句，絡繹紛披，固不止是數聯也。

文章多館閣之作，皆溫雅瑰麗，渢渢乎治世之音。蓋文章至五季而極弊，北宋諸家各奮起振作，以追復唐賢之舊，穆修、柳開，以至尹洙、歐陽修，則沿泗韓、柳之波，庠兄弟則方駕燕、許之軌，譬諸賈、董、枚、馬，體制各殊，而同為漢京之極盛。固不必論甘而忌辛，是丹而非素矣。陳振孫稱：「景文清約莊重不逮其兄，以此不至公輔。」〔五〕今觀其集，庠有沉博之氣，而祁多新警之思，其氣象亦復小殊，所謂「文章關乎器識」者歟？

《書錄解題》載是集四十四卷，與史不合。然《文獻通考》亦作四十四卷，似非訛舛。疑別本以《掖垣叢志》三卷、《尊號錄》一卷編入集中，共成此數。唐、宋諸集往往有兼收雜著例也。《通考》於是集之下又附注曰：「一作《湜中集》二十卷。」其名又異。然《永樂大典》實只標《宋元憲集》，則非《湜中集》明甚。故今仍舊目，不取《通考》之名焉。（《四庫全書總目》卷一百五十二）

【注釋】

〔一〕【考證】檢四庫本《宋詩紀事》卷十一，僅有《答葉道卿》《展江亭成留題》《落花》《莊惠后挽詞》《莊獻太后挽詞》《季秋曉出題山光寺》六首。

〔二〕【史源】《瀛奎律髓》卷二十七。

〔三〕【史源】《侯鯖錄》卷二。

〔四〕【史源】《宋詩紀事》卷十一引《西清詩話》語。

〔五〕【史源】《直齋書錄解題》卷十七。

62. 宋景文集六十二卷補遺二卷附錄一卷

宋宋祁〔一〕（998～1061）撰。祁有《益部方物略》〔二〕，已著錄。

晁公武《讀書志》謂祁詩文多奇字，證以蘇軾詩「淵源皆有考，奇險或難句」之語〔三〕。以今觀之，殆以祁撰《唐書》雕琢劖削，務為艱澀，故有是言。實則所著詩文博奧典雅，具有唐以前格律，殘膏剩馥，沾匄靡窮，未可盡以詰屈斥也。

又陳振孫《書錄解題》稱，祁自言年至六十，見少時所作，皆欲燒棄〔四〕。然考祁《筆記》嘗云：「年二十五，即見奇於宰相夏公，試禮部，又見稱於龍圖劉公。」蓋少作未嘗不工，特晚歲彌為進境耳。至於舉陸機之「謝華啟秀」，韓愈之「陳言務去」，以為為文之要。〔五〕則其生平得力，具可想見矣。

祁《筆記》又深戒其子無妄編綴作集，使後世嗤詆〔六〕。然當時實已裒合成編，且非一種。據本傳稱集百卷，《藝文志》則稱百五十卷，又有《濡削》一卷、《刀筆集》二十卷，已與本傳不符。馬端臨《通考》亦稱百五十卷，《書錄解題》暨焦竑《經籍志》俱止稱百卷，王偁《東都事略》則文集百卷之外，又有《廣樂記》六十五卷。記載互殊，莫詳孰是。陸游集載祁詩有《出麾小集》《西州猥稿》，蜀人任淵曾與黃庭堅、陳無己二家同注，今亦不傳。近人所傳北宋小集中有《西州猥稿》一種，乃從《成都文類》《瀛奎律髓》《文翰類選》諸書採輯而成，非其原帙。

茲就《永樂大典》所載，匯萃裒次，釐為六十有二卷〔七〕。又旁採諸書，纂成《補遺》二卷，並以軼聞餘事各為考證，附錄於末。雖未必盡還舊觀，名章巨製，諒可得十之七八矣。祁兄弟俱以文學名，當時號大宋、小宋。今其兄庠遺集已從《永樂大典》採掇成編，祁集亦於蠹蝕之餘，得以復見於世。雖其文章足以自傳，實亦幸際聖朝表章遺佚，乃得晦而再顯，同邀乙夜之觀，其遭遇之奇，良非偶然也。（《四庫全書總目》卷一百五十二）

【注釋】

〔一〕【宋祁】字子京，雍邱人。天聖二年進士。官至翰林學士承旨，諡景文。事蹟具《宋史》本傳。

〔二〕【書名】《四庫全書》及卷首提要均作《益部方物略記》。

〔三〕【史源】《郡齋讀書志》卷十九《宋景文集》提要：「《宋景文集》一百五十卷。右皇朝宋祁子京。與其兄郊同舉進士，奏名第一，章獻以為弟不可先兄，乃擢庠第一，而以祁為第十。當是時，兄弟俱以辭賦妙天下，號大小宋。累遷知制誥，除翰林學士承旨。以文章擅名一時，終不至大用，眾頗惜之。張方平為之請，諡景文。通小學，故其文多奇字。蘇子瞻嘗謂其『淵源皆有考，奇嶮或難句』，世以為知言。」

〔四〕【史源】《直齋書錄解題》卷十七：「所撰《唐書》列傳，不稱良史。景文《筆記》：『余於為文似蘧瑗，年五十知四十九年非，余年六十，始知五十九年非，其庶幾至於道乎？』每見舊所作文章，憎之必欲燒棄。梅堯臣喜曰：『公之文進矣。』景文未第時，為學於永陽僧舍，或問曰：『君好讀何書？』答曰：『余最好《大誥》。』故景文為文謹嚴。至修《唐書》，其言艱，其思苦，蓋亦有所自歟？」

今按，此條實出《宋景文筆記》卷上：「余於為文似蘧瑗，瑗年五十知四十九年非，余年六十始知五十九年非，其庶才至於道乎？天稟余才，才及中人。中人之流，未能名一世。然自力於當時，則綽綽矣。每見舊所作文章，憎之必欲燒棄。梅堯叟喜曰：『公之文進矣。』僕之為詩亦然。」

〔五〕【史源】《宋景文筆記》卷上：「余少為學，本無師友，家苦貧，無書，習作詩賦，未始在志立名於當世也，願計粟米養親紹家閥耳。年二十四，而以文投故宰相夏公，公奇之，以為必取甲科，吾亦不知果是歟？天聖甲子，從鄉貢試禮部，故龍圖學士劉公歎所試辭賦，大稱之朝，以為諸生冠。吾始重自淬礪力於學，模寫有名士文章，諸儒頗稱以為是。年過五十，被詔作《唐書》，精思十餘年，盡見前世諸著，乃悟文章之難也。雖悟於心，又求之古人，始得其厓略。因取視五十以前所為文，赧然汗下，知未嘗得作者藩籬，而所效皆糟粕芻狗矣。夫文章必自名一家，然後可以傳不朽。若體規畫圓，準方作矩，終為人之臣僕。古人譏屋下作屋，信然！陸機曰：『謝朝華於已披，啟夕秀於未振。』韓愈曰：『惟陳言之務去。』此乃為文之要。『五經』皆不同體，孔子沒後，百家奮興，類不相沿，是前人皆得此旨。嗚呼！吾亦悟之晚矣。雖然，若天假吾年，猶冀老而成云。」

〔六〕【史源】《宋景文筆記》卷下：「吾學不名家，文章僅及中人，不足垂後。吾生平語言，無過人者，慎無妄編綴作集。」《宋文鑒》卷一百八錄祁《治戒》：「吾平生語言，無過人者，謹無妄編綴作集，使後世蚩詆吾也。」司馬按，宋景文之低調，足令多少狂士赧然汗下！

〔七〕【版本】日本宮廳書陵部有此書宋刊本殘本三十二卷，亦為天下孤本，詳見《日本藏漢籍珍本追蹤紀實》第 26～27 頁。

63. 文正集二十卷別集四卷補編五卷

宋范仲淹〔一〕（989～1052）撰。仲淹有《奏議》，已著錄。

是編本名曰《丹陽集》，凡詩賦五卷，二百六十八首，雜文十五卷，一百六十五首，元祐四年（1089）蘇軾為之序〔二〕。淳熙丙午（1186）鄱陽從事綦煥校定舊刻，又得詩文三十七篇，為《遺集》附於後，即今《別集》。其《補編》五卷則國朝康熙中仲淹裔孫能濬所搜輯也。

仲淹人品、事業，卓絕一時，本不借文章以傳，而貫通經術，明達政體，凡所論著，一一皆有本之言，固非虛飾詞藻者所能，亦非高談心性者所及。蘇軾稱其天聖中所上執政萬言書，天下傳誦。考其平生所為，無出此者。蓋行求無愧於聖賢，學求有濟於天下，古之所謂大儒者有體有用，不過如此，初不必說太極，衍先天，而後謂之能聞聖道，亦不必講封建，議井田，而後謂之不愧王佐也。觀仲淹之人與仲淹之文，可以知空言、實效之分矣。（《四庫全書總目》卷一百五十二）

【注釋】

〔一〕【作者研究】宋樓鑰、張伯行、平步青、楊希閔等皆撰有《范文正公年譜》，湯承業撰《范仲淹研究》（臺灣國立編譯館 1977 年版），程應鏐撰《范仲淹新傳》（上海人民出版社 1986 年版），李涵等撰《范仲淹傳》（中州古籍出版社 1991 年版），方健撰《范仲淹評傳》（南京大學出版社 2001 年版）。

〔二〕【蘇軾序】即《東坡全集》卷三十四《范文正公文集敘》。

64. 河南集二十七卷

宋尹洙〔一〕（1001 或 1002～1047）撰。洙有《五代春秋》〔二〕，已著錄。

洙為人內剛外和，能以義自守。久歷邊塞，灼知情形，凡所措置，多有成效。其沒也，歐陽修為墓誌，韓琦為墓表〔三〕，而范仲淹為序其集〔四〕。其為正人君子所重，與田錫相等。

至所為文章，古峭勁潔。繼柳開、穆修之後，一挽五季浮靡之習，尤卓然可以自傳。邵伯溫《聞見錄》稱：「錢惟演守西都，起雙桂樓，建臨園驛，命歐陽修及洙作記，修文千餘言，洙止用五百字，修服其簡古。」〔五〕又稱：「修早工偶儷之文，及官河南，始得洙，乃出韓退之之文學之。蓋修與洙文雖不同，而修為古文則居洙後也（云云）。」〔六〕蓋有宋古文，修為巨擘，而洙實開其先，故所具有原本。自修文盛行，洙名轉為所掩。然洙文具在，亦烏可盡沒其功也。

集凡二十七卷，與《宋史·藝文志》所載合。晁公武《郡齋讀書志》云二十卷者，蓋傳寫之脫漏。其《雙桂樓臨園驛記》，集中未載，當由編錄之時已佚其稿矣。（《四庫全書總目》卷一百五十二）

【注釋】

〔一〕【尹洙】字師魯，河南洛陽人。事蹟具《宋史》本傳。

〔二〕【五代春秋】宋尹洙撰。考邵伯溫《聞見錄》載歐陽修作《五代史》，嘗約與洙分撰，此書或即作於是時，然體用編年，與修書例異，豈本約同撰而不果，後乃自著此書歟？所載始梁太祖開平元年甲子迄周顯德七年正月甲辰。穆修《春秋》之學稱受之於洙，然洙無說《春秋》之書。惟此一編，筆削頗為不苟，多得謹嚴之遺意，知其《春秋》之學深矣。（《四庫全書總目》卷四十八）

今按，《五代春秋》見四庫本《河南集》卷二十六、卷二十七。又有《叢書集成》本。周中孚《鄭堂讀書記》謂「是書全仿《春秋》，謬妄已甚……若以此摹效《春秋》筆法，豈非笑端？」王欣夫先生作持平之論。（詳見《蛾術軒篋存善本書錄》第 490 頁）

〔三〕【墓誌墓表】見四庫本附錄。

〔四〕【范仲淹序】予觀《堯典》《舜歌》而下，文章之作，醇醨迭變，殆無窮乎？惟抑末揚本，去鄭復雅，左右聖人之道者難之。近則唐貞元、元和之間，韓退之之主盟於文，而風雅最盛。懿、僖以降，寖及五代，其體薄弱。皇朝柳仲途起而麾之，髦俊率從焉。仲途門人能師經探道有文於天下者多矣。洎楊大年以應用之才，獨步當世，學者刻辭鏤意，以希彷彿，未暇及古也。其甚者，專事藻飾，破碎大雅，反謂古道不適於用，廢而弗學者久之。洛陽尹師魯，少有高識，不逐時輩，與穆伯長遊，力為古文。而師魯深於《春秋》，故其文謹嚴，辭約而理精，章奏疏議，大見風采，士林始聳慕焉。復得歐陽永叔，從而振之，由是天下之文，一變而正，是大有功於道也。（下略）

〔五〕【史源】《聞見錄》卷八。

〔六〕【史源】《聞見錄》卷十五。

65. 孫明復小集一卷

宋孫復〔一〕（992～1057）撰。復有《春秋尊王發微》，已著錄。

案：《文獻通考》載孫復《睢陽子集》十卷，《宋史・藝文志》亦同。此本出自泰安趙國麟家，僅文十九篇、詩三篇，附以歐陽修所作墓誌一篇，蓋從《宋文鑒》《宋文選》諸書抄撮而成，十不存一。然復集久佚，得此猶見其梗概。

蘇轍《歐陽修墓碑》載修謂「於文得尹師魯、孫明復，而意猶不足」〔二〕。蓋宋初承五代之敝，文體卑靡，穆修、柳開〔三〕始追古格，復與尹洙繼之，風氣初開，菁華未盛，故修之言云爾。然復之文，根柢經術，謹嚴峭潔，卓然為儒者之言，與歐、蘇、曾、王千變萬化，務極文章之能事者，又別為一格。修之所言，似未可概執也。至於揚雄，過為溢美，謂其《太玄》之作，非以準《易》，乃以嫉莽〔四〕，則白圭之玷，亦不必為復諱矣。〔五〕（《四庫全書總目》卷一百五十二）

【注釋】

〔一〕【孫復】字明復，平陽（今山西臨汾）人。事蹟具《宋史・儒林傳》。

〔二〕【史源】《文獻通考》卷二百三十四引竹溪林氏曰：「本朝古文，自尹、穆始倡為之，然二公去華就實，可謂近古，而未盡變化之妙。所以歐公謂老泉曰：『於文得尹師魯、孫明復，而意猶不足。』此語見子由作公墓碑。」

〔三〕【柳開】（947～1000），初名肩愈，字紹元，號東郊野夫，河北大名人。有《河東先生集》。

〔四〕【辨揚子】千古諸儒咸稱，子雲作《太玄》以準《易》。今考子雲之書，觀子雲之意，因見非準《易》而作也，蓋疾莽而作也。何哉？昔者哀、平失道，賊莽亂常，包藏禍心，竊弄神器，違天拂人，莫甚於此。雖火德中否，而天命未改，是以元元之心猶戴於漢。是時不知天命者，爭言符瑞，稱莽功德，以濟其惡，以苟富貴，若劉歆、甄豐之徒，皆位至上公，獨子雲恥從莽命，以聖王之道自守，故其位不過一大夫而已。子雲既能疾莽之簒逆，又懼來者蹈莽之跡，復肆惡於人上，乃上酌天時行運盈縮消長之數，下推人事進退存亡成敗之端，以作《太玄》……大明天人終始順逆之理，君臣上下去就之分，順之者吉，逆之者凶，以戒違天咈人與戕君盜國之輩，此子雲之本意也，孰謂準《易》而作哉？諸儒咸稱《太玄》準《易》者，蓋以《易緯》言卦起於中孚，震、離、兑、坎配於四方，其八卦各主六日七分，以周一歲三百六十五日四分日之一，執此而言之也。殊不知《易緯》者陰陽家說，非聖人格言。若執此以為《易》，則《易》之道泥矣。且《太玄》之為《易》，猶四體之一支也，何以謂之準《易》者乎？斯言蓋根於桓譚論《太玄》曰:「是書也，與《大易》準。班固謂雄以經莫大於《易》，故作《太玄》。」使子雲被僭《大易》之名於千古，是不知子雲者也。

〔五〕【錢大昕序】當宋盛時，談經者墨守注疏，有記誦而無心得。有志之士若歐陽氏、二蘇氏、王氏、二程氏，各出新意解經，蘄以矯學究專己守殘之陋，而先生實倡之……元、明以來，學者空談名理，不復從事訓詁，制度象數，張口茫如，則又以能習注疏者為通儒矣。夫訓詁、名理，二者不可得兼，然能為於舉世不為之日者，其人必豪傑之士也。(《潛研堂文集》卷二十六)

66. 徂徠集二十卷

宋石介（1005～1045）撰。介字守道，兗州奉符（今屬山東泰安）人。天聖八年（1030）進士及第。初授嘉州（今四川樂山）判官，後以直集賢院，出通判濮州（今屬山東）。事蹟具《宋史》本傳。〔一〕

初，介嘗躬耕徂徠山下，人以徂徠先生稱之，因以名集。介深惡五季以後文格卑靡，故集中極推柳開之功，而復作《怪說》以排楊億〔二〕。其文章宗旨，可以想見。雖主持太過，抑揚皆不得其平，要亦戛然自為者。王士禛《池北偶談》稱其倔強勁質，有唐人風，較勝柳、穆二家，而終未脫草昧之氣〔三〕，亦篤論也。

歐陽修作介墓誌，稱所為文章，曰某集者若干卷，又曰某集者若干卷，凡重言之，似原集當分為二部〔四〕。此本統名《徂徠集》，殆後人所合編歟？第四卷內《寄元均》《叔仁》《讀易堂》《永軒暫憩》四詩，有錄無書，則傳寫脫佚，亦非盡其舊矣。〔五〕

介傳孫復之學，毅然以天下是非為己任，然客氣太深，名心太重，不免流於詭激。王偁《東都事略》記仁宗時罷呂夷簡、夏竦，而進章得象、晏殊、賈昌朝、杜衍、范仲淹、韓琦、富弼、王素、歐陽修、余靖諸人，介時為國子直講，因作《慶曆聖德詩》以褒貶忠佞〔六〕，其詩今載集中，蓋仿韓愈《元和聖德詩》體。然唐憲宗削平淮蔡，功在社稷，愈仿雅頌以紀功，是其職也。至於賢奸黜陟，權在朝廷，非儒官所應議。且其人見在，非蓋棺論定之時，跡涉嫌疑，尤不當播諸簡牘，以分恩怨。**厥後歐陽修、司馬光朋黨之禍屢興，蘇軾、黃庭堅文字之獄迭起，實介有以先導其波。又若太學諸生挾持朝局，北宋之末或至於𢾾割中使，南宋之末或至於驅逐宰執，由來者漸，亦介有以倡之。**史稱孫復見詩，有「子禍始此」之語〔七〕，是猶為一人言之，未及慮其大且遠者也。雖當時以此詩得名，而其事實不可以訓，故仍舊本存之，而附論其失如右。〔八〕（《四庫全書總目》卷一百五十二）

【注釋】

〔一〕【作者研究】劉文仲撰《石介年譜》（《泰安師專學報》1991年第2期），陳植鍔撰《石介事蹟著作編年》（中華書局2003年版）。

〔二〕【史源】《徂徠集》卷五《怪說下》：「吾既作《怪說》二篇，或曰：子之《怪說》，上篇言佛老，下篇言楊億。」

〔三〕【史源】《池北偶談》卷十七「徂徠集」條：「宋石介守道《徂徠集》二十卷，詩卷、辨說、原釋、傳錄、雜著五卷，論二卷，書六卷，序一卷，記一卷，啟、表一卷，石門吳孟舉之振所貽宋刻也。守道最折服者柳仲塗，最詆諆者楊文公大年，觀魏東郊詩怪說可見。其文倔強勁質，有唐人風，較勝柳、穆二家，終未脫草昧之氣。」

〔四〕【史源】四庫本《徂徠集》卷末之附錄。

〔五〕【版本】潘景鄭《鮑覺生校抄本石徂徠集》：「《石徂徠集》，明以前刊本無傳，清康熙丙申，泰安知州石鍵得漁洋書庫本校刊。平津館孫氏、鐵琴銅劍樓瞿氏，俱有影抄宋本，以較四庫本，多附錄三編；又第四卷內，多《寄元均》《叔文》《讀易堂》《永軒暫憩》四詩，是為完善之本。」（《著硯樓讀書記》第460頁）

〔六〕〔七〕【史源】《東都事略》卷一百十三。

〔八〕【整理與研究】陳植鍔點校《徂徠石先生文集》（中華書局1984年版）。

67. 蔡忠惠集三十六卷〔一〕

宋蔡襄（1012～1067）撰。襄有《茶錄》，已著錄。

《宋史·藝文志》載襄集六十卷，奏議十卷，《文獻通考》則作十七卷〔二〕。多寡懸殊，不應如是。疑《通考》以奏議十卷合於集六十卷，總為七十卷，而傳刻訛舛，倒其文為十七也。〔三〕然其初本世不甚傳，乾道四年（1168）王十朋出知泉州，已求其本而不得，後屬知興化軍鍾離松訪得其書，重編為三十六卷，與教授蔣邕校正鋟版，乃復行於世〔四〕。陳振孫《書錄解題》惟載十朋三十六卷之本〔五〕，與史不符，蓋以此也。

元代版復散佚，明人皆未睹全帙。閩謝肇淛嘗從葉向高入秘閣檢尋，亦僅有目無書。萬曆中，莆田盧廷選始得抄本於豫章俞氏，於是御史陳一元刻於南昌，析為四十卷。興化府知府蔡善繼復刻於郡署，仍為三十六卷，而附以徐𤊹所輯《別紀》十卷。然盧本錯雜少緒，陳、蔡二本均未及詮次。後其里人宋玨重為編定，而不及全刻，僅刻其詩集以行。雍正甲寅（1734），襄裔孫廷魁又裒次重刻，是為今本。

觀十朋序稱，所編凡古律詩三百七十首、奏議六十四首、雜文五百八十四首，則已合奏議於集中。稱嘗於張唐英《仁英政要》見所作《四賢一不肖詩》，而集中不載，乃補置於卷首。又稱奏議之切直，舊所不載者並編之。則十朋頗有所增益，已非初本之舊。今本不以《四賢一不肖詩》弁首，又非十朋之舊。然據自錄末徐居敬跋，則此本僅古今體詩從宋玨本更其舊第，其餘惟刪除十五卷、十九卷內重見之《請用韓琦、范仲淹奏》一篇而已，則與十朋舊本亦無大異同也。〔六〕

襄於仁宗朝危言讜論，持正不撓，一時號為名臣，不但以書法名一世，其詩文亦光明磊落，如其為人。惟其為秘閣校勘時以《四賢一不肖詩》得名，《宋史》載之本傳〔七〕，以為美談。今考其詩，范仲淹以言事去國，余靖論救之，尹洙亦上書請與同貶，歐陽修又移書責司諫高若訥，均坐譴貶謫。襄時為秘閣校勘，因作是詩，至刊刻模印，為遼使所鬻。夫一人去國，眾人譁然而爭之，章疏交於上，諷刺作於下。此其意雖出於公，而其跡已近於黨。**北宋門戶之禍，實從此胚胎**。且宋代之制，雖小臣亦得上書，襄既以朝廷賞罰為不公，何難稽首青蒲，正言悟主？乃僅作為歌詩，使萬口流傳，貽侮鄰國，於事理尤為不宜。襄平生著作確有可傳，惟此五篇不可為訓。歐陽修作襄墓誌，削此一事不書。其編《居士集》，亦削去《與高司諫書》不載。豈非晚年客氣

漸平，知其過當歟？王十朋續收入集，殆非襄志。讀是集者，固當分別觀之，未可循聲而和也。（《四庫全書總目》卷一百五十二）

【注釋】

〔一〕【書名】《四庫全書》及卷首提要均題作《端明集》。宋蔡襄，仁宗賜字曰君謨。莆田（今福建仙遊）人。事蹟具《宋史》本傳。今按，《端明集》以官名集，《蔡忠惠集》則以諡號而得名。

〔二〕【史源】四庫本《讀書記》卷四下。

〔三〕【考證】余嘉錫《四庫提要辯證》卷二十一云：「不知一書數本，多寡不同，事所常有。」

〔四〕【王十朋序】文以氣為主，非天下之剛者莫能之。古今能文之士非不多，而能傑然自名於世者亡幾。非文不足也，無剛氣以主之也。孟子以浩然充塞天地之氣，而發為七篇仁義之書。韓子以忠犯逆鱗勇叱三軍之氣，而發為日光玉潔、表裏「六經」之文。故孟子闢楊、墨之功，不在禹下，而韓子觝排異端、攘斥佛老之功，又不在孟子下，皆氣使之然也……予曰：端明公文章，文忠公嘗稱其清遒粹美，後雖有善文辭好議論者，莫能改是評也，予復何云？然竊謂文以氣為主，而公之詩文實出於氣之剛，入則為謇諤之臣，出則為神明之政，無非是氣之所寓，學之者宜先涵養吾胸中之浩然，則發而為文章事業，庶幾無愧於公云。

〔五〕【史源】《直齋書錄解題》卷十七。

〔六〕【版本】余嘉錫有考證，詳見《四庫提要辯證》第 1341～1342 頁。

〔七〕【史源】《宋史》卷三百二十。

68. 蘇學士集十六卷

宋蘇舜欽〔一〕（1008～1048）撰。舜欽字子美，其先梓州（今四川三臺）人，家開封。參政易簡（958～997）之孫，直集賢院耆之子。景祐中進士。累遷集賢校理、監進奏院，坐事除名。後復為湖州長史而卒。事蹟具《宋史》本傳。

是集據歐陽修序，乃舜欽沒後四年，修於其婦翁杜衍家搜得遺稿編輯。修序稱十五卷，晁、陳二家目並同，而此本乃十六卷，則後人又有所續入。考費兗《梁溪漫志》載舜欽《與歐陽公辨謗書》一篇，句下各有自注，論官紙事甚詳，並有修附題之語〔二〕。蓋修編是集時，以語涉於己，引嫌避怨而刪之。此本仍未收入，則尚有所佚矣。

宋文體變於柳開、穆修，舜欽與尹洙實左右之。然修作洙墓誌，僅稱其簡而有法〔三〕。蘇轍作修墓碑，又載修言「於文得尹洙、孫明復猶以為未足」。而修作是集序獨曰：「子美齒少於余，而余作古文反在其後。」〔四〕推挹之甚至。集中《昭應宮火疏》《乞納諫書》《詣匭疏》《答韓維〔五〕書》，《宋史》皆載之本傳。劉克莊《後村詩話》稱其歌行雄放於梅堯臣，軒昂不羈，如其為人，及蟠屈為近體，則極平夷妥帖〔六〕，其論亦允。惟稱其《垂虹亭中秋月》詩「佛氏解為銀色界，仙家多住月華宮」一聯，勝其金餅、玉虹之句〔七〕，則殊不然。二聯同一俗格，在舜欽集中為下乘，無庸優劣也。

王士禛《池北偶談》頗譏其《及第後與同年宴李丞相宅》詩〔八〕。然宋初去唐未遠，猶沿貴重進士之餘習，亦未可以是深病之，存而不論可矣。〔九〕（《四庫全書總目》卷一百五十二）

【注釋】

〔一〕【作者研究】沈文倬撰《蘇舜欽年譜》（中華書局1961年《蘇舜欽集》本）。

〔二〕【史源】宋費袞撰《梁溪漫志》卷八：「蘇子美與歐陽公書，蘇子美奏邸之獄，當時小人藉此以傾杜祁公、范文正，同時貶逐者皆名士，奸人至有『一網打盡』之語，獨韓魏公、趙康靖論救之，而不能回也。其得罪在慶曆四年之十一月，時歐陽公按察河北，子美貽書自辨，於公詞極憤激，而集中不載，今錄於此以補史所遺者……歐陽公書其後云：『子美可哀，吾恨不能為之言！』又聯書一行云：『子美可哀，吾恨不能言！』蓋公已自諫省出矣。予近見子美墨蹟一卷，皆自書其所作詩，行草爛然，龍蛇飛動，其中有《獨酌》一詩云：『一酌澆腸俗慮奔，鷃微鵬大豈堪論。楚靈當日能知此，肯入滄江作旅魂。』卷尾題云：『慶曆乙酉十月書於姑蘇驛舍。』考其時，蓋是被罪之明年，居滄浪時所書，其詩語閒放曠達如此，或謂流落幽憂，以終非也。」

〔三〕【史源】見《文忠集》卷二十八《尹師魯墓銘》。

〔四〕【歐陽修序】予友蘇子美之亡後四年，始得其平生文章遺稿於太子太傅杜公之家，而集錄之以為十五卷。子美，杜氏婿也。遂以其集歸之，而告於公曰：斯文，金玉也。棄擲埋沒糞土，不能銷蝕。其見遺於一時，必有收而寶之於後世者。雖其埋沒而未出，其精氣光怪，已能常自發見，而物亦不能掩也。故方其擯折摧挫、流離窮厄之時，文章已自行於天下，雖其怨家仇人，及嘗能出力而擠之死者，至其文章，則不能少毀而掩蔽之也。凡人之情，忽近而貴遠……予嘗考前世文章、政理之盛衰，而怪唐太宗致治幾乎三王之盛，而文章不能革五代之餘習。後百有餘年，韓、李之徒出，然後元和之文始復於古。唐衰兵亂，又百餘年，而聖宋興，天下一定，晏然無事，又幾百年，而古文始盛於今。自古治時少而亂時多，幸時治矣，文章或不能純粹，或遲久而不相及，何其難之若是與？豈非難得其人與？苟一有其人，又幸而及出於治世，世其可不為之貴重而愛惜之與……子美之齒少於予，而予學古文反在其後。天聖之間，予舉進士於有司。見時學者務以言語聲偶摘裂，號為時文，以相誇尚。而子美獨與其兄才翁及穆參軍伯長作為古歌詩雜文，時人頗共非笑之，而子美不顧也。其後天子患時文之弊，下詔書諷勉學者以近古，由是其風漸息，而學者稍趨於古焉。獨子美為於舉世不為之時，其始終自守，不牽世俗趨舍，可謂特立之士也。（下略）

〔五〕【韓維】（1017～1098）：字持國，河南杞縣人。有《南陽集》傳世。

〔六〕【史源】《後村詩話》卷二：「蘇子美歌行雄放於聖俞，軒昂不羈，如其為人。及蟠屈為吳體，則極平夷妥帖。絕句云：『別院深深夏簟清，石榴開遍透簾明。樹陰滿地日卓午，夢覺流鶯時一聲。』又云：『春陰垂野草青青，時有幽花一樹明。晚泊孤舟古祠下，滿川風雨看潮生。』極似韋蘇州。」

〔七〕【史源】見《後村詩話》卷二。

〔八〕【史源】《池北偶談》卷十七「蘇子美詩」條：「《滄浪集》有《及第後與同年宴李丞相宅詩》云：『拔身泥滓底，飄跡雲霄上。氣和朝言甘，夢好夕魂王。軒眉失舊斂，舉意有新況。爽如秋後鷹，榮若凱旋將。』一第常事，而津津道之如此，子美之早廢不達，已略可見矣。昔人議孟郊『春風得意馬蹄疾』之作，子美何以異此？」

〔九〕【整理與研究】傅平驤等撰《蘇舜欽集編年校注》（巴蜀書社 2001 年版）。

69. 傳家集八十卷〔一〕

宋司馬光（1019～1086）撰。光有《溫公易說》，已著錄。

是集凡賦一卷，詩十四卷，雜文五十六卷，《題跋》《疑孟》《史剡》共一卷，《迂書》一卷〔二〕，壺格、策問、樂詞共一卷，誌三卷，碑、行狀、墓表、哀辭共一卷，祭文一卷。

光大儒名臣，固不以詞章為重。然即以文論，其氣象亦包括諸家，凌跨一代。邵伯溫《聞見錄》記王安石推其文類西漢，語殆不誣。伯溫又稱光除知制誥，自云不善為四六〔三〕，神宗許其用古文體。今案集中諸詔，亦有用儷體者，但語自質實，不以駢麗為工耳。

邵博《聞見後錄》稱，光辭樞密副使疏，《傳家集》不載，博獨記之〔四〕。熙寧中光常論西夏事，其疏說不傳，惟略見於《元城語錄》中〔五〕。又論張載私謚一書，載《張子全書》之首〔六〕，稱真蹟在楊時家，本集不載，則亦頗有散佚矣。

光所作《疑孟》，今載集中，元白珽《湛淵靜語》謂為王安石而發〔七〕。**考《孟子》之表章為經，實自王安石始**。或意見相激，務與相反，亦事理所有，疑珽必有所受之，亦可存以備一說也。（《四庫全書總目》卷一百五十二）

【注釋】

〔一〕【版本】國內僅有國家圖書館藏宋刊本一種，且用明本配補。日本國家公文書館藏宋刻本《增廣司馬溫公全集》一百十六卷（存九十五卷）。（詳見《日本藏漢籍珍本追蹤紀實》第 137～138 頁）今按，此本廣西師範大學出版社 2020 年影印出版，據日本內閣文庫藏宋刊本影印。本書稿存九十五卷並目錄一卷，闕卷三至九、四十八至五十三、六十一至六十八，凡二十一卷；又闕卷十七第五葉、卷四十三第三葉、卷四十七第八葉、卷一百六第五葉，凡四葉。全書分為二十冊，今佚去第二、十、十二凡三冊。本書稿經市橋長昭寄藏文廟，隨後收入昌平阪學問所，遞經淺草文庫、內閣文庫收藏至今。〇島田翰題明影鈔宋本曰：「是書出於宋嘉定甲申金華應謙之刊本。若紹興婺州刻本，則題曰《溫國文正司馬公文集》。婺州本零本自首卷至卷第十二、十五卷欠失，是為可惜。今收在清國公使李君木齋架上，蓋係黃蕘圃百宋一廛舊收者。明治庚子正月十六日島田翰記。」今按，此本今歸韋力，詳見《芷蘭齋書跋初集》（國家圖書館出版社 2012 年版）第 75～81 頁。

〔二〕【迂書】文正於學多閱歷而少悟會，故長於史而短於子。《迂書》中格言不少。（《劉咸炘學術論集·子學編》第 483～484 頁）

〔三〕【史源】《詩》云：「知而不已，誰昔然矣。」《爾雅》釋之曰：誰昔，昔也，猶言疇昔也。疇亦誰也，然則誰昔也，疇昔也，伊昔也，一也。誰昔字，文人罕用，惟司馬溫公《長公主制詞》云：「帝妹中行，《周易》贊其元吉。王姬下嫁，《召南》美其肅雍。命服亞正，後之尊主，禮用上公之貴，寵光之盛，誰昔而然。」此制詞之工致，前媲二宋，後掩三洪矣。豈不善為四六者耶？（《升菴集》卷五十二「誰昔」條）

〔四〕【史源】《聞見後錄》卷二十四：「又其即位之初也，獨以潁邸舊書賜司馬光，逮光不願拜樞臣之命，而歸洛陽，修《資治通鑒》，隨其所進命經筵讀之。其讀將盡，而所進未至，即詔趣之。熙寧中，初尚淄石硯，乃躬擇其尤者賜光。其書成，賜帶乃如輔臣品數賜之。嘗因蒲宗孟論人材，乃及光，曰：『未論別，只辭樞密一節，自朕即位來唯見此一人。』」

〔五〕【史源】見宋馬永卿編、明王崇慶解《元城語錄解》卷中。

〔六〕【考證】四庫本《張子全書》之首未見此文。待考。

〔七〕【史源】元白珽《湛淵靜語》卷二：「或問文節倪公思曰：『司馬溫公乃著《疑孟》，何也？』答曰：『蓋有為也。當是時，王安石假孟子大有為之說，欲人主師尊之，變亂法度，是以溫公致疑於孟子，以為安石之言未可盡信也。』」

70. 盱江集三十七卷年譜一卷外集三卷

宋李覯（1009～1059）撰。覯字泰伯，建昌南城（今屬江西）人。皇祐初以薦授太學助教，終海門主簿、太學說書。事蹟具《宋史・儒林傳》。〔一〕

考覯年譜稱，慶曆三年（1043）癸未，集《退居類稿》十二卷，又皇祐四年（1052）庚辰，集《皇祐續稿》八卷。此集為明南城左贊所編，凡詩文、雜著三十七卷。前列《年譜》一卷，後以制誥、薦章之類為《外集》三卷，蓋非當日之舊。

宋人多稱覯不喜《孟》，余允文《尊孟辨》〔二〕中載覯《常語》十七條〔三〕，而此集所載僅「仲尼之徒無道桓文之事」及「伊尹廢太甲」、「周公封魯」三條，蓋贊諱而刪之。集首載祖無擇《退居類稿序》，特以孟子比覯〔四〕。又集中《答李覯書》云：「孟氏、荀、揚醇疵之說，不可復輕重。」〔五〕其他文中亦頗引及《孟子》，與宋人所記種種相反，以所刪《常語》推之，毋亦贊所竄亂歟？

覯文格次於歐、曾。其論治體，悉可見於實用，故朱子謂覯文實有得於經〔六〕。不喜《孟子》，特偶然偏見，與歐陽修不喜《繫辭》同，可以置而不論。贊必欲委曲彌縫，務滅其跡，所見陋矣。

集中《平土書》《明堂》《五宗》皆別有圖，此本不載，則或久佚不傳，未必贊所刊除也。覯在宋不以詩名，然王士禎《居易錄》嘗稱其《王方平》《璧月》《梁元帝》《送僧還廬山》《憶錢塘江》五絕句，以為風致似義山〔七〕。今覯諸詩，惟《梁元帝》一首不免傖父面目，餘皆不愧所稱，亦可謂淵明之賦閒情矣。

《湘山野錄》載覯《望海亭席上作》一首，集中不載。考是時蔡襄守福唐，於此亭邀覯與陳烈飲，烈聞官妓唱歌，才一發聲，即越牆攀樹遁去，講學家以為美談，覯所謂「**山鳥不知紅粉樂，一聲拍板便驚飛**」者，正以嘲烈。〔八〕殆亦左贊病其輕薄，諱而刪之歟？（《四庫全書總目》卷一百五十三）

【注釋】

〔一〕**【作者研究】**謝善元撰《李覯之生平及思想》（中華書局 1988 年版）。今按，李覯倡立盱江書院，世稱盱江先生。

〔二〕**【余允文】**字隱之。福建建安人。允文撰《尊孟辨》三卷《續辨》二卷《別錄》一卷。

〔三〕**【考證】**四庫本《尊孟辯》卷中「李公泰伯《常語》」僅有十六條。

〔四〕**【史源】**《盱江集序》載四庫本卷首。

〔五〕**【史源】**《盱江集》卷二十八。

〔六〕**【史源】**《朱子語類》卷一百三十九：「李泰伯文實得之經中，雖淺，然皆自大處起議論。首卷《潛書》《民言》好，如古《潛夫論》之類。《周禮論》好，如宰相掌人主飲食男女事，某意如此。今其論皆然，文字氣象大段好，甚使人愛之，亦可見其時節方興如此。好老蘇父子自史中《戰國策》得之，故皆自小處起議論，歐公喜之。李不軟貼，不為所喜。范文正公好處，歐不及。李晚年須參道，有一記說達摩宗派甚詳，須是大段去參究來。又曰：『以李覯今日之文，如三日新婦。然某人輩文字，乃蛇鼠之見。』」

〔七〕**【史源】**《居易錄》卷十一：「李泰伯覯文章皆談經濟，其本領尤在周禮一書。范文正薦之，以為著書立言，有孟軻揚雄之風，在北宋歐蘇曾王間，別成一家。予嘗病其不能詩。長夏借讀《盱江集》，絕句間有似義山者，如《王方平》云：『五百餘年別恨多，東征重得見青蛾。擗麟始擬窮歡樂，不奈間人背癢何。』《璧月》云：『璧月迢迢出暮山，素娥心事問應難。世間最解悲圓缺，只有方諸淚不乾。』《梁帝》云：『凝旒南面總虛名，廟祀何曾暫割牲。但學禪心能忍辱，莫羞侯景陷臺城。』《送僧遊廬山》云：『行非為客住非家，此去廬山況不遐。要見南朝舊人物，池中惟有白蓮花。』《憶錢塘江》云：『當年乘醉舉歸帆，隱隱前山日半銜。好是滿江涵返照，水仙齊著淡紅衫。』皆有風致。

〔八〕**【史源】**《湘山野錄》卷下。

71. 彭城集四十卷

宋劉攽（1022～1089）撰。攽字貢父，號公非。與兄敞同登慶曆六年（1046）進士第。官至中書舍人。事蹟具《宋史》本傳〔一〕。

史稱攽未冠通「五經」，博覽群書。沈作喆《寓簡》亦曰：「國朝『六經』之學，自賈文元倡之，而原父兄弟為最高。」〔二〕司馬光修《資治通鑒》，自辟所屬，極天下之選，而任《史記》《前後漢書》者，攽也。其知兗、亳二州，以不能奉行新法，黜監衡州鹽倉〔三〕。哲宗初，起知襄州，入為秘書少監。錢勰草制，極稱其詞藝之富。後以直龍圖閣出知蔡州（今河南汝南），孫覺、胡宗愈、蘇軾、范百祿交薦之，言攽博記能文章，政事侔古循吏，身兼數器，守道不回，乃召拜中書舍人。蘇軾草制，稱其能讀典墳邱索之書，習知漢、魏、晉、唐之故。其沒也，曾鞏祭文有曰：「強學博敏，超絕一世。肇自載籍，孔墨百氏，太史所錄，俚聞野記，延及荒外，陰陽掐神，細大萬殊，一載以身。下至律令，老吏所疑，故事舊章，盈廷不知，有問於子，歸如得師。直貫傍穿，水决矢飛，一時書林，眾俊並馳。滿堂賢豪，視子塵揮（云云）。」〔四〕蓋一時廷評士論，莫不共推。即朱子於元祐諸人，自洛黨以外，多所不滿，而《語錄》云：「貢父文字，工於摹仿。學《公羊》《儀禮》。」〔四〕亦復稱之。豈非攽學問博洽，詞章奧雅，有不可遏抑者乎！

史載所著諸書，有《文集》五十卷，《五代春秋》十五卷，《內傳國語》二十卷，《經史新議》七卷，《東漢刊誤》四卷，《詩話》二卷，《漢官儀》三卷，《芍藥譜》三卷〔五〕。今所存者，自《詩話》以外，惟《東漢刊誤》散附北監本《後漢書》中，近日始有刻本，《芍藥譜》亦僅而不亡。文集則《宋史・藝文志》《文獻通考》俱作六十卷，明《文淵閣書目》有《彭城集》十五冊，不列卷數。今所傳《三劉文集》僅有《公非集》一卷，凡詩四首、文二十三篇。蓋掇拾於散佚之餘，多所闕漏。即《宋文鑒》所選者且不盡載，其他可知。至以劉顏之《輔弼召對序》誤屬之攽，舛謬尤屬顯然，殊不足據。

今檢《永樂大典》所載，篇章尚富，蓋即據《彭城集》收入。謹掇拾排比，釐為四十卷，較之原書，所少不過十之一二〔六〕，與新編其兄敞《公是集》〔七〕，巨製鴻裁，舊觀幾復。在北宋諸家中，可謂超軼三孔而憑陵兩宋者矣。

（《四庫全書總目》卷一百五十三）

【注釋】

〔一〕【史源】《宋史》卷三百十九。今按，其卒年從余嘉錫「元祐四年」說。

〔二〕【史源】《寓簡》卷二：「國朝『六經』之學，蓋自賈文元倡之，而劉原父兄弟經為最高。王介甫之說立於學官，舉天下之學者惟己之從，而學者無所自發明。」

〔三〕【考證】李裕民先生云：「劉攽黜監衡州鹽倉在元豐六年（1083）九月……劉攽被貶與知兗州無關，亦與新法無關，而是以其前任財用虧損，借貸於朝廷，劉攽未採用聚斂於民的辦法以早日償還，因而被貶。」（《四庫提要訂誤》第366～367頁）

〔四〕【代祭劉貢父文】嗚呼！子之強學博敏，超絕一世。肇自載籍，孔墨百氏。太史所錄，俚聞野記，延及荒外，陰陽鬼神。細大萬殊，一載以身。下至律令，老吏所疑，故事舊章，在廷不知，有問於子，歸如得師。直貫旁穿，水決矢飛。一時書林，眾俊並馳。滿堂賢豪，視子麈揮。逸足奇毛，不受絏羈。擯守列郡，吏民畏思。治盜宛朐，不事誅斬。他嚴見欺，子愛不犯。中斥於南，人憂子怡。歸來白首，歸職訓詞。子之來歸，亦既疾病。惟其精明，猶足以永。誰云如子，竟止斯耶？國失君子，善人之嗟。方其盛時，弛不得張。亦既有遭，而蠱其強。誰與子仇，敗子百世。雖然今日，竟何有愧。惟我與君，同年進士。申以婚媾，兼恩與義。平生笑談，樽席安喜。其當在耶，臨此酒胾。（曾肇《曲阜集》卷三）

關於此文的作者問題，余嘉錫云：「曾鞏卒於元豐六年，劉攽卒於元祐四年，距鞏卒時已六年矣，鞏安能為文祭攽？考《宋文鑒》目錄卷一三四有《代祭劉貢甫文》，題姓名為曾肇，分卷目錄亦然，係涉前篇《祭彭江州文》而誤，其本文題下實作張耒。檢耒集《右史集》卷四十五具載其文，字句並同，不知《提要》何以展轉誤為曾鞏也。」（《四庫提要辯證》第1343頁）李裕民先生亦云：「此文出於《宋文鑒》卷一三四，題為《代祭劉貢甫文》，張耒所撰，故曾鞏《元豐類稿》未收。」（《四庫提要訂誤》第367頁）司馬按，《代祭劉貢父文》的作者究係何人，擬另文討論。

〔五〕【史源】《朱子語類》卷一百三十九。

〔六〕【考證】《宋史》所載劉攽著作與此卷數有所不同：「《文集》六十卷，《五代春秋》一部（卷亡），《內傳國語》十卷，《春秋人譜》一卷，《經史新議》一部（卷亡），《漢書刊誤》四卷，《詩話》一卷，《漢官儀》三卷，《芍藥譜》一卷。」今按，《漢官儀》尚存於世。

〔七〕【考證】李裕民先生云：「館臣所輯頗多遺漏，今殘本《永樂大典》中尚有四十三條為輯本所無，《四庫輯本別集拾遺》錄四十二條，此外卷 10999 頁 9 尚有《答吳侍郎寄陝府》一條。《全宋詩》冊一一卷六一輯詩四十二首、斷句十七……」（《四庫提要訂誤》第 367～368 頁）

〔八〕【評論】盧文弨《抱經堂文集》卷十三有《劉公是先生集跋》（第 185～186 頁）。

72. 鄖溪集三十卷

宋鄭獬（1022～1072）撰。獬字毅夫，安陸（今屬湖北孝感市）人。皇祐五年（1053）進士第一。通判陳州（今河南淮陽），入直集賢院，知制誥。英宗即位，數上疏論事，出知荊南，還判三班院。神宗初，召拜翰林學士，權知開封府。以不肯行新法忤王安石，出知杭州〔一〕，徙青州〔二〕，又力言青苗之害。引疾提舉鴻慶宮卒。事蹟具《宋史》本傳。

初，獬以進士較試於廷，舍人劉敞得獬卷曰：「此文似皇甫湜。」獬嘗與敞書，亦言：「韓退之時用文章雄立一世者，獨李翶、皇甫湜、張籍耳。然翶之文尚質而少工，湜之文務實而不肆，張籍歌行乃勝於詩，至於他文不多見，計亦在歌詩下。使之質而工、奇而肆，則退之作也（云云）。」〔三〕觀其所言，知文章宗旨實源出韓門矣。

《宋志》載《鄖溪集》五十卷，淳熙十三年（1186）秦焴嘗而序而刊之，今已久佚。惟從《永樂大典》內裒輯編次，又以《宋文鑒》《兩宋名賢小集》諸書所載分類補入，勒為三十卷。

王得臣《麈史》稱：「鄭內翰久遊場屋，詞藻振時。唱名之日，同試進士皆歡曰『好狀元』，仁宗為之慰悅。」〔四〕本傳亦稱其文章豪偉峭整，議論剴切，精練民事〔五〕。今以所存諸作核之，殆非虛美。秦焴序稱：「於論綏州，見其計深慮遠。於論毀譽，見其居寵思危。辨楊繪，救祖無擇，則特立不詭隨。」〔六〕今其文雖不盡傳，然大概亦可想見矣。（《四庫全書總目》卷一百五十三）

【注釋】

〔一〕【考證】時在 1069 年。

〔二〕【考證】時在 1070 年。

〔三〕【史源】《鄖溪集》十四卷「劉舍人敞書」條。

〔四〕【史源】《麈史》卷一。

〔五〕【史源】《宋史》卷三百二十一。

〔六〕【考證】秦焴《郥溪集序》作於淳熙丙午秋七月。秦焴為郡守。

73. 元豐類稿五十卷

宋曾鞏〔一〕（1019～1083）撰。鞏字子固，建昌南豐（今屬江西撫州市）人。嘉祐二年（1057）進士。官至中書舍人。事蹟具《宋史》本傳。

鞏所作《元豐類稿》本五十卷，見於《郡齋讀書志》〔二〕。韓維撰鞏神道碑，又載有《續稿》四十卷、《外集》十卷。《宋史》本傳亦同。至南渡後，《續稿》《外集》已散佚不傳。開禧中，建昌郡守趙汝礪始得其本於鞏族孫濰，闕誤頗多，乃同郡丞陳東合《續稿》《外集》校定之，而刪其偽者，仍編定為四十卷，以符原數。元季兵燹，其本又亡。今所存者，惟此五十卷而已。吳曾《能改齋漫錄》所載《懷友》一首〔三〕，莊綽《雞肋編》所載《厄臺記》一首〔四〕，高似孫《緯略》所載《實錄院謝賜硯紙筆墨表》一首〔五〕，及世所傳《書魏鄭公傳後》諸佚文見於《宋文鑒》《宋文選》者〔六〕，當即《外集》《續稿》之文，故今悉不見集中也。

今世所行，凡有二本：一為明成化六年（1470）南豐知縣楊參所刊，前有元豐八年（1085）王震序〔七〕，後有大德甲辰（1304）東平丁思敬序〔八〕。又有《年譜序》二篇，無撰人姓名，而《年譜》已佚，蓋已非宋之舊，其中舛謬尤多〔九〕。一為國朝康熙中長洲顧崧齡所刊，以宋本參校，補入第七卷中《水西亭書事詩》一首、第四十七卷中《太子賓客陳公神道碑銘》中闕文四百六十八字，頗為清整。然何焯《義門讀書記》中有校正《元豐類稿》五卷〔十〕，其中有如《雜詩》五首之顛倒次序者，有如《會稽絕句》之妄增題目者，有如《寄鄆州資政》詩諸篇之脫落原注者，其他字句異同，不可殫舉，顧本尚未一一改正。今以顧本著錄，而以何本點勘者補正其訛脫，較諸明刻差為完善焉。〔十一〕（《四庫全書總目》卷一百五十三）

【注釋】

〔一〕【作者研究】姚範、楊希閔、孫葆田、王煥鑣、周明泰等皆編撰過曾鞏年譜，李震撰《曾鞏年譜》（蘇州大學出版社 1997 年版），宋友賢撰《曾鞏傳》（廣東高等教育出版社 2000 年版）。

〔二〕【史源】見《郡齋讀書志》卷十九。

〔三〕【史源】見《能改齋漫錄》卷十四。

〔四〕【史源】曾子固作《厄臺記》云：「淮陽之南，地名曰厄臺，詢其父老，夫子絕糧之所也。夫天地欲泰而先否，日月欲明而先晦。天地不否，萬物豈知大德乎？日月不晦，萬物豈知大明乎？天下至聖者，堯、舜、禹、湯、文、武、周公、孔子也。堯有洪水之災，舜有井廩之苦，禹有殛鯀之禍，湯有大旱之厄，文王有羑里之囚，武王有夷齊之譏，周公有管蔡之謗，孔子有絕糧之難。噫！聖人承萬古之美，豈以一身為貴乎？是知合於天地之德，不能逃天地之數。齊日月之明，不能違日月之道。泰而不否，豈見聖人之志乎？明而不晦，豈見聖人之道乎？故孔子在陳也，講誦絃歌，不改常性。及犯圍之出，列從而行，怡然而歌，美之為幸。」又曰：「君子不困，不成王業。果哉！身歿之後，聖日皎然，文明之君，封祀不絕。有開必先，信其然也。於戲！先師夫子聘於時，民不否；遁於世，民弗泰也。否則否於一時，泰則泰於萬世，是使後之王者知我先師之道，捨之則敗，因之則昌，習之則貴，敗之則亡。道之美，此孰為厄乎？」（《雞肋編》第 60 頁）

〔五〕【史源】《緯略》卷十二「陰璞」條：「曾南豐《謝實錄院賜研紙筆墨表》曰：陰山堅石之璞，（闕二字）芳松之煙，妍妙暉光，水苔之質，圓和正直，秋兔之毫，其（闕）於筆墨推美之辭，固為精愜。然陰山之璞，蓋用晉傅玄《研賦》曰：『採陰山之潛璞，簡眾材之攸宜。』此賦之妙，壓倒古今。眾作正為此句第一。一句之中，又以潛璞二字為妙。今若用堅璞，或恐研有怨言。李賀《研詩》『孔研寬頑何足云』，亦病其堅耳。曾公似未知研也。」

〔六〕【史源】見《宋文鑒》卷一百三十。

〔七〕【王震序】南豐先生以文章名天下久矣。異時齒髮壯，志氣銳，其文章之慓鷙奔放，雄渾瑰偉，若三軍之朝氣，猛獸之抉怒，江湖之波濤，煙雲之姿狀，一何奇也！方是時，先生自負要似劉向，不知韓愈為何如爾。中間久外徙，世頗謂偃蹇不偶。一時後生輩鋒出，先生泊如也。（下略）

〔八〕【丁思敬後序】及觀紫陽夫子序公家譜，甚恨世之知公者淺，而後未敢以前言為可喜也。公先世亦魯人，常欲抽瓣香，修桑梓，敬而未能。乾峰陳公名筆，至品藻曾、蘇二公文，則獨以金精玉良許曾文之正，信乎曾文定之文價，至陳文定而後論定也。

〔九〕【考證】余嘉錫云：「《書錄解題》明云『年譜，朱熹所輯也』，元本及各本《類稿》所載年譜、序二篇。其首均有『丹陽朱熹曰』五字……《提要》乃謂無撰人姓名，此不可解者也。考《朱子語類》卷百三十九云：『先生喜南豐文字，為作年譜。』是其為朱子所作，無可復疑。然其序不見於《晦庵大全集》，蓋編次之時偶未收錄，其書亦不見於《朱子年譜》，則失考也。」（《四庫提要辯證》第 1347 頁）

〔十〕【考證】《義門讀書記》卷四十四末有識語云：「何椒邱云：南豐《續稿》《外集》，南渡後散軼無傳。開禧間，建昌郡守趙汝礪始得其書於先生族孫濰，缺誤頗多，乃與郡丞陳東合《續稿》《外集》較定，而刪其偽者，因舊題定為四十卷，繕寫以傳。元季，又亡於兵火。國初，惟《類稿》藏於秘閣，士大夫鮮得見之。永樂初，李文毅公為庶吉士，讀書秘閣，日記數篇，休沐日輒錄之。今書坊所刻《南豐文粹》十卷是也。正統中，昆夷（二字疑作毘陵）趙司業琬始得《類稿》全書，以畀宜興令鄒旦刻之。然字多訛舛，讀者病焉。成化中，南豐令楊參又取宜興本重刻於其縣，踵訛承謬，無能是正。太學生趙璽訪得舊本，悉力讎校，而未能盡善。予取《文粹》《文鑒》諸書參校，乃稍可讀。《文鑒》載《雜識》二首，並《書魏鄭公傳後》，《類稿》無之，意必《續稿》所載也，故附錄於《類稿》之末。明初，曾得之嘗著《南豐類稿辨誤》，則此集自南渡以後善本難得久矣。得之書惜乎不傳，吾將安所取正哉！南豐有《懷友》一篇寄介卿，見《能改齋漫錄》第十四卷中。又有《厄臺記》，見莊綽《雞肋編》中，但似非全文。《厄臺記》亦見《聖宋文選》中。高似孫《緯略》有南豐《謝實錄院賜硯紙筆墨表》，疑亦續稿。施武子《蘇詩注》中尚載有《雜識》。」

今按，此則提要主要參考了《義門讀書記》。休沐，即古代假日。漢時官員五日一休，唐永徽三年（652）定制，百官每十日一休。

〔十一〕【整理與研究】1984 年中華書局出版點校本《曾鞏集》。

74. 宛陵集六十卷附錄一卷

宋梅堯臣（1002～1060）撰。堯臣字聖俞，宣城（今屬安徽）人。官屯田都官員外郎。事蹟具《宋史》本傳。

其詩初為謝景初所輯，僅十卷。歐陽修得其遺稿增並之〔一〕，亦止十五卷。其增至五十九卷，又他文賦一卷者，未詳何人所編。陳振孫《書錄解題》謂即景初舊本，修為作序者，未詳考修序文也。《通考》載正集六十卷，又有《外集》十卷。此本為明姜奇芳所刊，卷數與《通考》合，惟無《外集》，只有補遺三篇及贈答詩文、墓誌一卷，亦不知何人所附。陳振孫謂《外集》多與正集復出，或後人刪汰重複，故所錄者止此耶？

宋初詩文尚沿唐末五代之習，柳開、穆修欲變文體，王禹偁（954～1001）變詩體，皆力有未逮。歐陽修（1007～1072）崛起為雄，力復古格，於時曾鞏（1019～1083）、蘇洵（1009～1066）、蘇軾（1037～1101）、蘇轍（1039～1112）、陳師道（1053～1102）、黃庭堅（1045～1105）等皆尚未顯，其佐修以變文體者尹洙，佐修以變詩體者則堯臣也。

曾敏行《獨醒雜志》載，王曙知河南日，堯臣為縣主簿，袖所為詩文呈覽，曙謂其詩有晉宋遺風，自杜子美沒後，二百餘年不見此作〔二〕。然堯臣詩旨趣古淡，知之者希。

陳善《捫虱新話》記蘇舜欽稱：「平生作詩，不幸被人比梅堯臣。」〔三〕又記晏殊賞其「寒魚猶著底，白鷺已飛前」二句，堯臣以為「非我之極致者」，則其孤僻寡和可知。惟歐陽修深賞之。〔四〕

邵博《聞見後錄》乃載傳聞之說，謂修忌堯臣出己上，每商榷其詩，多故刪其最佳者〔五〕，殊為誣謾。無論修萬不至此，即堯臣亦非不辨白黑者，豈得失不自知耶！

陸游《渭南集》有《梅宛陵別集序》〔六〕，曰：「蘇翰林多不可古人，惟次韻和淵明及先生二家詩而已。」案：蘇軾和陶詩有傳本，和梅詩則未聞。然游非妄語者，必原有而今佚之。是堯臣之詩，蘇軾亦心折之矣。〔七〕（《四庫全書總目》卷一百五十三）

【注釋】

〔一〕**【歐陽修《梅聖俞詩集序》】**予聞世謂詩人少達而多窮，夫豈然哉？蓋世所傳詩者，多出於古窮人之辭也。凡士之蘊其所有，而不得施於世者，多喜自放於山巔水涯之外，見蟲魚、草木、風雲、鳥獸之狀類，往往探其奇怪，內有憂思感憤之鬱積，其興於怨刺，以道羈臣寡婦之所歎，而寫人情之難言。蓋愈窮則愈工。然則非詩之能窮人，殆窮者而後工也。予友梅聖俞，少以蔭補為吏，累舉進士，輒抑於有司，困於州縣凡十餘年。年今五十，猶從辟書，為人之佐，鬱其所畜，不得奮見於事業。其家宛陵，幼習於詩，自為童子，出語已驚其長老。既長，學乎「六經」仁義之說。其為文章，簡古純粹，不求苟說於世，世之人徒知其詩而已。然時無賢愚，語詩者必求之聖俞。聖俞亦自以其不得志者，樂於詩而發之。故其平生所作，於詩尤多。世既知之矣，而未有薦於上者。昔王文康公嘗見而歎曰：「二百年無此作矣！」雖知之深，亦不果薦也。若使其幸得用於朝廷，作為雅頌，以歌詠大宋之功德，薦之清廟，而追商、周、魯《頌》之作者，豈不偉歟！奈何使其老不得志，而為窮者之詩，乃徒發於蟲魚物類、羈愁感歎之言？世徒喜其工，不知其窮之久而將老也，可不惜哉！聖俞詩既多，不自收拾。其妻之兄子謝景初懼其多而易失也，取其自洛陽至於吳興已來所作，次為十卷。予嘗嗜聖俞詩，而患不能盡得之，遽喜謝氏之能類次也，輒序而藏之。其後十五年，聖俞以疾卒於京師。余既哭而銘之，因索於家，得其遺稿千餘篇，並舊所藏，掇其尤者六百七十七篇，為一十五卷。嗚呼！吾於聖俞詩，論之詳矣，故不復云。廬陵歐陽修序。（《居士集》卷四十三）

〔二〕【史源】《獨醒雜志》卷一：「王文康公晦叔性嚴毅，見僚屬，未嘗解顏。知河南日，梅聖俞時為縣主簿，一日，袖所為詩文呈公，公覽畢，次日對坐客謂聖俞曰：『子之詩有晉宋遺風，自杜子美沒後，二百餘年不見此作。』由是禮貌有加，不以尋常待聖俞矣。」

〔三〕【史源】《捫虱新話》卷七「歐蘇梅比肩韓孟」條（《四庫全書存目叢書》子部第 101 冊第 295 頁）。

〔四〕【辨偽】歐陽修《六一詩話》云：「晏元獻公文章擅天下，尤善為詩，而多稱引後進，一時名士往往出其門。聖俞平生所作詩多矣，然公獨愛其兩聯云：『寒魚猶著底，白鷺已非前。』又：『絮暖鮆魚繁，露添蓴菜紫。』余嘗於聖俞家見公自書手簡，再三稱賞此二聯。余疑而問之，聖俞曰：『此非我之極致，豈公偶自得意於其間乎？』乃知自古文士不獨知己難得，而知人亦難也。」

宋陳鵠《耆舊續聞》卷九亦云：「晏元獻公文章擅天下，尤善為詩，而多稱引後進，一時名士往往出其門。聖俞平生所作詩多矣，然公獨愛其兩聯云：『寒魚猶著底，白鷺已非前。』又：『絮暖鮆魚繁，露添蓴菜紫。』魏泰嘗於聖俞家見公自書手簡，再三稱賞此二聯，余疑而問之，聖俞曰：『此非我之極致，豈公偶自得意於其間乎？』乃知詩人好惡去取，不可強同也。」

司馬按，《耆舊續聞》抄襲歐陽修之文，將歐陽修自稱之「余」竄改為「魏泰」。復將其議論「乃知自古文士不獨知己難得，而知人亦難也」改為「乃知詩人好惡去取，不可強同也」。檢四庫本《臨漢隱居詩話》，並無此條。其「予每評詩多與存中合」條末有云：「信乎所見之殊，不可強同也。」《耆舊續聞》語意或本於此。或者誤將《六一詩話》記為《臨漢隱居詩話》，遂將「余」改為「魏泰」，也未可知。

又按，「寒魚猶著底，白鷺已非前」出自《和仲文西湖野步至新堰二首》，見《宛陵集》卷二十九。

〔五〕【史源】《聞見後錄》卷十八：「李邯鄲諸孫亨仲云：『吾家有梅聖俞詩善本，世所傳多為歐陽公去其尤者，忌能名之，或壓也。』予謂歐陽公在諫路，頗詆邯鄲公，亨仲之言恐不實。然曾仲成云『歐陽公有「韓孟於文詞，兩雄力相當。孟窮苦累累，韓富浩穰穰。郊死不為島，聖俞發其藏」等句。』聖俞謂蘇子美曰：『永叔自要作韓退之，強差我作孟郊。』雖戲語，亦似不平也。」

〔六〕【梅宛陵別集序】宛陵先生遺詩及文若干首，實某官李兼孟達所編緝也。先生當吾宋太平最盛時，官京洛，同時多偉人巨公，而歐陽公之文，蔡君謨之書，與先生之詩，三者鼎立，各自名家。文如尹師魯，書如蘇子美，詩如石曼卿輩，豈不足垂世哉，要非三家之比，此萬世公論也。先生天資卓偉，共於詩，非待學而工。然學亦無出其右者。方落筆時，置字如大禹之鑄鼎，鍊句如后夔之作樂，成篇如周公之致太平，使後之能者欲學而不得，欲贊而不能，況可得而譏評去取哉！歐陽公平生常自以為不能望先生，推為詩老。王荊公自謂《虎圖詩》不及先生《包鼎畫虎》之作，又賦哭先生詩，推仰尤至，晚集古句，獨多取焉。蘇翰林多不可古人，惟次韻和陶淵明及先生二家詩而已。雖然，使本無此三公，先生何歉？有此三公，亦何以加秋毫於先生？予所以論載之者，要以見前輩識精論公，與後世妄人異耳。會李君來請予序，故書以予之。嘉泰三年正月己卯，山陰陸某序。（陸游《渭南文集》卷十五）

〔七〕【整理與研究】朱東潤撰《梅堯臣傳》（中華書局 1979 年版）、《梅堯臣集編年校注》（上海古籍出版社 1980 年版）。

75. 忠肅集二十卷

宋劉摯（1030～1097）撰。摯字莘老，東光（今屬河北滄州市）人，家於東平。登嘉祐四年（1059）甲科。神宗朝累遷禮部侍郎。哲宗即位，歷官門下侍郎、尚書右僕射（1086），以觀文殿學士罷知鄆州（今山東汶上）。紹聖初坐黨籍，累貶鼎州團練副使、新州安置，卒。紹興中追贈少師，謚忠肅。事蹟具《宋史》本傳。

其文集四十卷，見於《宋史・藝文志》，久無傳本。今從《永樂大典》各韻中裒輯編綴，其得文二百八十五首、詩四百十三首，以原書卷目相較，尚可存十之六七〔一〕。謹以類排纂，釐為二十卷，而仍以劉安世原序冠之於首〔二〕。

摯忠亮骨鯁，於邪正是非之介，辨之甚嚴，終以見惱群小，貶死荒裔。其為御史時論率錢助役之害，至王安石設難相詰，而摯反覆條辨，侃侃不撓，今其疏並在集中。他若劾蔡確、章惇諸疏見於《宋史》者，亦並存無闕。其所謂修嚴憲法，辨別淄澠者，言論風采，猶可想見，固不獨文詞暢達，能曲鬯情事已也。

至集中有《訟韓琦定策功疏》，頗論王同老攘功冒賞之罪。而《道山清話》〔三〕遂謂文彥博再入摯於簾前，言王同老札子皆彥博教之，乞下史官改正。宣仁不從，彥博因力求退〔四〕。今考此事，史所不載。而集中有《請彥博平章重事疏》〔五〕，其推重之者甚至，尤足以證小說之誣。蓋當時黨論交訌，好惡是非，率難憑據，幸遺集具在，得以訂正其是非。於論世知人之學，亦不為無補矣。(《四庫全書總目》卷一百五十三)

【注釋】

〔一〕【考證】陸心源《儀顧堂題跋》云：「李燾《續資治通鑒長編》載摯《自序》及《日記》數十條，今本皆未收。」

〔二〕【劉安世序】神宗皇帝勵精求治，獎進臣下，公既對，面賜褒諭，且問：「從學王安石耶？安石稱卿器識。」公對曰：「臣東北人，少孤，獨不識安石也。」因論人物邪正，奏對移時，上意向納。公退益感遇，思所以稱，因上疏論率錢助役，官自顧人，其事有不可勝言者，略陳十害，切中時病……公文章雅健清勁，如其為人。辭達而止，不為長語。表章書疏，未嘗假手。凡奏議論說記序銘誌詩賦諸文章千餘篇……嶺表之謫，公拜命，即日就道，惟從一子，家人涕泣願侍，皆不聽。水陸奔馳，見星乃止。至貶所，屏跡不交人事，亦無書自隨，宴坐靜默。家人具饌，告之食則食。喜怒不形，意澹如也。

〔三〕【道山清話】不著撰人名氏。《說郛》摘其數條刻之，題曰宋王暐。其書皆記當代雜事。

〔四〕【史源】《道山清話》：「元祐五年，文太師自平章軍國重事致政而去。初，潞公再入，劉摯於簾前言王同老所入札子皆文彥博教之，乞行下吏官改正。宣仁曰：『此大不然也。吾於此事熟知之矣。仁宗時乞立英宗為嗣者，文太師也。後策立英宗者，韓相公也。功不相掩，不須改史。』宣仁既退，歎曰：『劉左丞幸是好人，何故如此？』摯既相，故潞公力求退。」

〔五〕【史源】《忠肅集》卷四《請文彥博平章重事疏》。

76. 范太史集五十五卷

宋范祖禹（1041～1098）撰。祖禹有《唐鑒》，已著錄。

其文集世有兩本：一本僅十八卷，乃明程敏政從秘閣借閱，因為摘錄刊行，非其完本。此本五十五卷，與《宋史·藝文志》卷目相符，蓋猶當時舊帙也。

祖禹平生論諫，不下數十萬言。其在邇英，守經據正，號講官第一。史稱「其開陳治道，區別邪正，辨釋事宜，平易明白，洞見底蘊」〔一〕。故本傳所上疏至十五六篇，而集中章奏尤多，類皆湛深經術，練達事務，深有裨於獻納。惟其中《論合祭天地》一事，祖禹謂分祭之禮，自漢以來不能舉行，又謂一年再郊，此必不能，且夏至之日，尤未易行。同時蘇軾等據《周禮》以分祭為是，而祖禹與顧臨堅持之，後卒從祖禹之議。蓋其君習於宴安，而議者遂為遷就之論，誠不免於賢者之過。然其大端伉直，持論切當，要自無愧於醇儒，固不以一瑕掩也。當時以賈誼、陸贄比之〔二〕，良亦庶幾云。〔三〕（《四庫全書總目》卷一百五十三）

【注釋】

〔一〕【史源】《宋史》卷三百三十七。

〔二〕【史源】《宋史》卷三百三十七。

〔三〕【評論】《總目》對《宋史》評價非常低，認為不足為據。而此則提要主要參考了《宋史》本傳。

77. 潞公集四十卷〔一〕

宋文彥博（1006～1097）撰。彥博事蹟具《宋史》本傳。

是集凡賦、頌二卷，詩六卷，論一卷，表、啟一卷，序一卷，碑記、墓誌一卷，雜文一卷。自十四卷以後，則皆奏議。札子之文。覈其卷數，與陳振孫《書錄解題》同，惟尚闕《補遺》一卷。考葉夢得序稱，兵興以來，世家大族多奔走遷徙，於是公之集藏於家者散亡無餘。其少子維申案：維申乃文及甫之字

〔二〕。稍討求追輯，猶得二百八十六篇，以類編次，為《略集》二十卷〔三〕。是葉氏所序者已非原本，陳氏所著錄者，又非葉氏所序本，今所傳者，又較陳氏之本佚其一卷也。〔四〕

彥博不以詩名，而風格秀逸，情文相生。王士禎稱其婉麗濃嫵，絕似西崑，嘗掇其佳句載之《池北偶談》〔五〕。其文章不事雕飾，而議論通達，卓然經濟之言。奏札下多注年月，亦可與正史相參考。葉夢得序稱其「未嘗有意於為文，而因事輒見操筆立成，簡質重厚，經緯錯出，譬之賁鼓鏞鍾，音節疏緩，雜然並奏於堂上，不害與嘒嘒簫韶舞百獸而諧八風也」〔六〕。斯言允矣。〔七〕（《四庫全書總目》卷一百五十三）

【注釋】

〔一〕【著錄】庫書書名題作《潞公文集》。

〔二〕【考證】維申乃文及甫之弟，字周翰。

〔三〕【考證】四庫本《潞公文集》卷首未見此序。

〔四〕【考證】余嘉錫云：「葉夢得所序者為略集二十卷，而《書錄解題》卷十七所著錄及今本則皆四十卷，是彥博文集凡有三本，卷數多寡皆不同，《提要》何以獨置《宋志》不言耶？」（《四庫提要辯證》第1351頁）

〔五〕【史源】王士禎《居易錄》卷十二：「文潞公身都將相，功名蓋世，而其詩婉麗濃嫵，絕似西崑。予向摘其佳句著之《池北偶談》。趙清獻詩亦有似潞公者，殊不類其為人。」今按，所摘佳句詳見《池北偶談》卷十四「潞公詩」條。

〔六〕【史源】見《文獻通考》卷二百三十四引葉氏序。

〔七〕【整理與研究】申利撰《文彥博集校注》（中華書局2016年版）。

78. 擊壤集二十卷

宋邵子（1011～1077）撰。

前有治平丙午（1066）自序〔一〕，後有元祐辛（卯）〔未〕邢恕序〔二〕。晁公武《讀書志》云：「雍邃於《易》數，歌詩蓋其餘事，亦頗切理。」〔三〕案：自班固作《詠史》詩，始兆論宗，東方朔作《誡子詩》，始涉理路。沿及北宋，鄙唐人之不知道，於是以論理為本，以修詞為末，而詩格於是乎大變，此集其尤著者也。

朱國楨《湧幢小品》曰：「佛語衍為寒山詩，儒語衍為《擊壤集》，此聖人平易近人，覺世喚醒之妙用。」是亦一說。然北宋自嘉祐以前，厭五季佻薄之弊，事事反樸還淳，其人品率以光明豁達為宗，其文章亦以平實坦易為主，故一時作者，往往衍長慶餘風。王禹偁詩所謂「本與樂天為後進，敢期杜甫是前身」〔四〕者是也。

邵子之詩，其源亦出白居易，而晚年絕意世事，不復以文字為長，意所欲言，自抒胸臆，原脫然於詩法之外。毀之者務以聲律繩之，固所謂謬傷海鳥，橫斥山木；譽之者以為風雅正傳，莊昶諸人轉相摹仿，如所謂「送我一壺陶靖節，還他兩首邵堯夫」者，亦為刻畫無鹽，唐突西子，失邵子之所以為詩矣。況邵子之詩不過不苦吟以求工，亦非以工為厲禁，如邵伯溫《聞見前錄》所載《安樂窩》詩曰：「半記不記夢覺後，似愁無愁情倦時。擁衾側臥未欲起，簾外落花撩亂飛。」〔五〕此雖置之江西派中，有何不可？而明人乃惟以鄙俚相高，又烏知邵子哉！

集為邵子所自編，而楊時《龜山語錄》所稱「須信畫前原有《易》，自從刪後更無《詩》」一聯，集中乃無之，知其隨手散佚，不復收拾，真為寄意於詩，而非刻意於詩者矣。〔六〕

又案：邵子抱道自高，蓋亦顏子陋巷之志。而黃冠者流以其先天之學出於華山道士陳摶，又恬淡自怡，跡似黃老，遂以是集編入《道藏．太玄部》賤字、禮字二號中，殊為誕妄。今並附辨於此，使異教無得牽附焉。（《四庫全書總目》卷一百五十三）

【注釋】

〔一〕【自序】《擊壤集》，伊川翁自樂之詩也。非唯自樂，又能樂時，與萬物之自得也。伊川翁曰：子夏謂：「《詩》者，志之所之也。在心為志，發言為詩。情動於中而形於言，聲成其文而謂之音。」是知懷其時則謂之志，感其物則謂之情，發其志則謂之言，揚其情則謂之聲，言成章則謂之詩，聲成文則謂之音。然後聞其詩，聽其音，則人之志情可知之矣。且情有七，其要在二。二謂身也，時也。謂身，則一身之休戚也。謂時，則一時之否泰也。一身之休戚，則不過貧富貴賤而已。一時之否泰，則在夫興廢治亂者焉。是以仲尼刪《詩》，十去其九。諸侯千有餘國，《風》取十五。西周十有二王，《雅》取其六。蓋垂訓之道，善惡明著者存焉耳。近世詩人，窮慼則職於怨憝，榮達則專於淫泆。身之休慼，發於喜怒。時之否泰，出於愛惡。殊不以天下大義而為言者，故其詩大率溺於情好也。噫！情之溺人也，甚於水……予自壯歲業於儒術，謂人世之樂，何嘗有萬之一二，而謂名教之樂，固有萬萬焉。況觀物之樂，復有萬萬者焉。雖死生榮辱，轉戰於前，曾未入於胸中，則何異四時風花雪月一過乎眼也。誠為能以物觀物，而兩不傷者焉。蓋其間情累都忘去爾，所未忘者，獨有詩在焉。然而雖曰未忘，其實亦若忘之矣。何者？謂其所作異乎人之所作也。所作不限聲律，不沿愛惡，不立固必，不希名譽，如鑒之應形，如鐘之應聲，其或經道之餘，因閒觀時，因靜照物，因時起志，因物寓言，因志發詠，因言成詩，因詠成聲，因詩成音，是故哀而未嘗傷，樂而未嘗淫。雖曰吟詠情性，曾何累於性情哉！鐘鼓，樂也。玉帛，禮也。與其嗜鐘鼓玉帛，則斯言也不能無陋矣。必欲廢鐘鼓玉帛，則其如禮樂何？人謂風雅之道行於古而不行於今，殆非通論，牽於一身而為言者也。吁！獨不念天下為善者少，而害善者多，造危者眾，而持危者寡。志士在畎畝，則以畎畝言，故其詩名之曰《伊川擊壤集》。

〔二〕【邢恕序】先生之學，以先天地為宗，以皇極經世為業。揭而為圖，萃而成書。其論世尚友，乃直以堯舜之事而為之師。其發為文章者，蓋特先生之遺餘。至其形於詠歌聲而成詩者，則又其文章之餘，皆德人之言，鬱于中而著於外，故其所摭者近，而所託者遠，為體小，而推類大，其始感發於性情之間，乃若自幸生天下無事，饑而食，寒而衣，不知帝力之何有，於我陶然有以自樂，而其極乃蘄於身堯舜之民，而寄意於唐虞之際，此先生所以自名其集曰「擊壤」也。

司馬按，序成於元祐六年辛未，《四庫全書總目》誤作辛卯。

〔三〕【史源】《郡齋讀書志》卷十九。《朱子語錄》云：「康節之學，其骨髓在《皇極經世書》，其花草便是詩。」

〔四〕【史源】《漁隱叢話前集》卷二十五引《蔡寬夫詩話》云：「（王）元之本學白樂天詩，在商州嘗賦春日雜興……其子嘉祐云：『老杜嘗有「恰似春風相欺得，夜來吹折數枝花」之句，語頗相近。』因請易之。王元之忻然曰：『吾詩精詣，遂能暗合子美邪？』更為詩曰：『本與樂天為後進，敢期杜甫是前身。』」

〔五〕【史源】《聞見前錄》卷十八。

〔六〕胡玉縉《四庫全書總目提要補正》引《儀顧堂集》《楹書偶錄》，證明四庫本《擊壤集》出自《道藏》本，但遠不及北宋本、元刊本完善（第1259頁）。

79. 周元公集九卷

宋周子〔一〕(1017～1073)撰。

周子之學，以主靜為宗。平生精粹盡於《太極圖說》《通書》之中。〔二〕詞章非所留意，故當時未有文集。陳振孫《書錄解題》載有文集七卷者，後人之所編輯，非其舊也，故振孫稱是集遺文才數篇，為一卷，餘皆附錄，則在宋代已勉強綴合，為數無多矣。

此本亦不知何人所編，凡遺書、雜著二卷，圖譜二卷，其後五卷則皆諸儒議論及志傳、祭文，與宋本不甚相合，而大致亦不甚相遠。蓋後人病其篇目寂寥，又取所著二書編之集內，以取盈卷帙耳。明嘉靖間漳浦王會曾為刊行，國朝康熙初其裔孫沈珂又校正重鐫。先儒著述，學者所宗，固不以其太少而廢之。

原本後附《遺芳集》五卷，乃沈珂輯其先世文章事蹟自為一編，與本集不相比附。今別入之總集類，不使相淆集中。《愛蓮說》一篇〔三〕，江昱〔四〕《瀟湘聽雨錄》〔五〕力攻其出於依託〔六〕，然昱說亦別無顯證，流傳已久，今仍並錄之焉。(《四庫全書總目》卷一百五十三)

【注釋】

〔一〕【作者研究】梁紹輝撰《周敦頤評傳》(南京大學出版社 1994 年版)、《濂溪學研究》(湖南大學出版社 2005 年版)。

〔二〕【朱子序】《通書》者，濂溪夫子之所作也。夫子自少即以學行有聞於世，而莫或知其師傳之所自，獨以河南兩程夫子嘗受學焉，而得孔、孟不傳之正統，則其淵源固可概見。然所以指夫仲尼、顏子之樂，而發其吟風弄月之趣者，亦不可得而悉聞矣。所著之書，又多放失，獨此一篇，本號《易通》，與《太極圖說》並出程氏，以傳於世，而其為說實相表裏。大抵推一理二氣五行之分合，以紀綱道體之精微，決道義文辭祿利之取捨，以振起俗學之卑陋。至論所以入德之方，經世之具，又皆親切簡要，不為空言，顧其宏綱大用，既非秦漢以來諸儒所及，而其條理之密，意味之深，又非今世學者所能驟而窺也。是以程子既沒，而傳者鮮焉。其知之者，不過以為用意高遠而已。

〔三〕【愛蓮說】水陸草木之花，可愛者甚蕃。晉陶淵明獨愛菊。自李唐來，世人甚愛牡丹。予獨愛蓮之出淤泥而不染，濯清漣而不妖，中通外直，不蔓不枝，香遠益清，亭亭淨植，可遠觀而不可褻玩焉。予謂：「菊，花之隱逸者也；牡丹，花之富貴者也；蓮，花之君子者也。噫！菊之愛，陶之後鮮有聞。蓮之愛，同予者何人？牡丹之愛，宜乎眾矣。」

〔四〕【江昱】（1706～1775），字賓谷，號松泉。甘泉（今江蘇儀徵）人。貢生。著有《韻歧》四卷。

〔五〕【瀟湘聽雨錄】國朝江昱撰。是編乃其弟官常寧知縣時，昱奉母就養，因摭見聞，考訂故實，著為一編。曰「聽雨」者，取蘇軾兄弟對牀語也……其言頗有根據。其辨衡山岣嶁碑一篇，考究詳明，知確出近時偽撰，尤足袪千古之惑。惟讕言瑣語，頗傷泛濫，不免失之貪多耳。（《四庫全書總目》卷一百二十九）今按，辨岣嶁碑之偽，詳見《四庫全書存目叢書》子部第116冊第685頁。卷三記載王夫之著述。

〔六〕【辨偽】《瀟湘聽雨錄》卷一云：「濂溪在廬山下，周子始名之。謂在道州者，妄也。李穆堂宗伯極辯之。《愛蓮說》，鄭東里太守之僑謂意義淺俗，氣體卑弱，絕非《通書》太極文字有辯甚晰。今湖南州縣往往有愛蓮池亭，且載入志乘，云周子愛聯於此者，可笑之甚。」（《四庫全書存目叢書》子部第116冊第660頁）

80. 文忠集一百五十三卷附錄五卷

宋歐陽修（1007～1072）撰。修有《詩本義》，已著錄。

《宋史·藝文志》載修所著《文集》五十卷、《別集》二十卷、《六一集》七卷、《奏議》十八卷、《內外制集》十一卷、《從諫集》八卷。諸集之中，惟《居士集》為修晚年所自編，其餘皆出後人裒輯，各自流傳。如衢州（今屬浙江）刻《奏議》、韶州（今廣東韶關）刻《從諫集》、浙西刻《四六集》之類，又有廬陵本、京師舊本、綿州本、宣和吉本、蘇州本、閩本諸名，分合不一。陳振孫《書錄解題》謂修集遍行海內而無善本〔一〕，蓋以是也。

此本為周必大所編定。自《居士集》至《書簡集》，凡分十種。前有必大所作序〔二〕。振孫以為益公解相印歸，用諸本編校，刊之家塾，其子綸又以所得歐陽氏傳家本、歐陽棐所編次者，屬益公舊客曾三異校正，益完善無遺恨〔三〕。然必大原序又稱：「郡人孫謙益、承直郎丁朝佐遍搜舊本，與鄉貢進士曾三異等互相編校，起紹熙辛亥（1191），迄慶元庚辰〔四〕。」據此則是非三異獨校，非必大自輯，與振孫所言俱不合〔五〕。檢書中舊存編校人姓名，有題「紹熙三年十月丁朝佐編次孫謙益校正」者，有題「紹熙五年十月孫廉益王伯芻校正」者，又有題「郡人羅泌校正」者，亦無曾三異之名。惟卷末考異中多有云「公家定本作某」者，似即周綸所得之歐陽氏本〔六〕。疑此書編次義例本出必大，特意存讓善，故序中不自居其名，而振孫書所云綸得歐陽氏本付三異校正者，乃在朝佐等校定之後，添入刊行，故序亦未之及歟？

其書以諸本參校同異，見於所紀者，曰《文纂》、曰《薛齊誼編年慶曆文粹》、曰《熙寧時文》、曰《文海》、曰《文藪》、曰《京本英辭類稿》、曰《緘啟新範》、曰《仕途必用》、曰《京師名賢簡啟》，皆廣為搜討，一字一句必加考核。又有兩本重見而刪其復出者，如《濮王典禮奏》之類，有他本所無而旁採附入者，如《詩解統序》之類，有別本所載而據理不取者，如錢鏐等傳之類，其鑒別亦最為詳允。

觀樓鑰《攻媿集》有《濮議跋》，稱廬陵（今江西吉安）所刊《文忠集》列於一百二十卷以後，首尾俱同。又第四卷《札子》注云：「是歲十月撰，不曾進呈。」檢勘所云，即指此本。以鑰之博洽，而必引以為據，則其編訂精密亦概可見矣。〔七〕（《四庫全書總目》卷一百五十三）

【注釋】

〔一〕**【版本】**日本天理圖書館藏宋刊本《歐陽文忠公集》一百五十三卷，附錄五卷，為世間獨一無二的宋刻全本，被確認為「日本國寶」。（《日本藏漢籍珍本追蹤紀實》第352頁）

〔二〕**【周必大序】**歐陽文忠公集，自汴京、江、浙、閩、蜀皆有之。前輩嘗言，公作文，揭之壁間，朝夕改定。今觀手寫《秋聲賦》，凡數本，劉原父手帖，亦至再三，而用字往往不同，故別本尤多。後世傳錄既廣，又或以意輕改，殆至訛謬不可讀。廬陵所刊抑又甚焉，卷帙叢脞，略無統紀，私竊病之，久欲訂正，而患寡陋未能也。會郡人孫謙益老於儒學，刻意斯文，承直郎丁朝佐博覽群書，尤長考證，於是遍搜舊本，傍採先賢文集，與鄉貢進士曾三異等互加編校，起紹熙辛亥春，迄慶元丙辰夏，成一百五十三卷，別為附錄五卷，可繕寫模印。惟《居士集》經公決擇，篇目素定，而參校眾本，有增損其辭至百字者，有移易後章為前章者，皆已附注其下。如《正統論》《吉州學記》《瀧岡阡表》，又迥然不同，則收置外集。自餘去取因革，粗有據依，或不必存而存之，各為之說，列於卷末，以釋後人之惑。第首尾浩博，隨得隨刻，歲月差互，標注牴牾，所不能免。其視舊本，則有間矣。既以補鄉邦之闕，亦使學者據舊鑒新，思公所以增損移易，則雖與公生不同時，殆將如升堂避

席，親承指授，或因是稍悟為文之法，此區區本意也。六月己巳，前進士周必大謹書。（見四庫本卷首）

〔三〕【史源】自「陳振孫《書錄解題》」至此，皆本陳書。《直齋書錄解題》卷十七《六一居士集》提要：「《六一居士集》一百五十二卷、附錄四卷、年譜一卷，參政文忠公廬陵歐陽修永叔撰。本朝初為古文者，柳開、穆修，其後有二尹、二蘇兄弟。歐公本以辭賦擅名場屋，既得韓文，刻意為之。雖皆在諸公後，而獨出其上，遂為一代文宗。其集遍行海內，而無善本。周益公解相印歸，用諸本編校，定為此本，且為之《年譜》。自《居士集》《外集》而下，至於《書簡集》，凡十，各刊之家塾。其子綸又以所得歐陽氏傳家本，乃公之子棐叔弼所編次者，屬益公舊客曾三異校正，益完善無遺恨矣。《居士集》，歐公手所定也。」（此處參考王培軍之說）

〔四〕【考證】慶元無庚辰，原序作「丙辰」。

〔五〕【考證】《天祿琳琅書目》卷六《歐陽文忠公文集》提要：「五函，四十五冊。宋歐陽修著。《居士集》五十卷，《外集》二十五卷，《易童子問》三卷，《外制集》三卷，《內制集》八卷，《表奏書啟四六集》七卷，《奏議集》十八卷，《雜著述》十九卷，《集古錄跋尾》十卷，《書簡》十卷，共一百五十三卷。總目後有宋胡柯撰《年譜》一卷並記，書後有附錄五卷，及編校姓氏、宋周必大序。『胡柯記、周必大序，皆作於宋寧宗慶元二年，必大序稱郡人孫謙益、丁朝佐、曾三異互加編校，起紹熙辛亥之春，迄慶元丙辰之夏，始成是書。云云。按陳振孫《書錄解題》曰：歐公為一代文宗，『其集遍行海內，而無善本。周益公解相印歸，用諸本編校，定為此本，且為之《年譜》，曰《居士集》《外集》而下至於《書簡》，凡十，各刊之家塾。其子綸又以所得歐陽氏傳家本，乃公之子柒所編次者，屬益公舊客曾三異校正：益完善無遺恨矣』。今以必大序考之，三異本預校讎之列，書中並無必大子綸重加編次之語，且《年譜》係出胡柯之手，而非必大所作，豈振孫所見又為別本耶？此書字法規仿鷗波，深得其妙，定屬元時所重刊者。觀其槧印之精，非好古家不能為。此書前應有序文，似是書賈欲充宋槧，遂妄為割去，而不知反掩其善也。）曾三異，《宋史》無傳。凌迪知《萬姓統譜》載：三異字無疑，臨江新淦人。少有詩名，尤尊經學，屢從朱子問辨，因顏讀書之堂曰『仰高』。部使薦於朝，授承務郎。端平初，以秘閣校勘召；力辭。年八十一卒。孫謙益，字彥撝。丁朝佐，字懷忠。胡柯，字伯信。俱吉州人。其事蹟無考。」

〔六〕【考證】參觀《四庫全書總目提要補正》1263～1265頁所考。

〔三〕【考證】《文忠集》卷一百二十八為《詩話》，而《四庫全書》中又別出《六一詩話》。

81. 嘉祐集十六卷附錄二卷

宋蘇洵〔一〕(1009～1066)撰。洵有《諡法》，已著錄。

考曾鞏作洵墓誌〔二〕，稱有集二十卷，晁公武《讀書志》、陳振孫《書錄解題》俱作十五卷，蓋宋時已有二本。是本為徐乾學家傳是樓所藏，卷末題紹興十七年四月晦日婺州(今浙江金華)州學雕，紙墨頗為精好。又有康熙間蘇州邵仁泓所刊，亦稱從宋本校正。然二本並十六卷，均與宋人所記不同。徐本名《嘉祐新集》，邵本則名《老泉先生集》，亦復互異，未喻其故。或當時二本之外，更有此一本歟？

今世俗所行，又有二本：一為明凌蒙初所刊朱墨本，並為十三卷；一為國朝蔡士英所刊、任長慶所校本，凡十五卷，與晁氏、陳氏所載合，然較徐本闕《洪範圖論》一卷，《史論》前少《引》一篇，又以《史論中》為《史論下》，而闕其《史論下》一篇，又闕《辨奸論》一篇〔三〕、《題張仙畫像》一篇、《送吳侯職方赴闕序》一篇、《謝歐陽樞密啟》一篇、《謝相府啟》一篇、《香詩》一篇。朱彝尊《經義考》載洵《洪範圖論》一卷，注曰未見，疑所見洵集當即此本。中間闕漏如是，恐亦未必晁、陳著錄之舊也。

今以徐本為主，以邵本互相參訂，正其訛脫，亦以此存而彼逸者，並為補入。又《附錄》二卷，為奉議郎充婺州學教授沈斐所輯，較邵本少國史本傳一篇，而多挽詞十餘首，亦並錄以備考焉。(《四庫全書總目》卷一百五十三)

【注釋】

〔一〕【作者研究】曾棗莊撰《蘇洵評傳》(四川人民出版社1983年版)。

〔二〕【史源】見《嘉祐集》附錄卷上。

〔三〕【辨奸論】事有必至，理有固然。惟天下之靜者，乃能見微而知著。月暈而風，礎潤而雨，人人知之。人事之推移，理勢之相因，其疏闊而難知，變化而不可測者，孰與天地陰陽之事，而賢者有不知其故，何也？好惡亂其中，而利害奪其外也。昔者羊叔子見王衍，曰：「誤天下蒼生者，必此人也。」郭汾陽(即郭子儀——引者)見盧杞，曰：「此人得志，吾子孫無遺類矣。」自今而言之，其理固有可見者。以吾觀之，王衍之為人，容貌言語固有以欺世而盜名者。然不忮不求，與物浮沉。使晉無惠帝，僅得中主，雖衍百千，何從而亂天下乎？盧杞之奸，固足以敗國，然而不學無文，容貌不足以動人，言語不足以眩世，非德宗之鄙暗，亦何從而用之？由是言之，二公之料二子，亦容有未必然也。今有人口誦孔、老之言，身履夷、齊之行，收召好名之士，不得志之人，相與造作言語，私立名字，以為顏淵、孟軻復出，而陰賊險狠，與人異趣。是王衍、盧杞合而為一人也，其禍豈可勝言哉！夫面垢不忘洗，衣垢不忘澣，此人之至情也。今也不然，衣巨虜之衣，食犬彘之食，囚首喪面，而談詩書，此豈其情也哉！凡事之不近人情者，鮮不為大奸慝，豎刁、易牙、開方是也。以蓋世之名，而濟其未形之患，雖有願治之主，好賢之相，猶將舉而用之，則其為天下患必然而無疑者，非特二子之比也。孫子曰：「善用兵者，無赫赫之功。」使斯人而不用也，則吾言為過，而斯人有不遇之歎，孰知禍之至於此哉！不然，天下將被其禍，而吾獲知言之名。悲夫！（《嘉祐集》卷九）

張方平《蘇洵墓表》云：「嘉祐初，王安石名始盛，黨友傾一時，其命相制曰：『生民以來，數人而已。』造作語言，至以為幾於聖人。歐陽修亦已善之，勸先生與之遊，而安石亦願交於先生。先生曰：『吾知其人矣，是不近人情者，鮮不為天下患。』安石之母死，士大夫皆弔，先生獨不往，作《辨奸》一篇（見第九卷），當時見者多為不然。曰：『噫！其甚矣！』先生既沒三年，而安石用事，其言乃信。夫惟有國者之患，嘗由辨之不早，子言之知風之自，見動之微，非天下之至精，其孰能至於此哉！嘗試評之，定天下之臧否，一人而已！（《嘉祐集》附錄卷下）

蘇軾《東坡謝張太保撰先人墓表書》云：「軾頓首再拜，伏蒙再示先人《墓表》，特載《辨奸》一篇，恭覽涕泗，不知所云。竊惟先人早歲汩沒，晚乃有聞，雖當時學者知師尊之，然於其言語文章，猶不能盡，而況其中有不可形者乎！所謂知之盡而信其然者，唯公一人。雖若不幸，然知我者希，正老氏之所貴。《辨奸》之始作也，自軾與舍弟皆有嬉，其甚矣之諫，不論他人，惟明公一見，以為與我意合，公固已論之。先朝載之史冊，今雖容有不知，後世決不可沒。而先人之言，非公表而出之，則人未必信。信不信，何足深計。然使斯人用區區小數以欺天下，天下莫覺莫知，恐後人必有秦無人之歎。此《墓表》所以作，而軾之所流涕再拜而謝也。黃叔度淡然無作，郭林宗一言至今以為顏子。林宗於人材大小畢取，所賢非一人，而叔度之賢無一見於外者，而後世猶信，徒林宗之重也。今公之重，不減林宗，所賢唯先人，而其心跡粗若可見，其信於後世，必矣！多言何足為謝，聊發一二不宣。軾再拜。」(《嘉祐集》附錄卷下)

《泊宅編》卷上：「公在翰苑時嘗飯客，客去，獨老蘇少留，謂公曰：『適坐有囚首喪面者何人？』公曰：『王介甫也。文行之士，子不聞之乎？』洵曰：『以某觀之，此人異時必亂天下，使其得志立朝，雖聰明之主亦將為其誑惑，內翰何為與之遊乎？』洵退於是作《辯奸論》行於世。是時，介甫方作館職，而明允猶布衣也。」

司馬按，《辨奸論》的作者為蘇洵，自宋迄明，原無異議。清中期李紱《書辨奸論後》一文始將此文定為邵伯溫偽作，蔡上翔《王荊公年譜考略》又加以補充論證。章培恒先生撰《〈辨奸論〉非邵伯溫偽作》(見《獻疑集》)，認為《辨奸論》不偽。鄧廣銘先生撰《〈辨奸論〉真偽問題的重提與再判》(載《國學研究》第三卷)一文，與章培恒先生展開討論，再次將此文定為邵伯溫偽作。王水照先生又與鄧廣銘先生辯論，詳見《王水照自選集》第 740～770 頁。竊以為，《辨奸論》的流傳歷歷可考，絕非偽作，擬另文討論。

又按，日人宮崎市定撰《辨〈辨奸論〉之奸》，是一篇為王安石辯護的文字，認為此文並非是蘇洵所作。也就是支持清代李紱、蔡上翔的「偽作說」。他認為，原來此文當是指熊昌期為奸。(轉自李慶先生《日本漢學史》第 3 冊第 150 頁)

82. 臨川集一百卷

宋王安石〔一〕(1021～1086)撰。安石有《周禮新義》，已著錄。

案：《宋史・藝文志》載《王安石集》一百卷，陳振孫《書錄解題》亦同，晁公武《讀書志》則作一百三十卷，焦竑《國史・經籍志》亦作一百卷，而別出《後集》八十卷，並與史志參錯不合。今世所行本實止一百卷，乃紹興十年(1040)郡守桐廬詹大和校定重刻，而豫章黃次山為之序〔二〕。次山謂集原有閩、浙二本，殆刊版不一，著錄者各據所見，故卷數互異歟？〔三〕

案蔡絛《西清詩話》載：「安石嘗云：『李漢豈知韓退之，輯其文，不擇美惡，有不可以示子孫者，況垂世乎？』以此語門弟子，意有在焉。而其文迄無善本，如『春殘密葉花枝少』云云，皆王元之詩，《金陵獨酌》《寄劉原甫》皆王君玉詩，『臨津豔豔花千樹』云云，皆王平甫詩。」〔四〕陳善《捫虱新話》所載亦大略相同〔五〕。據二人所言，則安石詩文本出門弟子排比，非所自定，故當時已議其舛錯。

而葉夢得《石林詩話》又稱：「蔡天啟稱荊公嘗作詩，得『青山捫虱坐，黃鳥挾書眠』，自謂不減杜詩，然不能舉全篇。薛肇明被旨編公集，遍求之，終莫之得。」肇明為薛昂字，是昂亦曾奉詔編定其集。顧蔡絛與昂同時而並未言及，次山序中亦只舉閩、浙本而不稱別有敕定之書，其殆為之而未成歟？

又考吳曾《能改齋漫錄》稱：「荊公嘗題一絕句於夏畋扇，本集不載，見《湟川集》。」又稱：「荊公嘗任鄞縣令，昔見一士人收公親札詩文一卷，有兩篇今世所刊文集無之，其一《馬上》，其一《書會別亭》（云云）。」〔六〕是當時遺篇逸句未經搜輯者尚夥，其編訂之不審，有不僅如《西清詩話》所譏者。

然此百卷之內，菁華具在，其波瀾法度，實足自傳不朽。朱子《楚辭後語》謂安石致位宰相，流毒四海，而其言與生平行事心術，略無毫髮肖，夫子所以有於予改是之歎〔七〕。斯誠千古之定評矣。〔八〕（《四庫全書總目》卷一百五十三）

【注釋】

〔一〕【作者研究】詹大和等撰《王安石年譜三種》（中華書局 1994 年版），柯昌頤撰《王安石評傳》（商務印書館 1947 年版），張祥浩等撰《王安石評傳》（南京大學出版社 2006 年版）。

〔二〕【黃次山敘】近歲諸賢舊集，其鄉郡皆悉刊行。而丞相之文流佈閩、浙，顧此郡獨因循不暇，而詹子所為奮然成之者也。紙墨既具，久而未出。一日，謂客曰：「讀書未破萬卷，不可妄下雌黃。讎正之難，自非劉向、揚雄莫勝其任。吾今所校本，仍閩、浙之故耳。先後失次，訛舛尚多。念少遲之，盡更其失，而慮歲之不我與也，計為之何？」客曰：「不然，皋、蘇不世出，天下未嘗廢律。劉、揚不世出，天下未嘗廢書。凡吾所為，將以備臨川之故事也。以小不備而忘其大不備，士夫披閱終無時矣。明窗淨榻，永晝清風，日思誤書，自是一適。若覽而不覺其誤，孫而不能思，思而不能得，雖劉、揚復生，將如彼何哉？」

今按，此書四庫本題為《臨川文集》，提要與庫書不合。

〔三〕【版本】一為通行的臨川本，一為南宋龍舒刻本《王文公文集》。後者現存兩個殘本，一個藏在日本，1962 年中華書局上海編輯所配抄影印，1974 年上海人民出版社又將它排印出版。可參考程毅中《王安石文集的版本》(《古籍整理淺談》第149～150頁)。

〔四〕【史源】《漁隱叢話前集》卷三十四引《西清詩話》。今按,李漢,字南紀,唐宗室疏屬。元合進士。少師韓愈,長於古文。韓愈重其人,以女妻之。

〔五〕【史源】《捫虱新話》卷六「陳表民葉嘉傳」條(《四庫全書存目叢書》子部第101冊第291頁)。

〔六〕【史源】《能改齋漫錄》卷十一「荊公題夏旼扇」條。

〔七〕【史源】《楚辭後語》卷六:「公以文章節行高一世,而尤以道德、經濟為己任,被遇神宗,致位宰相,世方仰其有為,庶幾復見二帝三王之盛。而公乃汲汲以財利兵革為先務,引用凶邪,排擯忠直,躁迫強戾,使天下之人囂然喪其樂生之心。卒之,群奸嗣虐,流毒四海。至於崇、宣之際,而禍亂極矣。公又以女妻蔡卞,此其所予之詞也。然其言平淡簡遠,翛然有出塵之趣,視其平生行事心術,略無毫髮肖似。」

〔八〕【整理與研究】李德身撰《王安石詩文繫年》(陝西人民出版社1987年版),李之亮撰《王荊公文集箋注》(巴蜀書社2005年版),王水照主編《王安石全集》(復旦大學出版社2017年版)。今按,全集整裡不合格,必須重做。如此劣本居然獲得教育部首獎,令人嘅笑皆非。

83. 王荊公詩注五十卷

宋李壁(1159～1222)撰。考《宋史》及諸刊本,壁,或從玉作「璧」。然壁為李燾第三子,其兄曰垕、曰塾,其弟曰埴,名皆從土,則作「璧」誤也。壁字季章,號雁湖居士。初以蔭入官,後登進士。寧宗朝累遷禮部尚書、參知政事,兼同知樞密院事,謚文懿。事蹟具《宋史》本傳。

是書乃其謫居臨川時所作。劉克莊《後村詩話》嘗譏其注「歸腸一夜繞鍾山」句引《韓詩》不引《吳志》,注「世論妄以蟲疑冰」句引《莊子》不引盧鴻一〔一〕、唐彥謙語,指為疏漏〔二〕。然大致捃摭搜採,具有根據,疑則闕之,非穿鑿附會者比。

原本流傳絕少,故近代藏書家俱不著錄。海鹽張宗松得元人槧本,始為校刊集中古、今體詩,以世行《臨川集》校之,增多七十二首,其所佚者附錄卷末。考葉紹翁《四朝聞見錄》稱:「開禧初,韓平原欲興兵,遣張嗣古覘敵,張還,大拂韓旨,復遣壁,壁還,與張異詞,陛是進政府(云云)。」〔三〕是壁附和權奸，以致喪師辱國，實墮其家聲，其人殊不足重。而箋釋之功，足裨後學，固與安石之詩均不以人廢矣。（《四庫全書總目》卷一百五十三）

【注釋】

〔一〕【盧鴻一】《新唐書》作「盧鴻」，字浩然，范陽（今北京西南）人。頗善籀篆楷隸，隱於嵩山。（《御定全唐詩》卷一百二十三）

〔二〕【史源】《後村詩話》卷二：「雁湖注半山『歸腸一夜繞鍾山』之句，引韓昌黎詩『腸胃繞萬象』，非也。孫堅母懷姙堅，夢腸出繞吳閶門，半山本此。見《吳志》。《和王賢良龜詩》云：『世論妄以蟲疑冰。』注雖引《莊子》，但出處無『疑』字，意公別有所本。後讀盧鴻（按，盧鴻即盧鴻一，云盧鴻者本《新唐書》，云盧鴻一者據《舊唐書》）《嵩山十志》，有『疑冰』之語。又唐彥謙《中秋詩》云：『霧淨不容玄豹隱，水寒卻恐夏蟲疑。』乃知唐人已屢用之矣。」

〔三〕【史源】《四朝聞見錄》卷二「開禧兵端」條：「韓侂胄亟欲興師北伐，先因生辰使張嗣古（時為左史）假尚書入敵中，因伺虛實。張即韓之甥也。使事告旋，引見未畢，韓已使人候之。引見畢，不容張歸，即邀至第，亟問張以敵事。張曰：『以某計之，敵未可伐，幸太師勿輕信人言。』韓默然。風國信所奏嗣古詣金廷幾乎墜笏，免所居官。韓敗，張未嘗以語人也。韓後又遣李壁因使事往伺。壁歸，力以『敵中赤地千里，斗米萬錢，與韃為讎，且有內變』。韓大喜，壁遂以是居政府。予嘗觀巽巖李公燾題名金山云：『眉山李燾攜子垕、塾、壁、埴來。』可謂名父子矣，惜其仲子未熟《顏氏家訓》爾。」

司馬按，王承略教授伉儷的《李燾學行詩文輯錄》甚便學人，似可進一步擴大範圍，可將其數子的學行詩文一併作為《附錄》，附驥而行。

84. 廣陵集三十一卷

宋王令（1032～1059）撰。令，元城（今河北大名）人。幼隨其叔祖乙居廣陵（今江蘇揚州），遂為廣陵人。初字欽美，後王萃字之曰逢原。少不檢，既而折節力學。王安石以妻吳氏之妹妻之。年二十八卒。遺腹一女，適吳師禮，生子曰說。

其集即說所編，凡詩賦十八卷，文十二卷，又拾遺一卷，墓誌、事狀及交遊、投贈、追思之作皆附焉。

令才思奇軼，所為詩磅礡奧衍，大率以韓愈為宗，而出入於盧仝、李賀、孟郊之間。雖得年不永，未能鍛鍊以老其材，或不免縱橫太過，而使視局促剽竊者流，則固倜倜乎遠矣〔一〕。劉克莊《後村詩話》嘗稱其《暑旱苦熱》詩骨力老蒼，識度高遠，又稱其《富公並門入相》《答孫莘老》《聞雁》諸篇〔二〕。明馮惟訥編《古詩紀》以其《於忽操》三章誤收入《古逸詩》中，以為龐德公作〔三〕。豈非其氣格遒上，幾與古人相亂，故惟訥不能辨歟〔四〕？古文如《性說》等篇，亦自成一家之言〔五〕。王安石於人少許可，而最重令〔六〕。同時勝流如劉敞等並推服之〔七〕，固非阿私所好矣。

其集久無刊本〔八〕，傳寫訛脫幾不可讀。今於有可考校者，悉為釐正，其必不可通者，則姑仍舊本，庶不失闕疑之意焉。（《四庫全書總目》卷一百五十三）

【注釋】

〔一〕【史源】張邦基《墨莊漫錄》卷二「王逢原假山詩」條：「王逢原作《假山》詩云：『鯨牙鯤鬣相摩捽，巨靈戲撮天凹突。舊山風老狂雲根，重湖凍脫秋波骨。我來謂怪非得真，醉揭碧海瞰蛟窟。不然禹鼎魑魅形，神顛鬼脅相撐挨。』夏倪均父為予言：此詩奇險不蹈襲前人，韓退之所謂『惟陳言之是去』者，非筆力豪放不能為也。」《廣陵集》卷四《答束徽之索詩》：「努力排韓門，屈拜媚孟灶。惟此二公才，百牛飽懷抱。」

〔二〕【史源】《後村詩話》卷二：「王逢原《暑旱苦熱》：『清風無力屠得熱，落日著翅飛上山。人固已懼江海竭，天豈不惜河漢乾。崑崙之高有積雪，蓬萊之遠常遺寒。不能手提天下往，何忍身去遊其間。』其骨氣老蒼，識度高遠如此，豈得不為荊公所推？富公由并州入相，外廷至於舉笏相賀。王逢原獨云：『要須待見成堯舜，未敢輕浮作頌聲。』所見高於石徂徠一等矣。《答孫莘老》云：『生無人愧寧非樂，死有天知豈特名。』其固窮自守，亦士之高致也。王逢原《聞雁》云：『萬里波濤九秋後，五更風雨一燈旁。』不待著雁字而題見矣。」

〔三〕【於忽操】載《古詩紀》卷十四。其序云：「劉表見龐公，將起之，而公不願也。表曰：『然則何謂？』公曰：『我可歌乎？』既歌，命弟子治之。凡三操。」馮惟訥《古詩紀》卷十四錄此詩，作「龐德公」；《詩紀匡謬》「龐德公於忽操」條正之云：「《於忽操》三章，《選詩拾遺》云：『出《襄陽耆舊傳》。』此書亡亦已久。初尚意余輩見聞寡陋，用修或有此書，今按宋王令逢原所著《廣陵先生集》，其外孫邵（按，邵應作吳）說所編者，共二十卷，其第一卷賦後第九篇，即此操。」

〔四〕【史源】今按，此本馮舒《詩紀匡謬》，而未注明出處。（此處參考王培軍之說）

〔五〕【史源】見《廣陵集》卷十八。

〔六〕【王安石《有宋王逢原墓誌銘》】余友字逢原，諱令，系王氏，元城人也。始余愛其文章，而得其所以言中。余愛其節行，而得其所以行卒。余得其所以言，浩浩乎其將沿而不可窮也，得其所以行，超超乎其將追而不可至也，於是慨然歎以為可以任世之重，而有功於天下者，將在於此。余將有之而不得也。（下略）（《廣陵集》附錄）

〔七〕【史源】劉敞《公是集》卷四十《雜錄》：「處士之有道者，孫侔、常秩、王令……令亦揚州人，時落拓不檢，未為鄉里所重，後折節讀書，作文章有古人風。王介甫獨知之，以比顏回也。」

〔八〕【整理與研究】1922 年劉氏嘉業堂始刊全集本，1981 年上海古籍出版社出版沈文倬點校本。

85. 東坡全集一百十五卷

宋蘇軾〔一〕（1036～1101）撰。軾有《易傳》，已著錄。

案：蘇轍作軾墓誌，稱軾所著有《東坡集》四十卷，《後集》二十卷，奏議十五卷，內制十卷，外制三卷，《和陶詩》四卷。晁公武《讀書志》、陳振孫《書錄解題》所載並同，而別增《應詔集》十卷，合為一編，即世所稱「東坡七集」者是也。《宋史．藝文志》則載前後集七十卷，卷數與墓誌不合，而又別出《奏議補遺》三卷、《南征集》一卷，詞一卷、《南省說書》一卷、《別集》四十六卷、《黃州集》二卷、《續集》二卷、《北歸集》六卷、《儋耳手澤》一卷，名目頗為叢碎。

今考軾集在宋世原非一本，邵博《聞見後錄》稱，京師印本《東坡集》，軾自校，其中香醪字誤者，不更見於他書，殆毀於靖康之亂〔二〕。陳振孫所稱有杭本、蜀本，又有軾曾孫嶠所刊建安本，又有麻沙書坊大全集本，又有張某所刊吉州（今江西吉水）本。蜀本、建安本無《應詔集》，麻沙本、吉州本兼載《志林》《雜說》之類，不加考訂。而陳鵠《耆舊續聞》則稱姑胥居世英〔三〕刊《東坡全集》，殊有序，又少舛謬，極可嘗〔四〕。是當時以蘇州本為最善，而今亦無存。葉盛《水東日記》又云：「邵復孺家有細字小本《東坡大全文集》，松江東日和尚所藏有大本《東坡集》，又有小字大本《東坡集》。」〔五〕盛所見皆宋代舊刻，而其錯互已如此。

觀《捫虱新話》稱，《葉嘉傳》乃其邑人陳元規作，《和賀方回青玉案詞》乃華亭姚晉〔道〕作，集中如《睡鄉》《醉鄉記》鄙俚淺近，決非坡作。今書肆往往增添改換，以求速售，而官不之禁（云云）。〔六〕則軾集風行海內，傳刻日多，而紊亂愈甚，固其所矣。

然傳本雖夥，其體例大要有二：一為分集編訂者，乃軾原本原目而後人稍增益之，即陳振孫所云杭本，當軾無恙之時已行於世者，至明代江西刻本猶然，而重刻久絕；其一為分類合編者，疑即始於居世英本，宋時所謂「大全集」者，類用此例，迄明而傳刻尤多，有七十五卷者，號《東坡先生全集》，載文不載詩，漏略尤甚；有一百十四卷者，號《蘇文忠全集》，版稍工而編輯無法。〔七〕

此本乃國朝蔡士英〔八〕所刊，蓋亦據舊刻重訂，世所通行，今故用以著錄。集首舊有《年譜》一卷，乃宋南海王宗稷所編。邵長蘅、查慎行補注軾詩，稱其於作詩歲月，編次多誤。以原本所有，今亦並存焉。〔九〕（《四庫全書總目》卷一百五十四）

【注釋】

〔一〕【作者研究】施宿等撰《宋人所撰三蘇年譜彙刊》（上海古籍出版社 1989 年版），四川大學中文系唐宋文學研究室編纂《蘇軾資料彙編》（中華書局 1994 年版），孔凡禮撰《蘇軾年譜》（中華書局 1998 年版）、《三蘇年譜》（北京古籍出版社 2004 年版），曾棗莊撰《蘇軾評傳》（四川人民出版社 1981 年版）、《蘇軾研究史》（江蘇教育出版社 2001 年版），王水照、朱剛合撰《蘇軾評傳》（南京大學出版社 2004 年版）。

〔二〕【史源】《聞見後錄》卷十九。

〔三〕【考證】范成大《吳郡志》卷二十八進士題名：宣和六年沈晦榜有其名。

〔四〕【史源】《耆舊續聞》卷三。

〔五〕【史源】《水東日記》卷二十。今按，東日和尚，余嘉錫據明何良俊《四友齋叢說》考證，其名為善啟，字東白。（《四庫提要辯證》第 1363 頁）

〔六〕【史源】《捫虱新話》卷六「陳表民葉嘉傳」條云：「東坡集有《葉嘉傳》，此吾邑人陳表民作，表民名元規，不及見其人，蓋名士也。予在中江見朱漕，說坡集《和賀方回青玉案》卒章有「曾濕西湖雨」之句，人以為坡詞，此乃華亭姚晉道作也……予觀東坡集中如《睡鄉》《醉鄉記》之類，鄙俚淺近，決非坡作。或云坡只有江搖柱傳，它皆非是。今市書肆往往增添改換，以求速售，而官不之禁也。雖歐公集已經東坡纂類，至今猶有續添之文，況未編者乎？」（《四庫全書存目叢書》子部第 101 冊第 290～291 頁）

〔七〕【評論】錢泰吉《曝書雜記》卷上：「紀文達評《蘇詩》，視（查）初白較嚴。凡涉禪悅語及風議太峭激處咸乙之。學詩者之圭臬也。」（第 23 頁）

〔八〕【蔡士英】（？～1674），字伯彥。漢軍正白旗人。

〔九〕【整理與研究】孔凡禮點校整理《蘇軾詩集》（中華書局 1982 年版）、《蘇軾文集》（中華書局 1987 年版），張志烈主編《蘇軾全集校注》（河北人民出版社 2010 年版）。

86. 東坡詩集注三十二卷

舊本題宋王十朋〔一〕（1112～1171）撰。十朋有《會稽三賦》〔二〕，已著錄。

是集前有趙夔序，稱分五十類。此本實止二十九類，蓋有所合併。十朋序〔三〕題百家注，此本所引數亦不足，則猶杜詩稱千家注，韓、柳文稱五百家注也。其分類頗多顛舛，如《芙蓉城》詩入古蹟，《虎兒》詩入詠史之類，不可殫數，不但以《畫魚歌》入書畫為查慎行《東坡詩補注》所譏，其注為邵長蘅所掊擊者凡三十八條，至作《正訛》一卷，冠所校施注之首。考十朋《梅溪前集》載序八篇，《後集》載序三篇，獨無此序。又有《讀蘇文》三則，亦無一字及蘇詩。《梅溪集》為其子聞詩、聞禮所編，十朋著述搜輯無遺，不應獨漏此序。

又趙夔序稱：「崇寧間，僕年志於學，逮今三十年，一字一句，推究來歷，必欲見其用事之處。頃者赴調京師，繼復守官累，與小坡叔黨遊從至熟，叩其所未知者，叔黨亦能為僕言之（云云）。」考《宋史》載軾知杭州，蘇過年十九，其時在元祐五六年間。又稱過沒時年五十二，則當在宣和五六年間。若從崇寧元年下推三十年，已為紹興元年，過之沒七八年矣，夔安能見過而問之？則並夔序亦出依託。

核書中體例，與杜詩千家注相同，殆必一時書肆所為，借十朋之名以行耳〔四〕。然長蘅摘其體例三失〔五〕，而云中間援引詳明，展卷了如者僅僅及半，則疏陋者不過十之五，未可全廢。其於施注所闕十二卷，亦云參酌王注，徵引群書以補之，則未嘗不於此注取材〔六〕。**大抵創始者難工，繼事者易密**。邵注正王注之訛，查注又摘邵注之誤。今觀查注，亦訛漏尚多。**考證之學，不可窮盡，難執一家以廢其餘。**錄存是書，亦足資讀蘇詩者之旁參也。〔七〕(《四庫全書總目》卷一百五十四)

【注釋】

〔一〕**【王十朋】**字龜齡，號梅溪，樂清(今屬浙江)人。紹興二十七年(1157)進士第一。事蹟具《宋史》本傳。著有《梅溪集》。

〔二〕**【會稽三賦】**宋王十朋撰。此賦三篇，又於集外別行。一曰《會稽風俗賦》，仿《三都賦》之體，歷敘其地山川、物產、人物、古蹟；一曰《民事堂賦》，民事堂者，紹興中添差簽判廳之公堂也。元借寓小能仁寺，歲久圮廢，十朋始重建於車水坊；一曰《蓬萊閣賦》，其閣以元稹詩「謫居猶得住蓬萊」句得名。皆在會稽，故統名曰《會稽三賦》。(《四庫全書總目》卷七十)

〔三〕**【東坡詩集注序】**昔秦延君注《堯典》，二字至十餘萬言，而君子譏其繁。丁子襄注《周易》，一書才二三萬言，而君子恨其略。訓注之學，古今所難。自非集眾人之長，殆未易得其全體。況東坡先生之英才絕識，卓冠一世，平生斟酌經傳，貫穿子史，下至小說、雜記、佛經、道書、古詩、方言，莫不畢究，故雖天地之造化，古今之興替，風俗之消長，與夫山川、草木、禽獸、鱗介、昆蟲之屬，亦皆洞其機而貫其妙，積而為胸中之文，不啻如長江大河，汪洋閎肆，變化萬狀，則凡波瀾於一吟一詠之間者，詎可以一二人之學而窺其涯涘哉！予舊得公詩八注十注，而事之載者十未能五，故常有窺豹之歎。近於暇日搜諸家之釋，裒而一之，剗繁剔冗，所存者幾百人，庶幾於公之詩有光。雖然，自八而十，自十而百，固非略矣，而亦未敢以繁言，蓋以一人而肩烏獲之任，則折筋絕體之不暇。一旦而均之百人，雖未能舂容乎通衢，張王乎大都，而北燕南越，亦不難到，此則百注之意也。若夫必待讀遍天下書，然後答盡韓公策，則又望諸後人焉。永嘉王十朋龜齡撰。

〔四〕**【辨偽】**孫詒讓云：「梅溪以大魁起家，名德冠一世，其遺書流播，學者爭相傳誦。故宋時建陽書林所刊王狀元書極多，如《周禮詳說》《唐書詳節》《杜詩集注》《唐文類集注》及《蘇詩集注》，並託之梅溪以射利。如此注援引舊說，劉須溪辰翁亦為一家，考辰翁景定壬戌廷試入丙第，為濂溪書院山長，宋亡不復出。梅溪當南宋初，安得已引其說？此為不出梅溪手之明證。《四庫提要》僅據《梅溪前後集》不載此注《自敘》為疑，尚未得要領也。至邵長蘅《正訛》謂賈人俗本，版寫淆訛，則又不然。注中所引百家舊注，溫州人凡二十二家，其餘姓名亦大半見於《梅溪集》者，則其作書時固立意假託梅溪，況又冠以《自敘》，名字彰灼，非由版刻偶誤，亦可知矣。至此書元刊本二十五卷，分七十二類。余於都中書肆嘗一見之，其本較明刊三十二卷本迥勝，然其書既出依託，分類尤無義例，故不復列其異同。」潘猛補云：「針對偽託之說，清馮應榴、王文誥等起而辯駁，至今仍難斷案。近人傅增湘認為王十朋《百家類注》，『搜採近百家，網羅宏富，足供後人掇拾之資，且詩之本事，王氏所得為多，其後施氏輯注，轉得取材於是』。認為因士林未見善本，『轉使前賢蒙其謗議，此亦深足慨喟者矣』。」（《溫州經籍志》第 858 頁）

〔五〕【體例三失】一曰分門別類失之陋，二曰不著書名失之疏，三曰增改舊文失之妄。（詳見邵長蘅《注蘇例言》）

〔六〕【評論】王欣夫先生云：「王本長於徵引故實。」（《蛾術軒篋存善本書錄》第 1368 頁）

〔七〕【版本】潘猛補對本書的版刻源流作了詳細考察，詳見《溫州經籍志》第 858～860 頁。

87. 施注蘇詩四十二卷東坡年譜一卷王注正訛一卷蘇詩續補遺二卷

宋施元之注。元之字德初。吳興（今屬浙江湖州市）人。陸游作是書序〔一〕，但稱其官曰「司諫」，其始末則無可考矣〔二〕。其同注者為吳郡顧禧，游序所謂助以顧君景繁之賅洽也。元之子宿又為補綴，《書錄解題》所謂「其子宿從而推廣，且為《年譜》以傳於世」也。《吳興掌故》但言宿推廣為《年譜》，不言補注，與《書錄解題》不同。今考書中實有宿注，則《吳興掌故》為漏矣。〔三〕

嘉泰中，宿官餘姚，嘗以是書刊版，緣是遭論罷，故傳本頗稀。世所行者惟王十朋分類注本。康熙乙卯（1675），宋犖官江蘇巡撫，始得殘本於藏書家，已佚其卷一、卷二、卷五、卷六、卷八、卷九、卷二十三、卷二十六、卷三十五、卷三十六、卷三十九、卷四十。〔四〕犖屬武進邵長蘅補其闕卷〔五〕。長蘅撰《王注正訛》一卷〔六〕，又訂定王宗稷《年譜》一卷，冠於集首。其注則僅補八卷，以病未能卒業，更倩高郵李必恒續成三十五卷、三十六卷、三十九卷、四十卷。犖又摭拾遺詩為施氏所未收者，得四百餘首，別屬錢塘馮景注之，重為刊版。

乾隆初，又詔內府刊為巾箱本，取攜既便，遂衣被彌弘。元之原本注在各句之下，長蘅病其間隔，乃匯注於篇末，又於原注多所刊削，或失其舊。後查慎行作《蘇詩補注》，頗斥其非，亦如長蘅之詆王注。然數百年沈晦之笈，實由犖與長蘅，復見於世，遂得以上邀乙夜之觀，且剞劂棗梨，壽諸不朽。其功亦何可盡沒歟？〔七〕（《四庫全書總目》卷一百五十四）

【注釋】

〔一〕【陸游《施司諫注東坡詩序》】古詩唐虞賡歌，夏述禹戒，作歌商、周之詩，皆以列於經，故有訓釋。漢以後詩見於蕭統《文選》者，及高帝、項羽、韋孟、楊惲、梁鴻、趙壹之流歌詩見於史者，亦皆有注。唐詩人最盛名家者以百數，惟杜詩注者數家，然概不為識者所取。近世有蜀人任淵，嘗注宋子京、黃魯直、陳無己三家詩，頗稱詳贍。若東坡先生之詩，則援據閎博，指趣深遠，淵獨不敢為之說。某頃與范公至能會於蜀，因相與論東坡詩，慨然謂予：「足下當作一書，發明東坡之意，以遺學者。」某謝不能。他日又言之，因舉二三事以質之……至能亦太息曰：「如此誠難矣！」後二十五六年，某告老居山陰澤中，吳興施宿武子出其先人司諫公所注數十大編，屬某作序。司諫公以絕識博士名天下，且用工深，歷歲久，又助之以顧君景蕃之該洽，則於東坡之意蓋庶幾可以無憾矣。某雖不能如至能所託，而得序斯文，豈非幸哉！嘉泰二年正月五日，山陰老民陸某序。（《渭南文集》卷十五）

〔二〕【施元之考】《南宋館閣錄》卷七：「施元之，字德初。吳興人。張孝祥榜同進士出身。治《詩》。五年六月除，十月為起居舍人。」《南宋館閣錄》卷八：「施元之，二年二月除校書郎，三月罷。」《南宋館閣錄》卷八：「施元之，五年十一月以起居舍人，兼是月除左司諫。」今按：施元之、施宿生平，見陳乃乾《宋長興施氏父子事蹟考》（《學林》1941 年第 6 輯，又《陳乃乾文集》下冊 542～592 頁）。

施元之與洪适極為相得，曾助洪著書，《隸續》卷三：「長興施元之德初，既見《隸釋》，博求闕遺，轉搨此碑以贈我。」洪适則舉以自代。《盤洲文集》卷五十《舉自代奏狀》：「今月一日，准告授前件職，准令節文諸侍從官授，訖三日內舉官一員自代者。臣伏睹左文林郎主管尚書戶部架閣文字施元之，學問該洽，文采清新，使居英俊之躔，可備翰墨之選，舉以自代，實允公言。」

朱熹集中有「樞密院編修官施元之」（卷二十二）。又云：「元祐中，謝悰亦獨試機，蓋為人所使耳，上喻公詰之，乃機與諫官施元之密謀，以是沮應辰，而對上又不以實，公因極論其奸，遂詔暴二人朋比交通之狀，而罷之，中外稱快。」（卷九十六）其事又見於《建炎雜記》甲集卷十三「乾道制科本末恩數」條。

〔三〕【考證】余嘉錫《四庫提要辯證》第 1371～1375 頁有詳細考證，文繁不錄。

〔四〕【宋犖序】物合於性之所近，而事常成於力之久且勤。水濕火燥，鉤曲弦直，各從其類，而要皆性之所近，以相合也。物之於人不類也，是故鹿駭毛嬙，魚避驪姬，其類殊者，其性殊。人之於人類已，然且邪正雜糅，若白黑冰炭之相反，非性使然耶？予自齠齒時聞長老言蘇文忠公之為人，心竊慕傚之。及就傅，讀公傳，嚮往逾摯。嘗圖公像懸座右，而貌予侍其側。稍長，遍誦公集，然嗜有韻之言尤深。其始筮仕得黃州倅，又幸與公同。烏虖，豈非天哉！公詩故有吳興施氏元之注四十二卷，元之子宿推廣為年譜，而陸放翁序之。宋嘉泰間鏤版行世，其後罕流傳。予常求之數十年，莫能得。及撫吳，又數數購求，始得此本於江南藏書家。第闕者十二卷，乃屬毗陵邵長蘅子湘訂補，且為之芟復正訛，而佐之以吳郡顧嗣立俠君洎兒子。至其續補遺詩四百餘首，採摭施本所未備，別為二卷，則以屬錢塘馮景山公為之注。先是，永嘉王氏有蘇詩注三十二卷，行世頗久，然有三失，分類則陋，不著書名則疏，改竄舊文則妄，誠如子湘所言。加之俗本相沿，淆訛多有。茲編出而王氏舊本可束高閣矣。凡人喜磊落者，薄蟲魚之注；矜博雅者，搜畢方鼲鼠之名。二者異趣。而予於蘇詩注，則非是之謂。蓋以既慕其人，則嗜其言；既嗜其言，則索其解。解必求精，精必正繆。將使世之效法公者，因解而得其言，因言以推其心。凡忠言嘉謀、豐功亮節之大端，胥於是乎識，而祈向不遠矣。昔賢可法，莫不皆然，獨公詩乎哉？而予特其性之近者爾，故殫精力，積歲時，完殘補闕，使施注防亡而復顯，殆有天焉以玉其成，而亦不自知其久且勤如此也。烏虖，跡公生平，自嘉祐登朝，歷熙寧、元豐、元祐、紹聖，三十餘年間，論新法逆群奸，投荒錮黨，防蹈不測，而矢其孤忠，百折不回。讀公詩自可知其人，而論其世則予又將以是注為糟醨也。康熙己卯夏五，商邱宋犖序。

〔五〕【邵長蘅序】夫文章之士，仰面屋樑，搯擢心腎，幾幸得自表見，使有身後名耳。及觀施氏父子，萃數十年心力成是編，其用功不為不深，而垂四百餘年若滅若沒，其姓名亦且從狐狸猯狢吻中抉而出之，而廑廑不泯，蓋其傳之之難如是。而注蘇之割裂紕繆，如世所傳永嘉王氏本，其出施氏下遠甚，而顧得行世，豈亦有幸不幸與？然而書之不足傳者，雖幸而見稱於人，譬之秋潦汪洋，儵歸烏有。而其必傳者，或忽於近而貴於遠，或晦於昔而大顯於今，雖經蟲齧蠹蝕之餘，而若有物焉，馮之不可磨滅。

〔六〕【邵長蘅《王注正訛識語》】《分類蘇詩注》三十二卷，舊刻永嘉王十朋龜齡纂集，注中引用故事，謬誤實多，有極淺陋可為失笑者。王龜齡為南渡名臣，著《梅溪集》如干卷行世，史稱其天資穎悟，廷對萬餘言，淹通經史，學者爭傳誦之，以擬晁、董……其所注蘇詩，雖云百家，必經一手。採輯何至紕繆乃爾！愚意當是賈人俗本，版寫淆訛，而後生耳食，沿踵至今。釋氏所謂可憐愍者。會予有訂讎之役，乃稍加是正，隨手翻得如干條，略疏出處，件繫之如左。其他訛處尚多，不及枚舉。今所抉摘，依原注分屬諸家，不欲獨令王氏蒙陋名也。

〔七〕【評論】施本長於臧否人倫。（王欣夫《蛾術軒篋存善本書錄》第 1368 頁）

88. 補注東坡編年詩五十卷

國朝查慎行（1650～1727）撰。慎行有《周易玩辭集解》，已著錄。

初，宋犖刻《施注蘇詩》，急遽成書，頗傷潦草。又舊本黴黯，字跡多難辨識，邵長蘅等憚於尋繹，往往臆改其文，或竟刪除以滅跡，並存者亦失其真。慎行是編，凡長蘅等所竄亂者，並勘驗原書，一一釐正。又於施注所未及者，悉搜採諸書以補之。其間編年錯亂及以他詩溷入者，悉考訂重編。凡為正集四十五卷，又補錄帖子詞、致語、口號一卷，遺詩補編二卷，他集互見詩二卷，別以《年譜》冠前，而以同時倡和散附各詩之後。

雖卷帙浩博，不免牴牾，如蘇轍《辛丑除日寄軾詩》，軾得而和，必在壬寅，乃亦入之辛丑卷末，則編年有差。《題李白寫真詩》前後文義相屬，本為一首，惠洪所說甚明，乃據《聲畫集》分為二首，則校讎為舛。《漁父詞》四首、《醉翁操》一首，本皆詩餘，乃列之詩集，則體裁未明。倡和詩中所列曾鞏《上元遊祥符寺》詩、陳舜俞〔一〕《送周開祖》詩、楊蟠《北固高峰塔》詩、張舜民《西征三絕句》，皆與軾渺不相關，乃一概闌入。至於所補諸篇，如《怪石》詩指為遭憂時作，不知《朱子語類》謂二蘇居喪無詩文；《鼠鬚筆》詩本軾子過作，而乃不信《宋文鑑》；《和錢穆父寄弟》詩已見三十一卷，乃全篇復見。《元祐九年立春》詩即《戲李端叔》中四句，已見三十七卷，乃割裂再出；《雙井白龍詩》，《冷齋詩話》明言非東坡作，乃反云據以補入；甚至李白《山中日夕忽然有懷詩》亦引為軾作，尤失於檢校。

如斯之類，皆不免炫博貪多。其所補注，如《宋叔達家聽琵琶詩》「夢回猶識歸舟字」句，本用「箜篌朱字」事〔二〕，見《太平廣記》，乃惟引「天際識歸舟」句，又誤謝朓為謝靈運〔三〕；《黃精鹿詩》本畫黃精與鹿，乃引雷斆《炮炙論》黃精汁製鹿茸事，皆為舛誤。又如《紀夢詩》引李白「粲然啟玉齒」句，不知先見郭璞《遊仙詩》；《遊徑山詩》引《廣異記》孤雲兩角語，不知先見辛氏《三秦記》；《端午詩》引屈原飯筒事，云《初學記》引《齊諧記》，不知《續齊諧記》今本猶載此條〔四〕，皆為未窮根柢。其他訛漏之處，為近時馮應榴合注本〔五〕所校補者亦復不少。

然考核地理，訂正年月，引據時事，元元本本，無不具有條理，非惟邵注新本所不及，即施注原本亦出其下。現行蘇詩之注，以此本居最，區區小失，固不足為之累矣。〔六〕（《四庫全書總目》卷一百五十四）

【注釋】

〔一〕【陳舜俞】（？～1076），字令舉，號白牛居士，浙江湖州人。有《都官集》傳世。

〔二〕【史源】朱勝非《紺珠集》卷十「箜篌朱字」條。

〔三〕【史源】謝朓《之宣城出新林浦向版橋一首》有云：「天際識歸舟，雲中辨江樹。」

〔四〕【端午節】屈原五月五日投汨羅水，楚人哀之。至此日，以竹筒子貯米，投水以祭之。漢建武中，長沙區曲忽見一士人，自云三閭大夫，謂曲曰：「聞君當見祭，甚善，常年為蛟龍所竊，今若有惠，當以楝葉塞其上，以彩絲纏之。此二物，蛟龍所憚。」曲依其言。今五月五日作粽，並帶楝葉、五花絲，遺風也。（《續齊諧記》）今按，關於端午節的傳說很多。唐代以後，端午節被規定為大節日，常有賞賜。

〔五〕【馮應榴合注本】馮應榴撰《蘇文忠公詩合注》五十卷，匯王、施、查三本之長。紀昀有此書評本，王欣夫先生認為「曉嵐所評各書，大都提要鉤玄，啟發神智」。正爾田認為「曉嵐評義山詩多曲解囈語，而以評蘇詩所得為多」。（《蛾術軒篋存善本書錄》第 1369 頁）

〔六〕【評論】查本長於考證地理。（王欣夫《蛾術軒篋存善本書錄》第 1368 頁）

【整理】王友勝教授校點《蘇詩補注》（鳳凰出版社 203 年版。）

89. 欒城集五十卷欒城後集二十四卷欒城三集十卷應詔集十二卷

宋蘇轍（1039～1112）撰。轍有《詩傳》，已著錄。

案：晁公武《讀書志》〔一〕、陳振孫《書錄解題》〔二〕載欒城諸集卷目並與今本相同。惟《宋史・藝文志》稱《欒城集》八十四卷，《應詔集》十卷，《策論》十卷，《均陽雜著》一卷，焦竑《國史經籍志》則又於《欒城集》外別出《黃門集》七十卷，均與晁、陳二家所紀不合。今考《欒城集》及《後集》《三集》共得八十四卷，《宋志》蓋統舉言之，《策論》當即《應詔集》而誤以十二卷為十卷，又復出其目。惟《均陽雜著》未見其書，或後人掇拾遺文，別為編次，而今佚之歟？至竑所載《黃門集》，宋以來悉不著錄，疑即《欒城集》之別名，竑不知而重載之。《宋志》荒謬，《焦志》尤多舛駁，均不足據，要當以晁、陳二氏見聞最近者為準也。

其正集乃為尚書左丞時所輯，皆元祐以前之作，後集則自元祐九年（1094）至崇寧四年（1105）所作，三集則自崇寧五年（1106）至政和元年（1111）所作〔三〕，《應詔集》則所集策論及應試諸作。轍之孫籀撰《欒城遺言》〔四〕，於平日論文大旨敘錄甚詳，而亦頗及其篇目。如紀《辨才塔碑》則云見《欒城後集》，於《馬知節文集跋》《生日漁家傲詞》諸篇之不在集中者，則並為全錄其文，以拾遺補闕。蓋集為轍所手定，與東坡諸集出自他人裒輯者不同。故自宋以來，原本相傳，未有妄為附益者〔五〕，特近時重刻甚稀。

此本為明代舊刊，尚少訛闕。陸游《老學庵筆記》稱，轍在績溪贈同官詩，有「歸報仇梅省文字，麥苗含穟欲蠶眠」句，譏均州（今湖北十堰）刻本輒改作「仇香」之非〔六〕。今此仍作「仇梅」，則所據猶宋時善本〔七〕矣。（《四庫全書總目》卷一百五十四）

【注釋】

〔一〕【史源】《郡齋讀書志》卷十九。

〔二〕【史源】《直齋書錄解題》卷十七：「蘇氏望趙郡欒城，元魏時屬趙郡，故云。晚居潁濱，自號潁濱遺老，故集或名。」

〔三〕【考證】李裕民先生有考辨，詳見《宋詩話叢考》（載《文史》第二十三輯）。郭紹虞先生對此集中的《詩病五事》大加肯定。（《宋詩話考》第 10～12頁）

〔四〕【欒城遺言】宋蘇籀撰。籀年十餘歲時，侍轍於潁昌，首尾九載，未嘗去側，因錄其所聞可追記者若干語以示子孫，故曰「遺言」。中間辯論文章流別，古今人是非得失，最為詳晰，頗能見轍作文宗旨，其精言奧義，亦多足以啟發來學。（《四庫全書總目》卷一百二十一）

〔五〕【評論】陸心源《儀顧堂題跋》云:「是集為文定所手定,不應有遺漏。」

〔六〕【史源】《老學庵筆記》卷四。

〔七〕【版本】日本公文書館藏宋刻本三種:《蘇文定公文集》五十卷、《欒城集》九十九卷、《類編增廣潁濱先生大全集》一百三十七卷。(《日本藏漢籍珍本追蹤紀實》第142～143頁)

90. 山谷內集三十卷外集十四卷別集二十卷詞一卷簡尺二卷年譜三〔十〕卷

宋黃庭堅〔一〕(1045～1105)撰。《年譜》(二)〔三十〕卷,庭堅孫𠭼撰。庭堅事蹟具《宋史·文苑傳》。𠭼字子耕,從學於朱子,於元祐諸人,詆二蘇而不詆庭堅,𠭼之故也。

葉夢得《避暑錄話》載黃元明之言曰:「魯直舊有詩千餘篇,中歲焚三之二,存者無幾,故名《焦尾集》。其後稍自喜,以為可傳,故復名《敝帚集》。晚歲復刊定,止三百八篇,而不克成。今傳於世者尚幾千篇(云云)。」〔二〕然庭堅所自定者皆已不存。其存者一曰《內集》,庭堅之甥洪炎所編,即庭堅手定之內篇,所謂退聽堂本者也;一曰《外集》,李彤所編,所謂邱濬藏本者也;一曰《別集》,即𠭼所編,所謂內閣抄出宋蜀人所獻本者也。《內集》編於建炎二年(1128),《別集》編於淳熙九年(1182),《年譜》則編於慶元五年(1199)。蓋《外集》繼《內集》而編,《別集》繼內、外兩集而編,《年譜》繼《別集》而編。

獨李彤之編《外集》未著年月,然考《外集》第十四卷《送鄧慎思歸長沙詩》「慎」字空格,注云「今上御名」,是《外集》亦編於孝宗時也。三集皆合詩文同編,後人注釋則惟取其詩。任淵所注之《內集》,即洪炎所編之《內集》。史容所注之《外集》,則與李彤所編次第已多有不同,而李彤編《外集》之大意,猶稍見於史注第一卷《溪上吟》題下。惟史季溫所注之《別集》,則與𠭼所編《別集》大有扯拄,此則原本與注本不可相無者矣。又《外集》第十一卷以下四卷,詩凡四百有奇,皆庭堅晚年刪去,而李彤附載入者,此則任、史三注本皆未之有,庭堅之詩得此而後全。又其中有與《年譜》相應者,𠭼編《年譜》時皆一一分注某年某事之次。而今但據三集檢其目,則《年譜》有而本集無,故此四卷尤不可廢也。

𠭼之《年譜》,專為考證詩文集而作〔三〕,故刻全集必當兼刻《年譜》。而近日刻本或刪節《年譜》,或刪並卷次,或移易分類以就各體,或專刻一集而不及其全。此本刻於明嘉靖中，前有蜀人徐岱序〔四〕，尚為不失宋本之遺，非外間他刻所及焉。〔五〕(《四庫全書總目》卷一百五十四)

【注釋】

〔一〕【作者研究】傅璇琮先生撰《黃庭堅和江西詩派資料彙編》(中華書局 1978 年版)，鄭永曉撰《黃庭堅年譜新編》(社會科學文獻出版社 1997 年版)，黃寶華撰《黃庭堅評傳》(南京大學出版社 1998 年版)，楊慶存撰《黃庭堅與宋代文化》(河南大學出版社 2002 年版)，錢志熙撰《黃庭堅詩學體系研究》(北京大學出版社 2003 年版)。

〔二〕【版本】天理圖書館藏宋刻本《豫章黃先生文集》殘本十六卷、《外集》殘本六卷，被確認為「日本重要文化財」。(《日本藏漢籍珍本追蹤紀實》第 356～359 頁)

〔三〕【黃㽦《山谷年譜序》】文集之有年譜，尚矣。先太史詩文遍天下，而年譜獨闕。近世惟傳蜀本詩集，舊注援據為詳，第循洪氏所編，退聽之舊，自元豐戊午以上無所稽焉，觀者病之。此固家之子孫不容不任其責。㽦不揆，少日過庭，粗聞舊事，竊嘗有志於是。中間多病廢志，十遺七八，日復老矣，懼將泯沒，葢嘗編次遺文，為別集二十卷。然於編年，無所考證，因悉收豫章文集、外集、別集、尺牘、遺文、家藏舊稿、故家所收墨蹟，與夫四方碑刻、它集議論之所及者，旁羅搜殁，繫諸歲月。獨恨㽦生晚，距先太史之歿，今已百年，一時裒次，豈敢妄謂無所差舛，姑俟博聞君子質而正之。

今按，四庫本《山谷年譜》凡三十卷。

〔四〕【徐岱序】見四庫本卷首。

〔五〕【考證】《山谷詞》在《四庫全書》中亦為重出。

91. 後山集二十四卷

宋陳師道(1053～1102)撰。師道字履常，一字無己，彭城(今江蘇徐州)人。受業曾鞏之門，又學詩於黃庭堅。元祐初，以蘇軾薦除棣州教授，後召為秘書省正字(1100)。事蹟具《宋史・文苑傳》。

是集為其門人彭城魏衍〔一〕所編。前有衍記稱：「以甲乙丙稿合而校之，得詩四百六十五篇，分為六卷，文一百四十篇，分為十四篇，《詩話》《談叢》則各自為集(云云)。」〔二〕。徐度《卻掃編》稱師道吟詩至苦，竄易至多，有不如意則棄稿，世所傳多偽，惟魏衍本為善是也〔三〕。

此本為明馬暾所傳，而松江趙鴻烈所重刊。凡詩七百六十五篇，編八卷，文一百七十一篇，編九卷，《談叢》編四卷，《詩話》《理究》《長短句》各一卷，又非衍之舊本。方回《瀛奎律髓》稱謝克家所傳有《後山外集》〔四〕，或後人合併重編歟？〔五〕

其五言古詩，出入郊、島之間，意所孤詣，殆不可攀，而生硬之處則未脫江西之習。七言古詩，頗學韓愈，亦間似黃庭堅，而頗傷謇直。篇什不多，自知非所長也。五言律詩，佳處往往逼杜甫，而間失之僻澀。七言律詩，風骨磊落，而失之太快太盡。五、七言絕句，純為杜甫遣興之格，未合中聲。長短句亦自為別調，不甚當行。**大抵詞不如詩，詩則絕句不如古詩，古詩不如律詩，律詩則七言不如五言**。方回論詩，以杜甫為一祖，黃庭堅、陳與義及師道為三宗〔六〕，推之未免太過。馮班諸人肆意詆排〔七〕，王士禛至指為鈍根〔八〕，要亦門戶之私，非篤論也。其古文在當日殊不擅名，然簡嚴密栗，實不在李翺、孫樵下，殆為歐、蘇、曾、王盛名所掩，故世不甚推。棄短取長，固不失為北宋巨手也。〔九〕（《四庫全書總目》卷一百五十四）

【注釋】

〔一〕**【魏衍】**字昌世，亦彭城人。從無己遊最久，蓋高弟也。以學行見重於鄉里，自以不能為王氏學，因不事舉業。建炎初死於亂。平生所為文，今世無復存者。（《卻掃編》卷中）

〔二〕**【魏衍《後山集記跋》】**載於《後山集》卷末，並不在卷首。

〔三〕**【史源】**《卻掃編》卷中：「陳正，字無已，世家彭城。後生從其遊者常十數人。所居近城，有隙地林木間，則與諸生徜徉林下。或愀然而歸，竟登榻引被自覆，呻吟久之，矍然而興，取筆疾書，則一詩成矣。因揭之壁間，坐臥哦詠，有竄易至月十日乃定，有終不如意者則棄去之，故平生所為至多，而見於集中者才數百篇。今世所傳，率多雜偽，唯魏衍所編二十卷者最善。」

〔四〕**【史源】**《瀛奎律髓》卷二十：「此詩（《和和叟梅花》）見《後山外集》，任淵所不注者，恐非後山作。以五六太露。不然，則是少作，嘗自刪去者也。」

〔五〕**【版本】**潘景鄭《明弘治本後山集》云：「《後山集》以吾家所藏宋蜀大字本二十卷為最古，次則當推弘治刊本。弘治本都三十卷，內詩十二卷，文八卷，《談叢》六卷，《理究》一卷，《詩話》二卷，長短句一卷。前有魏衍、王雲、任淵舊序，末有馬暾跋語……按此本經馬暾刊傳竄易，已非魏衍輯本舊觀。

至雍正時，雲間趙鴻烈重行編次為二十四卷，即世所通行本者是也。《提要》據趙刻而遺馬本，至為未得。前賢著錄藏本，只及弘治一刻，惟《絳雲樓書目》有二十卷之本，疑與家藏蜀本同出一源；自絳雲一炬，吾家藏本當視為景星慶雲矣。此弘治本為獨山莫氏（友芝）舊藏，十年前以六十金易之市廛，取校宋刻，訛謬差多，實不逮宋本遠甚；然以視通行俗本，則復有霄壤之隔矣。」（《著硯樓讀書記》第 466 頁）

〔六〕【史源】《瀛奎律髓》卷二十六。

〔七〕【史料】馮班《鈍吟雜錄》卷三：「杜陵云：『讀書破萬卷，下筆如有神。』近日鍾、譚之藥石也。元微之云：『憐伊直道當時語，不著心源傍古人。』王、李之藥石也。子美解悶，戲為諸絕句，不知當今學杜者，何以都不讀？」《鈍吟雜錄》卷四云：「奪胎接骨，宋人謬說。只是向古人集中作賊耳。」

今按，奪胎接骨，即「奪胎換骨」法，黃庭堅所倡。所謂「奪胎」，即「規模其意而形容之」；所謂「換骨」，即「不易其語而造其語」。金代王若虛曾批評「奪胎接骨」為「剽竊之黠者」。

〔八〕【史源】《池北偶談》卷十四「後山詩」條：「陳無己平生皈向蘇公，而學詩於黃太史，然其論坡詩謂如教坊雷大使舞。又有詩云：『人言我語勝黃語，扶豎夜燎齊朝光。』其自負不在二公之下。然予反覆其詩，終落鈍根，視蘇、黃遠矣。」

〔九〕【考證】紀昀《後山集鈔序》云：「考江西詩派以山谷、後山、簡齋配享工部，謂之『一祖三宗』。而左袒西崑者則掊擊抉擇，身無完膚，至今嗷嗷向詬厲。其五言古劖削艱苦，出入於郊、島之間，意所孤詣，殆不可攀。其生硬杈枒，則不免江西惡習。七言古多效昌黎，而間雜以涪翁之格，語健而不免粗，氣勁而不免直，喜以拗折為長，而不免少開合變動之妙。篇什特少，亦自知非所長耶？五言律蒼勁瘦硬，實逼少陵，其間意僻語澀者亦往往自露本質。然胎息古人，得其神髓，而不自掩其性情。此後山所以善學杜也。七言律嶔崎磊落，矯矯獨行，惟語太率而意太竭者是其短。五、七言絕則純為少陵《遣興》之體，合格者十不一二矣。大抵絕不如古，古不如律，律又七言不如五言。棄短取長，要不失為北宋巨手。向來循聲附和，譽者務掩其所短，毀者並沒其所長，亦不顛耶？」（見《紀曉嵐詩文集》第 157～159 頁）評價與此同，可以斷定，此篇提要係紀昀改定。

92. 後山詩注十二卷

宋陳師道（1053～1102）撰，任淵注。

原本六卷，此本作十二卷，則淵作注時每卷釐為二也。淵生南、北宋間，去元祐諸人不遠，佚文遺跡，往往而存，即同時所與周旋者，亦一一能知始末，故所注排比年月，鉤稽事實，多能得作者本意。然師道詩得自苦吟，運思幽僻，猝不易明。方回號曰知詩，而《瀛奎律髓》載其《九日寄秦觀》詩，猶誤解末二句〔一〕，他可知矣。

又魏衍作《師道集記》，稱其詩未嘗無謂而作，故其言外寄託亦難以臆揣，如《送郭概四川提刑》詩之「功名何用多，莫為分外慮」，《送杜純陝西轉漕》詩之「誰能留渴須遠井」，《贈歐陽棐》詩之「歲歷四三仍此地，家餘五一見今朝」，《觀六一堂圖書》詩之「曆數況有歸，敢有貪天功」，《次韻蘇軾觀月聽琴》詩之「信有千丈清，不如一尺渾」，《次韻蘇軾勸酒與詩》之「五十三不同，夙紀鳴蟬賦」，《寄蘇軾》詩之「功名不朽聊通袖，海道無違具一舟」，《寄張耒》詩之「打鴨起鴛鴦」，《離潁》詩之「叢竹防供爨，池魚已割鮮」，《送劉主簿》詩之「二父風流皆可繼，排禪詆道不須同」，《送王元均》詩之「故國山河開始終」，以及《宿深明閣》《陳州門絕句》《寄曹州晁大夫》等篇，非淵一一詳其本事，今據文讀之，有茫不知為何語者。即《巨野》詩之「蒲港」對「蓮塘」，儷偶相配，似乎不誤，非淵親見其地，亦不知「港」字當為「巷」也。其中如《寄蘇軾》詩之「遙知丹地開黃卷，解記清波沒白鷗」二語，蓋宋敏求校定杜詩，誤改「白鷗沒浩蕩」句，軾嘗論之，見《東坡志林》〔二〕，故師道藉以為諷，淵惟引其寄弟轍詩「萬里滄波沒兩鷗」句，則與上句丹地黃卷不相應矣。他如「兒生未知父」句實用孔融詩，「情生一念中」句實用陳鴻《長恨歌傳》，「度越周漢登虞唐」句，虞唐顛倒，實用韓愈詩，「孰知詩有驗」句，以熟為孰，實用杜甫詩，而皆遺漏不注。《次韻春懷》詩「塵生鳥跡多」句，「鳥跡」當為「馬跡」之訛，而引晉簡文「筞塵鼠跡」附會之。《齋居》詩「青奴白牯靜相宜」句，牯字必誤，而引白角簟附會之。《謁龐籍墓》詩「叢篁侵道更須東」句，東字必誤，而引《齊民要術》「東家種竹附會」之。至於以謝客兒為客子，以龍為龍伯，皆舛謬顯然，淵亦絕不糾正，是皆不免於微瑕。

據淵自序〔三〕，其編次先後，亦如所注《山谷集》例，寓《年譜》於目錄。今考《和豫章公黃梅》二首注曰：「此篇編次不倫，姑仍其舊。」又於紹聖三年下注曰：「是歲春初，後山當罷潁學，而《離潁》等詩反在卷終，又有未離潁時所作，魏本如此，不欲深加改正。」而於《示三子》詩則注曰：「此篇原在《晁張見過》詩後，今遷於此。」於《雪後黃樓寄負山居士》詩則注曰：「此詩原在《秋懷》前，今遷於此。」於《再次韻蘇公示兩歐陽》五詩則注曰：「於東坡集考之，原在《涉潁》詩後，今遷於此。」則亦有所竄定，今非衍之舊。又衍記稱師道卒於建中靖國元年（1102），年四十九。此集託始於元豐六年（1083），則師道年已三十一，不應三十歲前都無一詩。觀《城南寓居》二首列於元豐七年（1084），而注曰：「或云熙寧間作。」則淵亦自疑之。《題趙士暕高軒過圖》一首，淵引王立之《詩話》稱作此詩後數月間遂卒，故其後更列送歐陽棐、晁端仁、王鞏三詩。今考王立之《詩話》實作「數日無己卒，士暕贈以百縑」〔四〕，校其所錄情事，作數日為是，則小誤亦所不免。

然援證古今，具有條理，其得者實多。莊綽《雞肋編》嘗摭師道詩採用俚語者十八條〔五〕，大致淵注所已及，可知其用意之密矣，固與所注《山谷集》均可並傳不朽也。〔六〕（《四庫全書總目》卷一百五十四）

【注釋】

〔一〕【史源】按：「秦觀」應作「秦覯」。方回《瀛奎律髓》卷十六《九日寄秦覯》：「疾風回雨水明霞，沙步叢祠欲暮鴉。九日清樽欺白髮，十年為客負黃花。登高懷遠心如在，向老逢辰意有加。淮海少年天下士，獨能無地落烏紗。」原注：「『無地落烏紗』，極佳，孟嘉猶有一桓溫客之，秦並無之也。」紀昀駁之云：「後四句言己已老，興尚不淺，況以秦之豪俊，豈有不結伴登高者乎？乃因此以寄相憶耳。解謬。」（《瀛奎律髓匯評》卷十六）此詩見《後山詩注》卷二。

〔二〕【史料】《東坡志林》卷五：「近世人輕以意改書，鄙淺之人好惡多同，故從而和之者眾，遂使古書日就訛舛，深可忿疾。孔子曰：『吾猶及史之闕文也。』自予少時見前輩，皆不敢輕改書，故蜀本大字書皆善本。蜀本《莊子》云：『用志不分，乃疑於神。』此與《易》『陰疑於陽』、《禮》『使人疑汝於夫子』同。今四方本皆作『凝』。陶潛詩：『採菊東籬下，悠然見南山。』採菊之次，偶然見山，初不用意，而境與意會，故可喜也。今皆作『望南山』。杜子美云：『白鷗沒浩蕩，萬里誰能馴。』蓋滅沒於煙波間耳。而宋敏求謂余云：『鷗不解沒，改作「波」字。』二詩改此兩字，便覺一篇神氣索然也。」

今按，《晉書・隱逸傳》:「翟湯，尋陽人，司徒王導辟，不就，隱於縣界南山。」徐復先生云:「詩云南山，當指翟湯言。望謂仰望，有希冀義。有本作『見』，其義隔。」(《後讀書雜志》第 171 頁)

〔三〕【自序】四庫本未見。

〔四〕【史源】《詩話總龜》卷十九引《王直方詩話》云:「滕王蛺蝶江都馬，一紙千金不當價。異材天縱非力能，畫工不見甘為下。今代風流數十年，含毫落筆開山川。忽忘朽老壓塵眼，卻怪鳧鴻墮目前。邇來八駿復秀出，萬里山河纔咫尺。眼邊事得有突兀，復似天地初開闢。明窗寫出高軒過，便遂淪混聞吟哦。晚知書畫真有益，卻悔歲月來無多。官禁修嚴絕過訪，時於僻寺聊脫鞅。秀潤如行琮壁間，清明似引星辰上。憂悲惆悵百不行，河擘太華東南傾。平生秀句寶區滿，掇拾棄置成丹青。平湖遠岫開精神，陡覺文字生清新。未許兩豪來甫立，要知旁有衛夫人。」此無己所賦宗室士暕高軒過圖詩也。

今按，王直方（1069～1109），字立之，號歸叟，汴人。

〔五〕【史源】《雞肋編》卷下:「陳無己詩亦多用一時俚語，如:『昔日剜瘡今補肉，百孔千窗容一罅』,『拆東補西裳作帶』,『人窮令智短』,『百巧千窮只短檠，起倒不供聊應俗』,『經事長一智』……」(詳見蕭魯陽點校《雞肋編》中華書局本第 117 頁)

〔六〕【考證】余嘉錫《四庫提要辯證》第 1375～1401 頁對此條提要有詳細考證，文繁不錄。

93. 淮海集四十卷後集六卷長短句三卷

宋秦觀〔一〕(1049～1100) 撰。觀事蹟具《宋史・文苑傳》。

觀與兩弟覿、覯皆知名，而觀集獨傳。本傳稱文麗而思深。《苕溪漁隱叢話》載蘇軾薦觀於王安石，安石答書述葉致遠之言，以為「清新婉麗，有似鮑、謝」〔二〕。敖陶孫〔三〕《詩評》則謂其「詩如時女步春，終傷婉弱」〔四〕。元好問《論詩絕句》因有「女郎詩」之譏〔五〕。今觀其集，少年所作，神鋒太俊或有之，概以為靡曼之音，則詆之太甚。呂本中《童蒙訓》曰:「少游『雨砌墮危芳，風櫺納飛絮』之類，李公擇以為謝家兄弟不能過也。過嶺以後詩高古嚴重，自成一家，與舊作不同。」〔六〕斯公論矣。觀《雷州詩》八首，後人誤編之東坡集中，不能辨別，則安得概目以小石調乎？

其古文在當時亦最有名，故陳善《捫虱新話》曰：「呂居（仁）〔休〕嘗言少游從東坡遊，而其文字乃自學西漢。以余觀之，少游文〔字〕格似正，〔此〕所進策論〔詞句〕，頗若刻露，不甚含蓄，若比東坡，不覺望洋而歎〔也〕，然亦自成一家（云云）。」〔七〕亦定評也。

《王直方詩話》稱，觀作《贈參寥》詩，末句曰：「平康在何處，十里帶垂楊。」為孫覺所呵。後編《淮海集》，遂改云：「經旬滯酒伴，猶未獻長楊。」〔八〕則此集為觀所自定。《文獻通考》別集類載《淮海集》三十卷，又歌詞類載《淮海集》一卷，《宋史》則作四十卷，今本卷數與《宋史》相同，而多《後集》六卷，《長短句》分為三卷〔九〕，蓋嘉靖中高郵張綖以黃瓚本及監本重為編次云。〔十〕（《四庫全書總目》卷一百五十四）

【注釋】

〔一〕【作者研究】秦子卿撰《秦淮海年譜考訂箋證》（廣西人民出版社 1991 年版），徐培均撰《秦少游年譜長編》（中華書局 2002 年版），王保珍撰《秦少游研究》（學海出版社 1981 年版），周義敢等撰《秦觀資料彙編》（中華書局 2001 年版）。

〔二〕【史源】《漁隱叢話前集》卷五十。

〔三〕【敖陶孫】（1154～1227），字器之，號臞翁，福州福清人。其父閩縣人，父贈承仕郎，夢於陶穴中見二人，奕而與之子。母孺人陳氏，陳祖於陶正，因而名陶孫焉。著有《臞翁集》。《宋詩話考》第 156～158 頁介紹《敖器之詩話》。馮班云：「敖陶孫器之評詩，如村農看市都，不知物價貴賤。論曹子建云：『如三河少年，風流自賞。』只此一語，知其未嘗讀書也。」（《鈍吟雜錄》卷四）

〔四〕【史源】宋蔡正孫《詩林廣記後集》卷八引《臞翁詩評》云：「秦少游詩如時女步春，終傷婉弱。」

〔五〕【史源】《遺山詩》卷十一：「有情芍藥含春淚，無力薔薇臥晚枝。拈出退之山石句，始知渠是女郎詩。」

〔六〕【史源】《紫微詩話》。

〔七〕【史源】陳善《捫虱新話》「秦少游文自成一家」條（《四庫全書存目叢書》子部第 101 冊第 290 頁）。

〔八〕【史源】《漁隱叢話前集》卷五十引《王直方詩話》。平康為妓女群居之處，古號風流之地，故遭呵斥。

〔九〕【考證】《長短句》三卷既已編入《淮海集》中，《四庫全書》中又重出《淮海詞》一卷。

〔十〕【版本】目前已知宋刊本僅存兩套：一藏我國國家圖書館，一則存日本公文書館。(《日本藏漢籍珍本追蹤紀實》第144～145頁)

【整理與研究】周義敢等撰《秦觀集編年校注》(人民文學出版社2001年版)。

94. 濟南集八卷

宋李廌〔一〕(1059～1109)撰。廌有《德隅齋畫品》，已著錄。

《文獻通考》載廌《濟南集》二十卷，而當時又名曰《月巖集》〔二〕。周紫芝《太倉稊米集》有《書月巖集後》一篇〔三〕，稱滑臺劉德秀借本於妙香僚，始得見之。則南渡之初已為罕觀，後遂散佚不傳，惟《蘇門六君子文粹》中載遺文一卷而已。《永樂大典》修於明初，其時原集尚存，所收頗夥。採掇編輯，十尚得其四五，蓋亦僅而得存矣。

廌才氣橫溢，其文章條暢曲折，辯而中理，大略與蘇軾相近，故軾稱其「筆墨瀾翻，有飛沙走石之勢」〔四〕。李之儀稱其「如大川東注，晝夜不息，不至於海不止」〔五〕。周紫芝亦云：「自非豪邁英傑之氣過人十倍，其發為文詞，何以痛快若是？」〔六〕蓋其兀奡奔放，誠所謂不羈之才，馳驟於秦觀、張耒之間，未遽步其後塵也。史又稱其善論古今治亂，嘗上《忠諫書》《忠厚論》，又《兵鑒》二萬言。今所存《兵法奇正》《將才》《將心》諸篇，蓋即所上《兵鑒》中之數首，其議論奇偉，尤多可取，固與局促轅下者異焉。

案：呂本中《紫微詩話》〔七〕極稱廌《贈汝州太守》詩，而今不見此首。又其祭蘇軾文所云「皇天后土，鑒一生忠義之心；名山大川，還萬古英靈之氣」者〔八〕，當時傳誦海內，而亦不見其全篇，則其詩文之湮沒者固已不少。其幸而未佚者，固尤足珍矣。(《四庫全書總目》卷一百五十四)

【注釋】

〔一〕【李廌】字方叔，陽翟(今河南禹縣)人。事蹟具《宋史．文苑傳》。

〔二〕【史源】《文獻通考》卷二百三十七。今按，「月巖」乃其書齋名。《月巖集》者，以齋名集也。

〔三〕〔五〕〔六〕【書月巖集後】李端叔序其文，謂東坡嘗言：「吾評斯文，如大川東注，晝夜不息，不至於海不止也。」今誦其詩，讀其文，然後知此老之言為有旨焉。而自非豪邁英傑之氣過人十倍，則其發為文詞，何以若是其痛快耶？（《太倉稊米集》卷六十六）司馬按，「如大川東注，晝夜不息，不至於海不止」一語，原出蘇軾之口，李之儀不過轉述而已。《總目》繫於李氏，此處恐亦誤讀前人之文。

〔四〕【史源】《宋史》卷四百四十四：「李廌字方叔。其先自鄆徙華。廌六歲而孤，能自奮立。少長，以學問稱鄉里。謁蘇軾於黃州，贄文求知。軾謂其筆墨瀾翻，有飛沙走石之勢。拊其背曰：『子之才，萬人敵也。抗之以高節，莫之能禦矣。』」

〔七〕【紫微詩話】宋呂本中撰。本中歷官中書舍人，權直學士院，故詩家稱曰呂紫微，而所作詩話亦以「紫微」為名。其中如李鼎祚《易解》諸條，偶涉經義；秦觀《黃樓賦》諸條，頗及雜文；吳儔倒語諸條，亦間雜諧謔；而大致以論詩為主。其學出於黃庭堅，嘗作《江西宗派圖》，以庭堅為祖。而以陳師道等二十四人序列於下。宋詩之分門別戶，實自是始。然本中雖得法於豫章，而是編稱述廷堅者，惟「范元實」一條，「從叔知止」一條，「晁叔用」一條，「潘邠老」二條，「晁無咎」一條，皆因他人而及之。其專論庭堅詩者，惟「歐陽季默」一條而已，餘皆述其家世舊聞及友朋新作。如橫渠張子、伊川程子之類，亦備載之，實不專於一家。又極稱李商隱《重過聖女祠》詩「一春夢雨常飄瓦，盡日靈風不滿旗」一聯，及《嫦娥》詩「嫦娥應悔偷靈藥，碧海青天夜夜心」二句，亦不主於一格。蓋詩體始變之時，雖自出新意，未嘗不兼採眾長。自方回等「一祖三宗」之說興，而西崑、江西二派乃判如冰炭，不可復合。元好問題《中州集》末，因有「北人不拾江西唾，未要曾郎借齒牙」句，實末流相詬有以激之。觀於是書，知其初之不盡然也。王士禛《古夫于亭雜錄》曰：「《紫微詩話》載張子厚詩『井丹已厭嘗蔥葉，庾亮何勞惜薤根』，三韭二十七，乃杲之事，與元規何涉？張誤用，而居仁亦無辯證，何也？」今考《南齊書・庾杲之傳》：「杲之清貧自業，食惟有韭葅、瀹韭、生韭、雜菜。或戲之曰：『誰謂庾郎貧？食鮭嘗有二十七種。』」則杲之但有食韭事實，不云薤。《晉書・庾亮傳》載：「亮啖薤，因留白。陶侃問曰：『安用此為？』亮曰：『故可以種。』」則惜薤實庾亮事，與杲之無關。此士禛偶然誤記，安可反病本中失於辯證乎？（《四庫全書總目》卷一九五）

今按，郭紹虞先生云：「是書（指《紫微詩話》）所述多及瑣事，經義雜文亦偶涉及，而論詩之語轉不甚多，此固宋人詩話風氣使然，殆亦以呂氏既有《童蒙訓》述其論詩主旨，故於此不復出耶？日人近藤元粹乃謂『江西派之論詩往往艱澀不足觀，故詩話亦無異樣出色處』，此則未明呂氏撰述宗旨，不得以其不多論詩為是書病也。況於瑣事之中亦未嘗不可見其論詩主旨，如書中答晁叔用語云『只熟便是精妙處』，此雖一時戲語，要即其《詩社宗派圖序》所謂活法者是，參互比觀，固非無可取者……《四庫總目提要》以其兼載橫渠伊川之詩，因謂其論詩不主一格，不專一家，亦非無見。觀其所撰《童蒙訓》，亦兼論理學詩文，原無洛蜀黨爭之見，則是書之稱引橫渠伊川之詩，蓋亦猶是，不足怪矣。至其推崇義山，又與朱弁所謂『黃庭堅用崑體工夫』之語相合。西崑西江，其淵源所自與流變所極，正須於此處辨之，是則是書論詩雖謂其專於一家，主於一格可也。」(《宋詩話考》第44～45頁)) 張伯偉教授將此書歸入元祐派。

〔八〕【史源】《紫微詩話》引方叔祭東坡文。

95. 青山集三十卷續集七卷

宋郭祥正撰。祥字功父，當塗（今屬安徽馬鞍山市）人。熙寧中舉進士。官至汀州（今福建長汀）通判，攝守漳州。事蹟具《宋史》本傳。〔一〕

晁公武《讀書志》、陳振孫《書錄解題》皆載祥正《青山集》三十卷。王士禎《居易錄》曰：「郭祥正《青山集》，閩謝氏寫本六卷，古詩二卷，近體詩四卷，七言歌行僅二卷篇，或有闕文。」是士禎所見已為傳寫殘闕之本。此本三十卷，與陳、晁二家所載合，猶完書矣。〔二〕

又《續集》七卷，晁氏、陳氏均不載，《宋史・藝文志》亦不著錄。前後無序跋，莫審誰所編次。然覈其詩格，確出祥正，非後人所能依託。〔三〕

其中紀述頗足與史傳相參考。如史稱祥正致仕後居於姑孰，不復干進，所居有醉吟庵，久之，起為通判汀州，後知端州（今廣東肇慶），復棄去，家於當塗之青山以卒。今《續集》中有《浪士歌》一首，自序云：「郭子棄官合肥，歸姑孰，自號曰醉吟先生。居五年，或者謂其未老可仕，以事薦於上，上即召之，復序於朝，俾監閩汀郡，尋攝守漳南。上復召之，行至半道，閩使者狀其罪以聞，遂下吏，留於漳幾三年，又自號曰漳南浪士（云云）。」集中留漳南詩甚多，則史所云知端州後復棄官者非也。又《漳南書事》云：「元豐五年秋七月十九日，猛風終夜發，拔木壞廬室。」《新昌吟寄穎待制》云：「元祐丙寅冬，新昌有狂寇，名探其姓岑，厥初善巫咒（云云）。」按：元豐五年（1082）至元祐元年丙寅（1086），正合詩序所云留漳南三年之數。然則祥正被議下吏在元豐五年，而其得歸也，在元祐元年（1086）。而岑探構亂之事，史未及詳，則亦漏書也。又《青山集》載《送蔣穎叔待制拜六路都領》詩云：「廓廟之材終大用，願敷和氣及岩幽。」自注云：「予已乞骸，將歸舊廬。」《再送穎叔》云：「雲間驥尾終難附，梅子黃時公自歸。」自注云：「公屢有佳句，見約同歸，復有《蒙詔許歸絕句》二首。」其《次韻林辨之長官送別之什》云：「牢落名聲讒謗後，支離形影瘴氛餘。從來仕路誰為援，卻返家園數自如。」以此數詩合之《續集．浪士歌》之所自序，其再出一節，事蹟始備，可以補本傳之闕。〔四〕

惟史稱祥正以上書諛頌安石，反為安石所擠，坐是偃蹇以終。而《續集》內有《熙寧口號五首》，末云：「百姓命懸三尺法，千秋誰恤兩端情。近聞崇尚刑名學，陛下之心乃好生（云云）。」殊不似推薦安石者。《青山集》有《奠王荊公墳三首》云：「大手曾將元鼎調，龍沈鶴去事寥寥。」又云：「平昔偏蒙愛小詩，如今吟就誰復知（云云）。」又不似見排於安石者，其是非自相矛盾。蓋述知己之感，所以自明依附之因；刺新法之非，所以隱報擯斥之憾。小人褊躁，忽合忽離，往往如是，不必以前後異詞疑也。〔五〕

其詩好用仙佛語，或偶傷拉雜，而才氣縱橫，吐言天拔。史稱其母夢李白而生。陸游《入蜀記》亦稱祥正少時詩句俊逸，前輩或許為太白後身，又稱青山太白祠以祥正侑食，蓋因其詩格相近，從而附會〔六〕。然亦足見其文章驚邁，時似青蓮，故當時有此品目也。其人至不足道，而其集猶傳，厥有由歟？

考東坡集有《郭祥正家醉畫竹石壁上郭作詩為謝且遺二古銅劍》一首。王十朋《東坡集注》又有祥正《觀東坡畫雪有感》詩二首，《青山集》俱失載，而《續集》亦無之，疑不免有所散佚。然較比謝氏之本，則完備多矣。〔七〕（《四庫全書總目》卷一百五十四）

【注釋】

〔一〕**【作者研究】**孔凡禮先生撰《郭祥正事蹟編年》（《郭祥正集》之附錄）。

〔二〕**【版本】**南宋初刻本《青山集》現在國家圖書館善本部，1990 年書目文獻出版社影印出版。

〔三〕**【辨偽】**宋本和影宋本《青山集》都沒有《續集》，《續集》是在清代出現的，四庫本《青山集》有《續集》七卷。所謂「覈其詩格，確出祥正，非後人所能依託」的說法不可信。孔凡禮先生通過對四庫本與道光本《續集》的考察，發現《續集》乃是郭祥正同時代人孔平仲的作品。孔的作品，收在《清江三孔集》中，名《朝散集》。道光本《續集》第一卷，見《朝散集》卷二；第二卷，見《朝散集》卷三；第三卷，見《朝散集》卷六；第四卷、第五兩卷分別見《朝散集》的卷四、五。各卷所收的先後次第也一樣。（見《郭祥正集》卷首，又見《孔凡禮古典文學論集》第 145～146 頁）

〔四〕【考證】《續集》既非郭祥正之作，則「其中紀述頗足與史傳相參考」以下一大段文字幾成虛文。孔凡禮先生的這一重大發現，幫助我們弄清了《四庫全書總目》此段解題的致誤之由。

今按，《浪士歌》見道光本《青山集》卷四，原本是真作。四庫本混入《續集》中，可謂魚目混珠。

〔五〕【考證】孔凡禮先生認為：「《提要》的撰稿人，沒有調查研究，把孔詩說成郭詩，然後大罵一通，這對於郭，真是天大的冤枉。郭祥正自身有缺點，但是，他對於王安石，卻始終如一地尊崇，並沒有諛頌，而孔平仲則是強烈反對新法和王安石的。《四庫全書總目提要》從總的方面說，無疑是一部規模宏偉的學術著作。正如許多著名著作難免有失誤甚至重大的失誤一樣，《青山集》這一條就是《提要》比較大的失誤。」（《孔凡禮古典文學論集》第 146 頁）「《提要》有相當高的權威性，甚至可以說代表一個時代的水平。由於《提要》有權威性，它所舉的錯誤事實和由此得出的錯誤結論，常常被人引用，造成了很不好的影響。如道光本《青山集》卷首所載清嘉慶三年（1798）朱珪所做序，就提到了《提要》的「褊躁合離之論」，沒有對《提要》所舉事實表示懷疑，就是一例。《提要》的作者是把郭祥正和王安石放在一起進行評論的，所云『諛』，所云『擠』，是在否定王安石的前提下否定郭祥正。」（《孔凡禮古典文學論集》第 162 頁）

今按，《熙寧口號五首》，見四庫本《青山續集》卷七，又見四庫本《清江三孔集》卷二十四。

〔六〕【太白後身】陸游《入蜀記》卷一：「李太白集有《姑熟十詠》。予族伯父彥遠嘗言：東坡自黃州還，過當塗，讀之，撫手大笑曰：『贋物敗矣，豈有李白作此語者？』郭功父爭，以為不然。東坡又笑曰：『但恐是太白後身所作耳。』功父甚慍。蓋功父少時詩句俊逸，前輩或許之以為太白後身，功父亦遂以自負，故東坡因是戲之。或曰《十詠》及《歸來乎》《笑矣乎》《僧伽歌》《懷素草書歌》太白舊集本無之，宋次道再編時貪多務得之過也。」

今按，懷素（725～785，或 737～799），字藏真，唐長沙人。號「草聖」。李白（701～762），比懷素年長 24 到 36 歲。

〔七〕【整理與研究】孔凡禮點校整理《郭祥正集》（黃山書社 1995 年版）。日人內山精也撰《郭祥正青山集考》（《橄欖》1990 年）。

96. 長興集十九卷

宋沈括〔一〕（1031～1095）撰。括有《夢溪筆談》，已著錄。

陳振孫《書錄解題》載括集四十一卷，南宋高布嘗合沈遼、沈遘二集刻於括蒼，題曰《吳興三沈集》〔二〕。此本卷末題從事郎處州司理參軍高布重校一行，蓋即括蒼所刻本也。

括博聞強記，一時罕有其匹。所作《筆談》，於天文、算數、音律、醫卜之術，皆能發明考證，洞悉源流，而在當時乃不甚以文章著。然學有根柢，所作亦宏贍淹雅，具有典則。其四六表啟，尤凝重不佻，有古作者之遺範。

惜流傳既久，篇帙脫佚，闕卷一至卷十二，又闕卷三十一，又闕卷三十三至四十一，共二十二卷。勘驗諸本，亦皆相同，知斷爛蠹蝕，已非一日。《宋文鑒》及《侯鯖錄》諸書載括詩什頗多，而集中乃無一首。又史稱括為河北西路察訪使，條上三十一事，皆報可，其他建白甚眾，而集中亦無奏札一門，蓋皆在闕卷之中矣。又案：三沈之中，以括集列遘集之後，實則行輩括為長。《書錄解題》曰：「括於文通為叔，案：文通，遘之字也。而年少於文通。世傳文通常稱括叔，今四朝史本傳以為從弟者，非也。文通之父扶，扶之父同，括之父曰周，皆以進士起家，官皆至太常少卿。王荊公誌周與文通墓及文通弟遼誌其伯父振之墓可考（云云）。」〔三〕其辯證甚明。元修《宋史》，仍以括為遘之從弟，殊為乖誤。今據陳氏之說附正其失，用以見《宋史》疏舛，不足盡為典據焉。（《四庫全書總目》卷一百五十四）

【注釋】

〔一〕【作者研究】祖慧教授撰《沈括評傳》（南京大學出版社 2004 年版），何勇強撰《科學全才：沈括傳》（浙江人民出版社 2005 年版）。

〔二〕【版本】今有《四部叢刊三編》本，張元濟《明覆宋本沈氏三先生文集跋》云：「世無他本，此刊於何時何地，刊者何人，而惜乎其不可考也。」（《張元濟古籍書目序跋彙編》第 967 頁）

〔三〕【史源】《直齋書錄解題》卷十七。

97. 學易集八卷

宋劉跂（？～1117）撰。跂字斯立，東光（今屬河北滄州市）人，家於車平，尚書右僕射摯之子也。《宋史》附見摯傳，稱其能文章，遭黨事，為官拓落，家居避禍，以壽終，而不詳著其仕履。惟晁說之作跂墓誌，稱跂登元豐二年（1079）進士，初選亳州（今屬安徽）教授，元祐初除曹州（今山東定陶）州學教授，以雄州防禦推官知江州（今江西九江）彭澤縣，其後改管城、蘄水，所至有政聲，復主管成都府永寧觀，政和末以朝奉郎卒，所敘生平梗概頗為詳悉。說之又稱跂晚作學易堂，鄉人稱為「學易先生」，其集名蓋取諸此也。紹聖初，摯以黨籍竄新州，卒於謫所。建中靖國初，跂伏闕籲冤，得復官昭雪，世稱其孝。

呂本中《紫微詩話》稱跂初登科，就亳州，見劉攽所稱引皆所未知，於是始有意讀書。厥後與孫復、石介名相埒，蓋其行誼、學問均不愧於古人。〔一〕所作古文，類簡勁有法度。詩則多似陳師道體，雖時露生拗，要自落落無凡語。《江西宗派圖》中不列其名，始以摯為朔黨，門戶不同歟？然淳熙中呂祖謙奉詔修《文鑒》，多取跂作，其辨冤時上執政啟所云：「晚歲離騷，魂竟招於異域；平生精爽，夢猶託於故人」者，呂本中《詩話》及王銍《四六話》亦俱極推其隸事之工。即以文章而論，亦北宋末年卓然一作者矣。

其集原本二十卷，陳振孫《書錄解題》謂最初李相之得於跂甥蔡瞻明，紹興中洪邁傳於長樂官舍，後施元之刻版行世。《宣防宮賦》〔二〕《學易堂記》〔三〕世尤傳誦。〔四〕今元之舊刻久無傳本，惟《永樂大典》載跂詩文頗多，雖未免有所脫佚，而掇拾排次，尚可得什之六七。謹依類編訂，共錄為十有二卷。今恭承聖訓，於刊刻時削去青詞，以歸雅正。其《同天節道場疏》《管城縣修獄道場疏》《供給看經疏》《北山塑像疏》《靈泉修告疏》《仁欽陛坐疏》《請崇寧長老疏》以及為其父母舅氏修齋諸疏，皆跡涉異端，與青詞相類，亦概為削除，重加編次，釐為八卷。用昭鑒古斥邪之訓，垂萬世立言之準焉。（《四庫全書總目》卷一百五十五）

【注釋】

〔一〕**【金石錄序】**東武趙明誠德甫，家多前代金石刻，仿歐陽公《集古》所論，以考書傳諸家同異，訂其得失，著《金石錄》若干卷，別白牴牾，實事求是，其言斷斷，甚可觀也。昔文籍既繁，竹素紙札轉相謄寫，彌久不能無誤。近世用墨版摹印，便於流佈，而一有所失，更無別本是正，然則謄寫摹印其為利害之數略等。又前世載筆之士，所見所聞與其所傳不無同異，亦或意有軒輊，情流事遷，則遁離失實，後學欲窺其罅，搜抉證驗，用力多，見功寡，此讎校之士，抱槧懷鉛，所以汲汲也。昔人慾刊定經典及醫方，或謂經典同異，未有所傷，非若醫方能致壽夭，陶景亟稱之，以為名言。彼哉卑陋，一至於此。或譏邢卲不善讎書，邢曰：「誤書思之，更是一適，且別本是正，猶未敢曰可，而欲以思得之其訛有如此者。」惟金石刻出於當時所作，身與事接，不容訛妄，皎皎可信，前人勤劬，鄭重以遺來世，惟恐不遠，固非以為誇，而好古之士，忘寢廢食而求，常恨不廣爾，豈專以為玩哉？余登泰山，睹秦相斯所刻，退而按史遷所記，大凡百四十有六字，而差失者九字，以此積之，諸書浩博，其失胡可勝言？而信書之人，守目所見，知其違戾，猶弗能深考，猥曰是碑之誤，其待未之思乎？若乃庸夫野人，所述其言不雅馴，則望而知之，直差易耳。今德甫之藏，既甚富，又選擇多善，而探討去取，雅有思致，其書誠有補於學者，亟索余文為序，竊獲附姓名於篇末，有可喜者，於是乎書。(《學易集》卷六)

〔二〕【史源】《學易集》卷一。

〔三〕【學易堂記】劉子行年六十有一，身雖未病，氣已向衰，性不能事，老而彌甚，生理付子侄，靳靳便足，非大改革，勿關白。榜所居堂曰「學易」，自書日用為記……有客升堂，問：「《易》卦六十有四，今子所記乃如此，謂之學《易》，是學何卦？」劉子舉手推曰：「去，汝非我同學。」政和三年三月朔，劉岐記。

今按，四庫本《學易集》未見此記。此處據宋魏齊賢《五百家播芳大全文粹》卷一百六錄入。

〔四〕【史源】《直齋書錄解題》卷十七。

98. 慶湖遺老集九卷

宋賀鑄〔一〕(1052～1125)撰。鑄字方回，衛州(今河南輝縣)人。唐諫議大夫知章之後。元宗時，知章致政，詔賜鏡湖。據謝承《會稽先賢傳》謂，慶湖以王子慶忌得名，後訛為鏡，故鑄自號慶湖遺老。初以婚於宗女，授右班殿直。元祐中，李清臣奏換通直郎，通判泗州(今安徽省泗縣)、太平州，卒。事蹟載《宋史．文苑傳》。

其詩自元祐己卯以前凡九卷，自製序文，是為前集。己卯以後者為後集，合前後集共二十卷。同時程俱為之序〔二〕。今後集已佚，惟前集僅存。鑄子櫄跋稱後集經兵火散失〔三〕，則南宋已無完本，故《書錄解題》所載卷數與今本同也。方回作《瀛奎律髓》，稱鑄每詩題下必詳注作詩年月與其人之里居、姓氏。今觀此本，與回所說相符，蓋猶舊刻之未經刪竄者矣。

鑄以填詞名家，世傳其《青玉案》詞「梅子黃時雨」句，有「賀梅子」之稱〔四〕。然其詩亦工致修潔，時有逸氣。格雖不高，而無宋人悍獷之習。《苕溪漁隱叢話》稱其以《望夫石》詩得名〔五〕，《詩人玉屑》稱王安石賞其《定林寺》絕句〔六〕，《王直方詩話》載鑄論詩之言曰：「平淡不涉於流俗，奇古不鄰於怪僻，題詠不窘於物義，敘事不病聲律，比興深者通物理，用事工者如己出，格見於成篇，渾然不可鐫，氣出於言外，浩然不可屈。」〔七〕案：此段以叶韻成文。觀其所作，雖不盡如其所論，要亦不甚愧其言也。陸游《老學庵筆記》曰：「賀方回狀貌奇醜，俗謂之賀鬼頭。喜校書，朱黃未嘗去手。詩文皆高，不獨工長短句也。」〔八〕今其文則不可睹矣。(《四庫全書總目》卷一百五十五)

【注釋】

〔一〕【作者研究】夏承燾《唐宋詞人年譜》有賀鑄年譜。

〔二〕【程俱序】見四庫本卷首。今按，程俱（1078～1144）年輩較賀鑄要晚上一代。

〔三〕【跋】所謂後集以經兵火散失，不復得，近捜故稿所遺，及於佛祠廟宇題詠洎碑刻鐫勒，並士大夫親戚傳誦。

〔四〕【史源】《鶴林玉露》卷七：「詩家有以山喻愁者……賀方回云：『試問閒愁知幾許？一川煙草，滿城風絮，梅子黃時雨。』蓋以三者比愁之多也，尤為新奇，兼興中有比，意味更長。」

今按，賀鑄《青玉案‧題橫塘路》全詞為：「凌波不過橫塘路，但目送芳塵去。錦瑟年華誰與度？月樓花院，鎖窗朱戶，只有春知處。飛雲冉冉蘅皋暮，彩筆新題斷腸句。若問閒情都幾許？一川煙草，滿城風絮，梅子黃時雨。」

〔五〕【史源】《漁隱叢話前集》卷三十七。

〔六〕【史源】《詩人玉屑》卷十引《王直方詩話》。

〔七〕【史源】《詩人玉屑》卷五引《王直方詩話》云：「方回言學詩於前輩，得八句法——平澹不流於淺俗，奇古不鄰於怪僻，題詠不窘於物象，敘事不病於聲律，比興深者通物理，用事工者如己出，格見於成篇，渾然不可鐫，氣出於言外，浩然不可屈。盡心於詩，守此勿失。」

〔八〕【史源】陸游《老學庵筆記》卷八。

99. 東堂集十卷

宋毛滂（1055左右～1120左右）撰。滂字澤民，衢州江山人。官至祠部員外郎、知秀州。

陳振孫《書錄解題》載滂《東堂集》六卷，詩四卷，書簡一卷，樂府二卷。滂嘗知武康縣，縣有東堂，故以名其集也。

初，元祐中，蘇軾守杭州，滂為法曹，秩滿，去，已行抵富陽，軾聞有歌其《惜分飛》詞者，折簡追還，留連數月，由此知名。然其後乃出蔡氏兄弟之門，蔡絛《鐵圍山叢談》載：「蔡京柄政時，滂上一詞甚偉麗，因驟得進用。」〔一〕王明清《揮麈後錄》又載：「滂為曾布所賞，擢置館閣，布南遷，坐黨與得罪，流落久之。蔡卞鎮潤州，與滂俱臨川王氏婿，滂傾心事之。一日家集，觀池中鴛鴦，卞賦詩云：『莫學饑鷹飽便飛。』滂和呈云：『貪戀恩波未肯飛。』卞妻笑曰：『豈非適從曾相公池中飛過來者乎？』滂大慚（云云）。」〔二〕是其素行儇薄，反覆不常，至為婦人女子所譏，人品殊不足重。即集中所載酬答之文，亦多涉請謁干祈，不免脂韋澳涊之態，故陳振孫謂其詩文視樂府頗不逮，蓋亦因其人而少之〔三〕。

然平情而論，其詩有風發泉湧之致，頗為豪放不羈，文亦大氣盤礴，汪洋恣肆，與李廌足以對壘。在北宋之末，要足以自成一家，固未可竟置之不議也。謹從《永樂大典》搜採裒輯，釐為詩四卷、文六卷，仍還其十卷之舊。其書簡即附入文集，不復別編。至所作《東堂詞》，則毛晉已刊入《六十家詞》中，世多有其本，今亦別著於錄焉。（《四庫全書總目》卷一百五十五）

【注釋】

〔一〕【史源】見《鐵圍山叢談》卷二。

〔二〕【史源】見《揮麈後錄》卷七。

〔三〕【史源】見《直齋書錄解題》卷十七。

100. 浮沚集八卷

宋周行己撰。行己字恭叔，永嘉（今屬浙江溫州）人。元祐六年（1091）進士。官至秘書省正字，出知樂清縣。陳振孫《書錄解題》稱其為太學博士，以親老歸，教授其鄉，再主為館職，復出作縣，鄉人至今稱周博士，蓋沿稱其初授之官也。

振孫載《浮沚先生集》十六卷、《後集》三卷，《宋史．藝文志》載《周行己集》十九卷，正合前、後兩集之數，而又別出《周博士集》十卷，已相牴牾。《萬曆溫州府志》〔一〕又稱行己集凡三十卷，更參錯不符。考振孫之祖母即行己之第三女，振孫所記當必不誤，《宋史》及《溫州府志》均傳訛也。〔二〕

行己早從伊川程子游，傳其緒論，實開永嘉學派之先。集中有《上宰相書》云：「（少）〔竊〕慕存心養性之說，於周孔、佛老無所不求，而未嘗有意於進取。」〔三〕又有《上祭酒書》云：「十五學屬文，十七補太學諸生，學科舉。又二年，讀書益見道理，於是學古人之修德立行（云云）。」〔四〕觀所自序，其生平學問梗概，可以略見。則發為文章，明白淳實，粹然為儒者之言，固有由也。

且行己之學雖出程氏，而舉曾鞏、黃庭堅、晁說之、秦觀、李之儀、左譽諸人皆相倡和。集中《寄魯直學士》一詩，稱「當今文伯眉陽蘇，新詞的皪垂明珠」〔五〕，於蘇軾亦極傾倒，絕不立洛蜀門戶之見。故耳擩目染，詩文亦皆嫻雅有法，尤講學家所難能矣。

集久失傳，今從《永樂大典》所載，捜羅排比，共得八卷，較之原編，十卷幾得五，尚足見其大凡矣。〔六〕（《四庫全書總目》卷一百五十五）

【注釋】

〔一〕**【萬曆溫州府志】**明王光蘊撰。光蘊字季宣，溫州人。官至寧國府同知。是編成於萬曆丁巳。凡為類十二，為目七十四。頗多舛略。如《形勝門》只略敘舊志數行，而梁邱遲《永嘉郡教》所稱「控山帶海」云云，祝穆《方輿勝覽》所稱「郡當甌越之衝」云云，皆未之載，此皆失諸眉睫之前。《學校門》只載梅溪、雁山兩書院，而永嘉書院之建於宋時、載於王圻《續文獻通考》者，亦不及詳，其挂漏可想。又《治行志》中分郡良吏、邑良吏為二門，體例亦嫌繁碎也。（《四庫全書總目》卷七十四）

今按，孫詒讓云：「其書中雖小小疏舛多不能無，而校之近時康熙、乾隆諸志，則終為近古，砭訛補闕，漁獵不窮。況《永嘉譜》明以後久佚，王文定所修正德志今亦罕覯。此志既以兩書為藍本，故所紀宋、元以前舊聞佚事尤多有根據，不似流俗地志憑空臆造，不可究詰。年代浸遠，傳播絕稀，印帙偶存，誠吾鄉之寶笈也。至《四庫總目》以《學校門》失收元永嘉書院一事，議其挂漏，考此志《古蹟門》蓋已載入。因明時書院已廢，故於《學校門》不復紀述，修書諸公於全志先後義例未及詳檢，故有此論矣。」（《溫州經籍志》第 407 頁）

〔二〕【考證】潘猛補云：弘治《溫州府志》十八著錄：「《浮沚文集》三十卷，周行己撰，林鉞序。」……檢《永樂大典》有引《周博士集》十六條，如卷一萬四千五十「祭」字韻，引《周博士集》有《祭二十叔文》一篇，為《浮沚集》所無。可證《周博士集》和《浮沚集》同在《大典》之中，《宋元學案》所云不誣。然《四庫全書提要》謂周行己別集三種書名相「牴牾」，三十卷「參錯不符」為「傳訛」，其說失之武斷……實則三十卷本別有其本。（《溫州經籍志》第 804 頁）

〔三〕【史源】《浮沚集》卷五。

〔四〕【史源】《浮沚集》卷五。

〔五〕【史源】《浮沚集》卷八。按，的皪，鮮明貌。

〔六〕【整理與研究】黃群輯《補遺》一卷。其《重印浮沚集後記》云：「余嘗就周天錫《慎江文徵》、陳遇春《東甌先正文錄》、孫衣言《永嘉集內編》、曾唯《東甌詩存》及光緒《永嘉縣志》等書搜羅先生遺著，共得文十首、詩十三粥，皆為大典本《浮沚集》失收之作，特匯為《補遺》一卷，以附於本集之後。」

101. 劉給事集五卷

宋劉安上（1069～1128）撰。安上字元禮，永嘉（今浙江溫州）人。紹聖四年（1097）進士丙科。由錢塘尉歷擢殿中侍御史，疏劾蔡京，不報，復與石公弼等廷論之，坐是浮沉外郡者十六年。晚知舒州，乞祠，得提舉鴻慶宮。靖康元年（1127）致仕，建炎二年（1128）卒於家。

據薛嘉言作安上行狀〔一〕，稱其有詩五百首，制誥、雜文三十卷，篇帙頗富。然焦竑《國史經籍志》載《劉安上集》實止五卷，與此本相合。蓋兵毀之餘，後人掇拾而成，非其原本矣。《宋史·藝文志》作四卷，則當由刊本舛訛，以五為四耳。自明以來，流傳甚鮮。朱彝尊自潁州（今安徽阜陽）劉體仁家借抄，僅得其半，後得福州林佶抄本，始足成之。〔二〕

其詩醞釀未深，而格意在中晚唐間，頗見風致，文筆亦修潔自好，無粗獷拉雜之習。蓋不惟風節足重，即文章亦不在元祐諸人後矣。（《四庫全書總目》卷一百五十五）

【注釋】

〔一〕【行狀】公為文典重有法，尤工五言，晚更平淡，渾然天成，無斧斤跡。有詩五百篇，制誥雜文三十卷，藏於家。卜居南郭，治第築圃，盡湖山勝概……

故識者論公平生出處，以方唐太傅白公。至其夷曠淡泊，無聲色之娛，文詞雅正，不為纖豔浮華之語，則又未可以優劣論也。(《給事集》附錄)

〔二〕【版本】潘猛補對此書的版本有所綜述，詳見《溫州經籍志》第818頁。

102. 洪龜父集二卷

宋洪朋撰。龜父，朋字也，南昌人，黃庭堅之甥。兩舉進士不第，年僅三十八而卒，故事蹟不傳。

然其詩則最為當代所推重。《豫章續志》載黃庭堅之言曰：「龜父筆力扛鼎，他日不患無文章垂世。」及其沒也，同郡黃君著裒其詩百篇為集，庭堅在宜州見其本，又稱為篇篇可傳。呂本中作《江西宗派圖》，所列凡二十五人，首陳師道，次潘大臨，次謝逸，次即及朋。《紫微詩話》又盛推其《寫韻軒》詩。王直方《詩話》亦稱其「一朝厭蝸角，萬里騎鵬背」句〔一〕。劉克莊《後村詩話》復稱其《遊梅仙觀》詩能以直節期乃弟，且稱：「龜父警句往往為前人所未道，惜不多見(云云)。」〔二〕則朋雖終於布衣，其名在宋代且居三洪上矣。

陳振孫《書錄解題》，載有朋集一卷，久無傳本，故厲鶚作《宋詩紀事》，僅從《宋文鑒》《聲畫集》諸書摭得遺詩數篇，即《江湖小集》所載，亦未為完備。

今採掇《永樂大典》，分體排比，釐為上、下二卷，雖王直方、劉克莊所稱諸名句，今悉不見全篇，未免尚有佚脫，然核黃氏所編僅一百首，今乃得一百七十八首，陳氏所載僅一卷，今乃溢為二卷，疑《永樂大典》所據之本，別經後人輟輯，續有所增，約略大凡，其所闕誎亦無幾矣。(《四庫全書總目》卷一百五十五)

【注釋】

〔一〕【史源】宋阮閱《詩話總龜》卷九引《王直方詩話》。

〔二〕【史源】《後村集》卷二十四。

103. 宗忠簡集八卷〔一〕

宋宗澤(1060～1128)撰。澤事蹟具《宋史》本傳。

是編自一卷至六卷皆札子、狀疏、詩文、雜體，七卷、八卷為遺事、附錄，皆後人紀澤事實及誥敕、銘記之類也。澤孤忠耿耿，精貫三光，其奏札規畫時勢，詳明懇切。當時狃於和議，不用其言，亦竟無收拾其文者。至寧宗嘉定間，四明樓昉乃綴輯散佚以成是集。陳振孫《書錄解題》竟不著錄，是宋末已不甚行。蓋理宗以後，天下趨朝廷風旨，道學日興，談心性者謂之真儒，講事功者謂之雜霸。人情所競，在彼而不在此。其沈晦不彰，固其所也。

明崇禎間熊人霖始據舊本重刻，國朝義烏縣知縣王庭曾又重為編定，增入《諫止割地》一疏，而以樓昉原序及明初方孝儒序弁於篇首〔二〕。考史稱澤力請高宗還汴，疏凡二十八上，本傳不盡錄其文。今集中所載僅十八篇，猶佚其十〔三〕，則其散亡已多矣。（《四庫全書總目》卷一百五十六）

【注釋】

〔一〕【書名】宗澤謚忠簡，故以名集。

〔二〕【史源】見四庫本卷首。

〔三〕【考證】集中所載共二十四疏，不見另有佚疏。（李裕民《四庫提要訂誤》第379頁）

104. 梁溪集一百八十卷附錄六卷

宋李綱〔一〕（1083～1140）撰。綱有《建炎時政記》，已著錄。

是集首載宋少保觀文殿大學士陳俊卿序〔二〕，謂綱少子秀之裒集其表章奏札八十卷，而詩文不與焉。晁公武《讀書志》則作一百五十卷，陳振孫《書錄解題》則作一百二十卷，蓋後人續以詩文合編，互有分併，已非復秀之之舊本。此本賦四卷，詩二十八卷，雜文一百三十八卷，而以《靖康傳信錄》三卷、《建炎進退志》四卷、《建炎時政記》三卷俱編入集中。又以年譜、行狀之類六卷附焉，與晁、陳二家所錄均為不合，又非宋本之舊矣。

綱人品、經濟炳然史冊，固不待言。即以其詩文而言，亦雄深雅健，磊落光明，非尋常文士所及。徒以喜談佛理，故南宋諸儒不肯稱之。然如顏真卿精忠勁節，與日月爭光，因不能以書西京《多寶塔碑》，作撫州《麻姑壇記》，遂減其文章之價也。

集中有《補宋璟梅花賦》，自序謂璟賦已佚，擬而作之，其文甚明。元劉塤《隱居通議》所載璟賦二篇，皆屬偽本〔三〕。明田藝衡《留青日札》乃稱得元鮮于樞手書璟賦，急錄傳之，樞之真蹟旋毀。覈其文句，大抵點竄綱賦，十同七八，其為依託顯然。然亦見綱之賦格，置於唐人之中可以亂真矣。（《四庫全書總目》卷一百五十六）

【注釋】

〔一〕【李綱】字伯紀，號梁溪。邵武（今屬福建）人。事蹟具《宋史》本傳。

〔二〕【史源】見四庫本卷首。

〔三〕【史源】《隱居通議》卷五：「唐丞相廣平文貞公宋璟作《梅花賦》，昔人謂廣平鐵石心腸，乃能宛轉作此賦。昔嘗讀之矣，近又復見一賦，豈後人倣之乎？俱錄於後，以俟識者考焉。」今按，宋璟所作《梅花賦》，南北宋之際即已亡佚，今傳之賦乃後人偽作。

105. 浮溪集三十六卷〔一〕

宋汪藻（1079～1154）撰。藻字彥章，饒州德興（今江西上饒市）人。登崇寧二年（1103）進士。歷官顯謨閣大學士、左太中大夫，新安郡侯。事蹟具《宋史・文苑傳》。

藻學問博贍，為南渡後詞臣冠冕。其集見於晁公武《讀書志》者僅十卷，陳振孫《書錄解題》始載有《浮溪集》六十卷，而趙希弁《讀書後志》，又增《猥稿外集》一卷，《龍溪文集》六十卷，共一百二十一卷，《宋史・藝文志》並著於錄。然趙汸跋《羅願小集》，謂浮溪之文，再更變故，失傳頗多。則明初已非完帙，其後遂亡佚不存。後有胡堯臣者，別得《浮溪文粹》十五卷刊行於世，而其原集終不復可見。今檢勘《永樂大典》所載，視《文粹》所收不啻倍蓰。雖未必盡符原數，而什可得其六七。

統觀所作，大抵以儷語為最工。其代言之文，如《隆祐太后手書》《建炎德音》諸篇，皆明白洞達，曲當情事，詔令所被，無不淒憤激發，天下傳誦，以比陸贄。說者謂其著作得體，足以感動人心，實為詞令之極則。其他文亦多深醇雅健，追配古人。其詩則得於徐俯，俯得之其舅黃庭堅（見《獨醒雜志》），尤具有淵源。孫覿作藻墓誌，以大手筆推之〔二〕，殆非溢美。惟楊萬里《誠齋詩話》〔三〕紀藻與李綱不送，其草綱罷相制詞，至比之歡兜、少正卯，頗為清議所譏〔四〕。是又名節、心術之事，與文章之工拙別為一論者矣。

謹採綴編次，依類分排，其有《永樂大典》所失載者，即以《文粹》參校補正，考辨異同，釐為三十六卷，庶操觚之士，尚得以考見其大略焉。（《四庫全書總目》卷一百五十六）

【注釋】

〔一〕【考證】庫書僅三十二卷。館臣可能首先釐為三十六卷，後又因故刪去四卷。

〔二〕【孫覿所作藻墓誌】見《浮溪文粹·附錄》。孫覿《浮溪集序》曰：天下有能事，而文章為難工。由漢迄唐，千有餘歲，一時大手筆作為文章，閎麗精深，傑然視天下而自立於不朽者，蓋幾人而已。杜子美詩格力自大，雄跨百代，為古今詩人之冠，至他文輒不工。荀卿所謂「藝之至者不兩能」，信矣。夫道喪文敝，作者眾矣，詞句儇淺，益不逮前。其間心競力取，馳騁上下，欲一蹙以造古人之域，而擇之不精，守之不固，殉名而媮，習鄙而陋，固不足與於斯文。左太沖積十年之勤，僅成一賦，劉伯倫以一《酒德頌》終其身。而一能之善，一語之工，亦遂列於作者之林而名後世。今汪公之文，所謂「閎麗精深，傑然視天下」者也。公平生無所嗜好，至讀古聖賢之書，屬為詞章……文從字順，體質渾然，不見刻畫，如金鐘大鏞，叩之輒應，愈叩而愈無窮，何其盛也！公在館閣時，方以文章為公卿大臣所推重。每一篇出，余獨指其妙處，公亦喜為余出也。後十五年，公以儒先宿學當大典冊，秉太史筆，為天子視草，始大發於文，深醇雅健，追配古作，學士大夫傳誦，自海隅萬里之遠，莫不家有其書。所謂常、楊、燕、許諸人皆莫及也。

〔三〕【誠齋詩話】宋楊萬里撰。此編題曰「詩話」，而論文之語乃多於詩，又頗及諧謔雜事。蓋宋人所著往往如斯，不但萬里也。萬里本以詩名，故所論往往中理。(《四庫全書總目》卷一九五)

〔四〕【史源】李綱罷相被謫，汪彥章行詞云：「朋奸罔上，有虞必去於驩兜。欺世盜名，孔子首誅於正卯。」又云：「專殺尚威，傷列聖好生之德。信讒喜佞，為一時群小之宗。」客有問彥章者曰：「內翰頃有啟賀伯紀拜相云：『孤忠貫日，正二儀傾側之中。凜氣橫秋，揮萬騎笑談之頃。』又云：『士訟公冤，咸舉幡而集闕。下君從民，望令免胄以見。』國人與今謫詞一何反也？」彥章曰：「某此啟，自直一翰林學士，渠不我用，故以後詞報之。」(《誠齋詩話》)

106. 浮溪文粹十五卷

宋汪藻（1079～1154）撰。

明胡堯臣刊，其為何人所編錄，則原本不載，他書亦未言及，不可得而復考矣〔一〕。所載僅詩文八十五篇，未能盡窺全豹。然如洪邁所稱《元祐太后手書》中「漢家之厄十世，宜光武之中興；獻公之子九人，惟重耳之尚在」數語，又《宋齊愈責詞》中「義重於生，雖匹夫不可奪志；士失其守，或一言幾於喪邦」數語，又《張邦昌責詞》中「雖天奪其衷，坐愚如此，然君異於器，代匱可乎」數語，皆當時所謂四六名篇膾炙人口者。今並在其中，則採綴菁華，亦已略具，其去取尚有別裁。故所錄大半精腴，頗足以資諷誦。

昔歐陽修有《文忠全集》，而又有《歐陽文粹》，黃庭堅有《山谷全集》，而又有《山谷精華錄》〔二〕，談藝家俱兩存不廢。今亦用其例，與新編《浮溪集》並著於錄，以備參訂焉。（《四庫全書總目》卷一百五十六）

【注釋】

〔一〕【編者】施懿超《汪藻文集及其四六文存佚》一文認為，應為明初趙汸（字子常）。汪瓊璣《浮溪遺集述事》云：「洪武初，廣徵獻籍，而公集之存者十不得五。子常趙先生訪公遺裔，搜求家乘，得文若干，擇其有裨國是者，約為一十五卷，題曰《文粹》。」今按，此文撰於明正德四年（1509）。《四庫全書總目》誤以為出書由胡堯臣刊，實則胡氏不過重新刊印者，原刊者為馬金。（《文獻》2006年第2期）

〔二〕【史源】王士禛《居易錄》卷三十：「宋任淵撰《山谷精華錄》八卷，詩賦銘贊六卷，雜文二卷，宋槧本也。有章邱李中麓太常開先圖書印記……惜錄中取捨未愜人意耳。」

107. 石林居士建康集八卷〔一〕

宋葉夢得（1077～1148）撰。夢得有《春秋傳》，已著錄。

陳振孫《書錄解題》載夢得《總集》一百卷、《審是集》八卷，今俱不傳。又載《建康集》十卷，乃紹興八年（1138）再鎮建康時作所著。此本八卷，與振孫所記不合。然末有其孫韐題跋〔二〕，亦云八卷。其或《書錄解題》屢經傳寫，誤以八為十卷，抑或舊本殘闕，亡其二卷，後人追改韐跋以偽稱完帙，則均不可考矣。

夢得為蔡京門客、章惇姻家，當過江以後，公論大明，不敢復噓紹述之焰，而所著《詩話》，尚尊熙寧而抑元祐，往往於言引見之。方回《瀛奎律髓》於其《送嚴婿北使》一詩論之頗詳〔三〕。然夢得本晁氏之甥，猶及見張耒諸人，耳擩目染，終有典型。故文章高雅，**猶存北宋之遺風。南渡以後，與陳與義可以肩隨，尤、楊、范、陸諸人皆莫能及。**固未可以其紹聖餘黨，遂掩其詞藻也。（《四庫全書總目》卷一百五十六）

【注釋】

〔一〕【著錄】庫書題作《建康集》，卷首提要同。

〔二〕【葉輅跋】先君大卿手編《建康集》八卷，乃大父左丞紹興八年再鎮建康時所作詩文也。別有《總集》一百卷，昨已刻於吳興里舍。侄凱任總司酒官來索此本，欲置諸郡庠，並以年譜一卷授之，庶廣其傳云。

〔三〕【史源】方回《瀛奎律髓》卷二十四：「石林葉夢得少蘊，以妙年出蔡京之門。靖康初守南京，當罷廢，胡文定公安國以其才奏，謂不當因蔡氏而棄之，實有文學，詩似半山。然《石林詩話》專主半山，而陰抑蘇、黃，非正論也。南渡後位執政，帥金陵，卜居霅川，福壽全備，此詩「楛矢石砮醫閭析木」一聯佳，取之秦檜之和，雖萬世之下，知其非是。後四句含糊說過，無一毫忠義感慨之意，則猶是黨蔡尊舒，紹述之徒常態也。」今按，余嘉錫云：「方回之論，不過如此，未嘗言其《石林詩話》著於何時也。《提要》推廣回說，遂謂過江以後始著《詩話》，不知何所據而云然。」(《四庫提要辯證》第 1432 ～1424 頁)

108. 簡齋集十六卷

宋陳與義〔一〕(1090～1139) 撰。義字去非，洛陽人，簡齋其號也。登政和三年 (1113) 上舍甲科。紹興中官至參知政事。事蹟具《宋史》本傳。

是集第一卷為賦及雜文九篇，第十六卷為詩餘十八首〔二〕，中十四卷皆古今體詩。方回《瀛奎律髓》稱《簡齋集》中無全首雪詩，惟以《金潭道中》一首有「後嶺雪槎椏」句編入雪類〔三〕。今考集中古體、絕句並有雪詩，與回所言不合。蓋回所選錄惟五、七言近體，故但就近體言之，非後人有所竄入也〔四〕。

與義之生，視元祐諸人稍晚，故呂本中《江西宗派圖》中不列其名。然靖康以後，北宋詩人凋零殆盡，惟與義為文章宿老，巋然獨存。其詩雖源出豫章，而天分絕高，工於變化，風格遒上，思力沉摯，能卓然自闢蹊徑。〔五〕《瀛奎律髓》以杜甫為一祖，以黃庭堅、陳師道及與義為三宗，是固一家門戶之論。然就江西派中言之，則庭堅之下、師道之上，實高置一席無愧也。初，與義嘗作《墨梅詩》見知於徽宗，其後又以「客子光陰詩卷裏，杏花消息雨聲中」句為高宗所賞，遂馴至執政〔六〕，在南渡詩人之中最為顯達，然皆非其傑構。至於湖南流落之餘，汴京板蕩以後，感時撫事，慷慨激越，寄託遙深，乃往往突過古人。故劉克莊《後村詩話》謂其造次不忘憂愛，以簡嚴掃繁縟，以雄渾代尖巧，第其品格，當在諸家之上〔七〕。其表侄張嵲為作墓誌云：「公詩體物寓興，清邃超特，紆餘閎肆，高舉橫厲。」〔八〕亦可謂善於形容。至以陶、謝、韋、柳擬之，則殆不類，不及克莊所論為得其真矣。〔九〕（《四庫全書總目》卷一百五十六）

【注釋】

〔一〕【作者研究】白敦仁撰《陳與義年譜》（中華書局 1983 年版），楊玉華撰《陳與義陳師道研究》（巴蜀書社 2006 年版）。

〔二〕【詩餘】此十八首詞即《無住詞》。司馬按，《四庫全書》內重出現象比較突出，此為一例。

〔三〕【史源】《瀛奎律髓》卷二十一。今按此說誤。陳詩編入《瀛奎律髓》卷二十一「雪類」，不止《金潭道中》一首，尚另有《年華》也。方回評云：「陳簡齋無專題雪詩，此二首一云『春生殘雪外』，一云『後嶺雪槎牙』，皆於雪如畫，佳句也。且詩律絕高，特取諸此，以備玩味。」「春生」句見《年華》。（此處參考王培軍之說）

〔四〕【考證】方回說亦不確。檢《簡齋集》卷十二有《又用韻春雪》一首，即是七律，不得云無近體雪詩。方回之誤，日人筧文生、野村鮎子《四庫提要南宋五十家研究》已指出。

〔五〕【簡齋集原引】朱熹云：「詩至老杜極矣，東坡蘇公、山谷黃公奮乎數世之下，復出力振之，而詩之正統不墜。然東坡賦才也，大故解縱，繩墨之外，而用之不窮。山谷措意也深，故游泳玩味之餘，而索之益遠。大抵同出老杜，而自成一家。如李廣、程不識之治軍，龍伯高、杜季良之行，已不可一概語也。近世詩家知尊杜矣，至學蘇者乃指黃為強，而附黃者亦謂蘇為肆，要必識蘇、黃之所不為，然後可以涉老杜之涯涘，此簡齋陳公之說云爾。」

〔六〕【史源】《瀛奎律髓》卷二十三陳與義《山中》後方回批云：「自黃、陳紹老杜之後，惟去非與呂居仁，亦登老杜之壇。居仁主活法，而去非格調高勝氣舉一世莫之能及。初以《墨梅》詩見知於徽廟；『客子光陰詩卷裏，杏花消息雨聲中』，大為高廟所賞。欲學老杜，非參簡齋不可。」

〔七〕【史源】《後村詩話》卷二：「元祐後，詩人迭起，一種則波瀾富而句律疏，一種則鍛鍊精而性情遠，要之不出蘇、黃二體而已。及簡齋出，始以老杜為師，《墨梅》之類，尚是少作。建炎以後，避地湖嶠，行路萬里，詩益奇壯。《元日》云：『後飲屠蘇驚已老，長乘舴艋竟安歸。』《除夕》云：『多事鬢毛隨節換，盡情燈火向人明。』《記宣靖事》云：『東南鬼火成何事，終待神鋒作爭臣。』謂方臘不能為患，直待金人耳。《岳陽樓》云：『登臨吳蜀橫分地，徙倚湖山欲暮時。』又云：『乾坤萬事集雙鬢，臣子一謫今五年。』《聞德音》云：『自古安危關政事，隨時憂喜到樵漁。』五言云：『泊舟華容縣，湖水終夜明。淒然不能寐，左右菰蒲聲。窮途事多違，勝處心亦驚。三更螢火鬧，萬里天河橫。腐儒憂平世，況復值甲兵。終然無寸策，白髮滿頭生。』造次不忘憂愛，以簡嚴掃繁縟，以雄渾代尖巧，第其品格，故當在諸家之上。」

〔八〕【史源】《後村詩話》卷四：「陳簡齋墓誌，張巨山筆也，稱公詩『體物寓興，清邃超特，紆餘閎肆，高舉橫厲，上下陶、謝、韋、柳之間。』張語云云，見張嵲《紫微集》卷三十五《陳公資政墓誌銘》。

〔九〕【版本與研究】沈曾植《海日樓題跋．孟冬野詩集跋》云：「劉須溪所評唐、宋人集，大都舊本。近校出《陳簡齋集》，勝四庫官書遠甚。」（第 350 頁）《影元本簡齋詩集跋》云：「宋人詩集，編年者多。其以五七言分編者，大都出明人之手。四庫本已經羼亂，賴此舊抄，猶存簡齋本來面目耳。」（第 358 頁）白敦仁撰《陳與義集校箋》（上海古籍出版社 1990 年版），吳淑鈿撰《陳與義詩歌研究》（臺北文津出版社 1993 年版）。

109. 鴻慶居士集四十二卷

宋孫覿（1081～1169）撰。覿字仲益，晉陵（今江蘇常州）人。徽宗末，蔡攸薦為侍御史。靖康初，蔡氏勢敗，乃率御史極劾之。金人圍汴，李綱罷御營使，太學生伏闕請留，覿復劾綱要君，又言諸生將再伏闕。朝廷以其言不實，斥守和州（今安徽和縣）。既而綱去國，復召覿為御史。專附和議，進至翰林學士。汴都破後，覿受金人女樂，為欽宗草表上金主，極意獻媚。建炎初，貶峽州（今湖北宜昌），再謫嶺外。黃潛善、汪伯彥復引之，使掌誥命。後又以贓罪斥提舉鴻慶宮（1132），故其文稱《鴻慶居士集》。孝宗時，洪邁修《國史》，謂靖康時人獨覿在，請詔下覿，使書所見聞靖康時事上之。覿遂於所不快者如李綱等，率加誣辭。邁遽信之，載於《欽宗實錄》。其後朱子與人言及，每以為恨，謂「小人不可使執筆」〔一〕。故陳振孫《書錄解題》曰：「覿生於元豐辛酉（1081），卒於乾道己丑（1169），年八十九，可謂耆宿矣，而其生平出處則至不足道。」〔二〕岳珂《桯史》亦曰：「孫仲益《鴻慶集》大半誌銘，蓋諛墓之常，不足詫。獨《武功大夫李公碑》，乃儼然一瑺耳。亟稱其高風絕識，自以不獲見之為大恨。言必稱公，殊不為怍。」〔三〕趙與時《賓退錄》復摘其作莫開墓誌極論屈體求金之是、倡言復仇之非，又摘其作韓忠武墓誌極詆岳飛，作万俟卨墓誌極表其殺飛一事，為顛倒悖謬〔四〕。則覿之怙惡之不悛，當時已人人鄙之矣。

然覿所為詩文頗工，尤長於四六，於汪藻、洪邁、周必大聲價相埒。必大為作集序〔五〕，稱其名章雋句，晚而愈精，亦所謂「**孔雀雖有毒，不能掩文章**」也。流傳藝苑已數百年，今亦姑錄存之，而具列其穢跡於右。一以節取其詞華，一以見立身一敗，詬辱千秋，清詞麗句，轉有求其磨滅而不得者，亦足為文士之炯戒焉。（《四庫全書總目》卷一百五十七）

【注釋】

〔一〕【史源】《宋史》卷三百七十三。

〔二〕【史源】《直齋書錄解題》卷十八。今按，錢大昕《潛研堂文集》卷三十一《跋孫尚書大全集》言其本末甚詳。（《嘉定錢大昕全集》第玖冊第 527 頁）

〔三〕【史源】《桯史》卷六「鴻慶銘墓」條：「孫仲益覿《鴻慶集》大半銘誌，一時文名獵獵起四方，爭輦金帛，請日至不暇給。今集中多云云，蓋諛墓之常，不足詫。獨有武功大夫李公碑列其間，乃儼然一瑺耳。亟稱其高風絕識，自以不獲見之為大恨，言必稱公，殊不怍於宋用臣之論諡也。其銘曰：『靖共一德，歷踐四朝。如砥柱立，不震不搖。』亦太侈云。余在故府時，有同朝士為某人作行狀，言者摘其事，以為士大夫之不忍為，即日罷去，事頗相類仲益。蓋幸而不及於議也。」

〔四〕【史源】《賓退錄》卷十：「禮曰：『銘者，自名也，自名以稱揚其先祖之美，而明著之後世者也。為先祖者，莫不有美焉，莫不有惡焉，銘之義，稱美而不稱惡，此孝子孝孫之心也。唯賢者能之。』又曰：『其先祖無美而稱之，是誣也；有善而弗知，不明也；知而弗傳，不仁也。此三者，君子之所恥也。』碑誌行狀之法具於是矣。若無美而必欲諛墓，有惡而飾以為美，卑官下士猶足以誑不知之人，仕稍通顯，則其善惡已著於人之耳目，何可誣也？莫儔靖康末所為，雖三尺童子，亦恨不誅之，而孫仲益尚書志其墓，顧謂『靖康之變，臺諫爭請和戎，皆斥廢不用，而二三狂生抗首大言，乘險徼幸試之，一擲卒至誤國。高宗狩維揚，移蹕臨安，國步阽危至此極矣，而進取之士終以和戎為諱，此翰林莫公所以投閒置散，至於老死不用』。斯言也不幾於欺天乎！及作《韓忠武志》，則又以岳武穆為跋扈，而與范瓊同稱，善惡復混淆矣。岳之禍，承權臣風旨，而誣以不臣者，万俟忠靖、羅彥濟汝楫也。洪文惠誌羅墓，不書此事，正得稱美不稱惡之義，而仲益誌万俟，則顯書之，何哉？」

〔五〕【史源】見四庫本卷首。

110. 岳武穆遺文一卷〔一〕

宋岳飛〔二〕（1103～1142）撰。飛事蹟具《宋史》本傳。

陳振孫《書錄解題》載《岳武穆集》十卷，今已不傳。此《遺文》一卷，乃明徐階所編。凡上書一篇，札十六篇，奏二篇，狀二篇，表一篇，檄一篇，跋一篇，盟文一篇，題識三篇，詩四篇，詞二篇〔三〕。其辭鎮南軍〔四〕承宣使僅有第三奏，辭開府僅有第四札，辭男雲轉官僅有第二札，辭男雲特轉恩命僅有第四札，辭少保僅有第三札、第五札，乞敘立五次翁下僅有第二札，乞解樞柄僅有第三札，辭附兩鎮僅有三札，則其佚篇蓋不可殫數。史稱万俟卨白秦檜，簿錄飛家，取當時御札藏之以滅跡，則奏議文字同遭毀棄，固勢有所必然矣。然宋高宗御聖賢像贊，刻石太學，秦檜作記勒於後，明宣德中吳訥乃磨而去之。飛之零章斷句，後人乃掇拾於蠹蝕灰燼之餘，是非之公，千古不泯，固不以篇什之多少論矣。

階所編本附錄《嶽廟集》後，前冠以後人詩文四卷，已為倒置。其中明人惡札，如提學僉事蔡兗詩曰：「千古人來笑會之，會之卻恐笑今時。若教似我當鈞軸，未必相知岳少師。」尤為頂上之穢。今並芟除，而獨以飛遺文著錄集部，用示聖朝表章之義焉。（《四庫全書總目》卷一百五十八）

【注釋】

〔一〕【書名】岳飛以「莫須有」罪名被殺害，後追謚武穆，故以名其遺文集。今按，余嘉錫云：「四庫館臣不知飛集尚在，乃以階所編本著錄，可謂棄周鼎而寶康瓠矣。」（《四庫提要辯證》第1447～1453頁）

〔二〕【岳飛】字鵬舉。抗金名將。詳見鄧廣銘《岳飛傳》（三聯書店2007年版）。

〔三〕【滿江紅】怒髮衝冠，憑欄處，瀟瀟雨歇。抬望眼，仰天長嘯，壯懷激烈。三十功名塵與土，八千里路雲和月。莫等閒，白了少年頭，空悲切。靖康恥，猶未雪，臣子恨，何時滅？駕長車踏破賀蘭山缺。壯志肯忘飛食肉，笑談欲灑盈腔血。待從頭，收拾舊山河，朝天闕。

司馬按，「壯志肯忘飛食肉，笑談欲灑盈腔血」二句，乃四庫館臣所恣意竄改。通行本作「壯志饑餐胡虜肉，笑談渴飲匈奴血」。滿清忌諱「胡虜」「匈奴」字樣，故竄亂原文。四庫館中受文字獄之影響，此為最佳之例。

又按，《滿江紅》一詞是否為岳飛所作，學術界至今尚存在爭議。夏承燾先生《岳飛滿江紅詞考辨》一文認為是明人王越偽作。張政烺先生認為：「《滿江紅》詞從命意和風格看可能是桑悅的作品。」鄧廣明先生認為不偽，見其《再論岳飛的滿江紅詞不是偽作》。（詳見王曾瑜《岳飛滿江紅詞真偽之爭辨及其繫年》一文，載《文史知識》2007 年第 1 期）

〔四〕【鎮南軍】唐方鎮名。治洪州（今江西南昌）。

111. 茶山集八卷

宋曾幾（1084～1166）撰。幾字甫吉。贛縣（今屬江西）人，徙居河南（今河南洛陽）。以兄弼恤恩授將仕郎，試吏部優等，賜上舍出身，歷校書郎。高宗朝歷官江西、浙西提刑，忤秦檜去位（1138）。僑寓上饒茶山寺，自號茶山居士。檜死，召為秘書少監，權禮部侍郎，提舉玉隆觀，致仕，卒謚文清。

陸游為作墓誌云：「公治經學道之餘，發於文章，而詩尤工，以杜甫、庭堅為宗。」〔一〕魏慶之《詩人玉屑》則云：「茶山之學，出於韓子蒼。」〔二〕其說小異。然韓駒雖蘇氏之徒，而名列江西詩派中，其格法實近於黃，殊塗同歸，實亦一而已矣。**後幾之學，傳於陸游，加以研練，面目略殊，遂為南渡之大宗**。《詩人玉屑》載趙庚夫《題茶山集》曰：「清於月白初三夜，淡似湯烹第一泉。咄咄逼人門弟子，劍南已見一燈傳。」〔三〕其句律淵源，固灼然可考也。又遊跋幾奏議稿曰：「紹興末，先生居會稽禹跡精舍。某自敕局歸，無三日不進見，見必聞憂國之言。先生年過七十，聚族百口，未嘗以為憂，憂國而已。」〔四〕據此則幾之一飯不忘君，殆與杜甫之忠愛。等故發之文章，具有根柢，不當僅以詩人目之，求諸字句間矣。

墓誌稱有文集三十卷、《易釋象》五卷。《易釋象》已不傳，文集則《書錄解題》及《宋史・藝文志》均作十五卷，是當時已佚其半。自明以來，並十五卷亦佚，僅僅散見各書，偶存一二。

茲從《永樂大典》中搜採編輯，勒為八卷，凡得古、今體五百五十八首。雖不足盡幾之長，然較劉克莊《後村詩話》所記九百一十篇之數〔五〕，所佚者不過三百五十二篇耳。殘膏剩馥，要足沾匄無窮也。（《四庫全書總目》卷一百五十八）

【注釋】

〔一〕【曾文清公墓誌銘】公諱幾，字吉父，其先贛人，徙河南之河南縣……公貫通「六經」，尤長於《易》《論語》，夙興，正衣冠，讀《論語》一篇，迨老不廢。孝悌忠信，剛毅質直，篤於為義，勇於疾惡，是是非非，終身不假人以色詞……胡安國推明子思、孟子不傳之絕學，後數年，時相倡程氏學。凡名其學者，不歷歲，取通顯，後學至或矯託干進。公源委實自程氏，顧深閉遠引，務自晦匿，及時相去位，為程氏學者益少，而公獨以誠敬倡導學者，吳、越之間，翕然師尊，然後士皆以公篤學力行，不嘩世取寵為法。公治經學道之餘，發於文章，雅正純粹，而詩尤工，以杜甫、黃庭堅為宗。推而上之，由黃初、建安，以極於《離騷》、雅、頌、虞、夏之際。初與端明殿學士徐俯、中書舍人韓駒、呂本中游。諸公繼沒，公巋然獨存。道學既為儒者宗，而詩益高，遂擅天下。有文集三十卷、《易釋象》五卷，他論著未詮次者尚數十卷。某從公十餘年，公稱其文辭有古作者餘風，及疾革之日，猶作書遺某，若永訣者，投筆而逝。（陸游《渭南文集》卷三十二）

司馬按，《總目》僅節引後半段，而諱言其為程氏學。

〔二〕【史源】《詩人玉屑》卷十九。

〔三〕【史源】《詩人玉屑》卷十九：「陸放翁詩，本於茶山，故趙仲白題曾文清公詩集云：『清於月出初三夜，澹似湯烹第一泉。咄咄逼人門弟子，劍南已見一燈傳。』劍南謂放翁也。然茶山之學亦出於韓子蒼，三家句律，大概相似，至放翁則加豪矣。」

〔四〕【史源】陸游《渭南文集》卷三十《跋曾文清公奏議稿》：「紹興末，賊亮人塞，時茶山先生居會稽禹跡精舍，某自敕局罷歸，略無三日不邈覓涖必聞憂國之言。先生時年過七十，聚族百口，未嘗以為憂，憂國而已。」

〔五〕【史源】《後村詩話》卷八：「《茶山詩》十五卷，九百一十篇者是也。續刊後集亦十五卷，然中間多泛應漫與者，前輩所作猶自刪其半，今人乃並存而不削，欲其行世，難矣！」

112. 蘆川歸來集五卷附錄一卷

宋張元幹（1091～約1170）撰。元幹字仲宗，自號真隱山人，又曰蘆川老隱。周必大跋其《送胡銓詞》稱「長樂張元幹」，睢陽王濬明跋其《幽巖尊祖錄》則稱「永福張仲宗」，皆宋人之詞，莫詳孰是也。王明清《揮麈錄》主其以作詞送胡銓得罪除名〔一〕。考卷末其孫欽臣跋語稱，得《賀新郎》詞二首真蹟於銓之子，其說當信。然銓貶於紹興戊午（1138），而集中《上張丞相》詩稱「罪放丙午（1126）末，歸來辛亥（1131）初」。又自跋《祭祖母劉氏文》後稱「宣和元年（1119）八月，獲緣職事，道過墓下」，則徽宗時已仕宦，欽宗時已貶謫，但不知嘗為何官耳。元幹及識蘇軾，見所作《蘇黃門帖跋》〔二〕，又從陳瓘遊頗久，見所作《了翁文集序》。其結詩社同唱和者，則洪芻、洪炎、蘇堅、蘇庠、潘淳、呂本中、汪藻、向子諲，見所作《蘇養直詩帖跋》，而江端友、王銍諸人皆有贈答之作，劉安世、游酢、楊時、李綱、朱松〔三〕諸人皆為題《幽嵓尊祖錄》，故其學尊元祐而詆熙寧，詩文亦皆有淵源。

其集今有抄本，稱嘉定己卯（1219）其孫欽臣所録。然跋稱「誦《上陳侍郎詩序》，知掛冠之年甫四十一」，抄本無此篇。又曾季貍〔四〕《艇齋詩話》〔五〕載元幹《題瀟湘圖詩》，抄本亦無此篇。考胡仔《苕溪漁隱叢話》，稱嘗錄元幹之詩一卷，而元幹不自憶，則當時已不自收拾，疑欽臣所錄本有佚失。然近本但有五言律詩一卷，七言律詩一卷，而無古體及絕句，知非完書。又《跋米元暉瀑布軸》《跋蘇養直絕句後》《跋江天暮雨圖》《跋江貫道古松絕句》乃收之題跋類中，亦似後人所竄亂，非其原本。及考《永樂大典》所載，則所佚諸篇，釐然具在。今裒集成帙，與抄本互相勘校，刪其重複，補其殘闕，定為十卷。

元幹詩格頗遒，雜文多禪家疏文、道家青詞，今從芟削。**然其題跋諸篇**〔六〕，**則具有蘇、黃遺意，蓋耳目漸染之故也**。抄本末有《幽巖尊祖錄》一卷，乃記其為祖母外家置祭田事。附以同時諸人題跋，中多元祐名臣之筆〔六〕，亦仍其舊第並附錄焉。（《四庫全書總目》卷一百五十八）

【注釋】

〔一〕**【史源】**《揮麈後錄》卷十。

〔二〕**【考證】**蘇黃門應為蘇轍，而非蘇軾。（李裕民《四庫提要訂誤》第388頁）

〔三〕**【朱松】**（1097～1143），字喬年，號韋齋，徽州婺源（今屬江西）人，朱熹之父。著有《韋齋集》。舊題洪邁撰《野處類稿》，實為《韋齋集》之前二卷。詳見拙文《野處類稿真偽考》。

〔四〕**【曾季貍】**字裘父，號艇齋，南豐人。舉進士不第，師事韓駒、呂本中。有詩名，其詩近江西派。著有《論語訓解》《艇齋雜著》《艇齋詩話》。

〔五〕**【艇齋詩話】**是書所載，頗類《紫微詩話》，亦以關於江西詩人之遺聞軼事為多，為研究江西派者不可不重視之。（《宋詩話考》第91頁）

〔六〕【史源】《蘆川歸來集》卷九。

〔七〕【諸人題跋】即《宣政間名賢題跋》，內有洪芻、陳瓘、游酢、呂本中等人。

113. 澹庵文集六卷〔一〕

宋胡銓（1102～1180）撰。銓字邦衡，廬陵（今江西吉安）人。建炎二年（1128）進士甲科。紹興五年（1135）以薦除樞密院編修官。抗疏詆和議〔二〕，謫吉陽軍。孝宗即位，特召還擢用，歷官權中書舍人兼國子祭酒，權兵部侍郎，以資政殿學士致仕，卒謚忠簡。事蹟具《宋史》本傳。

銓師蕭楚，明於《春秋》，故集中嘉言讜論多本《春秋》義例，於南渡大政多所補救。史但稱其高宗時請誅秦檜。今考集中《論撰賀金國啟》一篇，則於孝宗朝召還以後，更嘗請誅湯思退。又《孝宗本紀》:「隆興元年（1163）三月，金以書來索四州，未報。八月，又齎書兩省。」今考集中《玉音問答》一篇，知答金人書孝宗已與銓定於五月三日，遲至八月未遣，必湯思退有以持之。當時情勢，可以考見。史文疏漏，賴此集尚存其崖略也。本傳稱銓集凡百卷，今所存者僅文五卷、詩一卷，蓋得之散佚之餘。然《書錄解題》載銓集七十八卷，《宋志》載銓集七十卷，則在當時已非百卷之舊矣。〔三〕

羅大經《鶴林玉露》曰:「胡澹庵十年貶海外，北歸，飲於湘潭胡氏園，題詩曰:『君恩許歸此一醉，旁有梨頰生微渦。』謂侍妓黎倩也。後朱文公見之，題詩曰:『十年浮海一身輕，歸見梨渦卻有情。世上無如人慾險，幾人到此誤平生（云云）。』」〔四〕今本不載此詩，殆後人因朱子此語諱而刪之。然銓孤忠勁節照映千秋，乃以偶遇歌筵，不能作陳烈逾牆之遁，遂坐以自誤平生，其操之為已蹙矣。平心而論，是固不足以為銓病也。〔五〕（《四庫全書總目》卷一百五十八）

【注釋】

〔一〕【書名】胡銓號澹庵，故以號名其文集。

〔二〕【考證】時在紹興八年（1138）。

〔三〕【考證】據楊萬里序認為，《宋志》是，《傳》及《解題》誤。（胡玉縉《四庫全書總目提要補正》第 1328 頁）

〔四〕【史源】見《鶴林玉露》卷十二。

〔五〕【評論】他在南宋道學家中，時代較早，其論調猶不偏於極端。澹庵論文見解之中心，即在「文非生於有心，而生於不得已」一語。（郭紹虞《中國文學批評史》下卷第 13 頁）

114. 五峰集五卷

宋胡宏（1106～1162）撰。宏有《皇王大紀》，已著錄。

案陳振孫《書錄解題》，其集凡有二本：一本五卷，一本不分卷。此本題其季子大時所編，門人張栻為之敘〔一〕。凡詩一百六首為一卷，書七十八首為一卷，雜文四十四首為一卷，《皇王大紀論》八十餘條為一卷，經義三種為一卷，蓋即所謂五卷之本也。所上高宗封事剴切詳盡，《宋史》已採入本傳。

其《易外傳》皆以史證經，《論語指南》乃取黃祖舜、沈大廉二家之說折衷之，《釋疑孟》則辨司馬光《疑孟》之誤，議論俱極醇。又有與秦檜一書，自乞為嶽麓書院山長。蓋檜與宏父安國交契最深，故力汲引之。宏能蕭然自遠，蟬蛻於權利之外，其書詞婉而意嚴，視其師楊時委曲以就蔡京者，可謂青出於藍而冰寒於水矣。（《四庫全書總目》卷一百五十八）

【注釋】

〔一〕【張栻序】雖然以先生之學而不得大施於時，又不幸僅得中壽，其見於文字間者復止於如此，豈不甚可歎息。至其所志之遠，所造之深，綱領之大，義理之精，後之人亦可以推而得焉。

115. 斐然集三十卷

宋胡寅〔一〕（1098～1156）撰。寅有《讀史管見》，已著錄。

是集端平元年（1234）馮邦佐刻於蜀，樓鑰序之〔二〕。嘉定三年（1210）鄭肇之又刻於湘中，章穎序之〔三〕。《宋史》本傳作三十卷，與此本相合，蓋猶從宋槧繕錄也。寅父子兄弟皆篤信程氏之學，寅尤以氣節著。其晚謫新州，乃右正言章復劾其不持生母服，寅上書於檜自辯，其文今載第十七卷中，大意謂遺棄之子不同於出繼之子，恩義既絕，不更以本生論之。然母子天屬，即不幸遘人倫之變，義無絕理。設有遺棄之子殺其生父母者，使寅司讞，能以凡人論乎？章復之劾，雖出於迎合秦檜，假公以濟其私，而所持之事，則不可謂之無理。寅存此書於集中，所謂欲蓋彌彰也。至於秦檜之罪，罄竹難書，而集中上秦檜第一書第規其不當好佛，其細已甚。

又寅作《崇正辨》三卷，闢佛不遺餘力〔四〕，資善堂崇奉佛像，寅至形之繳奏，載此集十五卷，而三十卷末乃有《慈雲長老開堂疏》《嚴州報恩開堂疏》《光孝長老請疏》《光孝抄題疏》《龍山長老開堂疏》《龍山長老請疏》六篇，尤未免自亂其例。然靖康元年（1126）金人議立張邦昌，寅方為司門員外郎，與張浚、趙鼎均不肯署議狀，邦昌立，遂棄官逃。建炎三年（1129）為起居郎時，詔議移蹕之所，上萬言書力爭，其文今載第十卷中。紹興四年（1130）為中書舍人時，議遣使往雲中，又抗疏力諫，其文今亦載第十卷中，並明白剴切。樓鑰序所謂「引誼以斸上，往往有敵以上所難堪者」，殆非虛語。又上言「近年書命多出詞臣好惡之私，使人主命德討罪之詞，未免玩人喪德之失，乞命辭臣以飾情相悅、含怒相訾為戒」，故集中十二卷至十四卷所載內外諸制，並秉正不阿。史稱所撰諸制詞多誥誡語，亦不誣。至寅之進用，本以張浚，後論兵與濬相左，遂乞郡以去。其父安國與秦檜為契交，檜當國日，眷眷欲相援引，寅兄弟三人並力拒不和其黨，寅更忤之至流竄，其立身亦具有始末者，其文亦何可廢也！〔五〕（《四庫全書總目》卷一百五十八）

【注釋】

〔一〕【胡寅】字明仲，一字仲剛，號致堂，福建崇安人。事蹟具《宋史》本傳。另有《論語詳說》。

〔二〕【斐然集序】長沙吳德夫間為予言：「胡仲剛氏學業、行誼，為世楷則。」出一編書，名《斐然集》，以授予，曰：「其為我廣諸蜀。」予識之弗忘。後守廣漢，將以刻諸梓，未皇然也。厥二十又七年，予歸自南，旋起家渡瀘，敘州馮侯邦佐已刊之，求一言冠篇……因馮侯之請，摘其關於世教者，著於篇。端平元年九月戊申，鶴山魏了翁序。

司馬按，是集端平元年（1234）馮邦佐刻於蜀，而樓鑰卒於 1213 年，不可能為此書作序。《總目》將魏了翁誤作樓鑰，未免張冠李戴。

〔三〕【史源】見四庫本卷首。章穎序云：「天理之明，人心之正，是書其標的也。」

〔四〕【崇正辨序】《崇正辨》何為而作歟？闢佛之邪說也。佛之道，孰不尊而畏之？曷謂之邪也？不親其親，而名異姓為慈父，不君世主，而拜其師為法王，棄其妻子，而以生續為罪垢，是淪三綱也。視父母如怨仇，則無惻隱；滅類毀形而不恥，則無羞惡；取人之財以得為善，則無辭讓；同我者即賢，異我者即不肖，則無是非，是絕四端也。（《斐然集》卷十九）

〔五〕【魏了翁序】至其述《崇正辯》以辟異端，纂《伊洛緒言》以闡正學，著《論語說》以明孔門傳授之心法，《讀史管見》以扶《資治通鑒》數千百家褒貶之實，最後傳諸葛侯世以寓其討賊興漢之心。蓋公自宣、靖、炎、興，四十年間，雖顛沛百罹，而終始一說。所以扶持三綱者，其不謂大有功於斯世矣乎！

116. 文定集二十四卷

宋汪應辰（1119～1176）撰。應辰字聖錫，信州玉山（今屬江西）人。初名洋，紹興五年（1135）登進士第一，高宗為改此名。初授鎮東僉判，後官至敷文閣學士、四川制置使、知成都府。應辰少從喻樗、張九成、呂本中、胡安國諸人遊，又與呂祖謙、張栻相善，於朱子為從表叔。朱子嘗往來商榷，故《孝經刊誤》援應辰之言以為據。應辰授敷文閣待制，亦舉朱子以自代，契分特深。其學問具有淵源。又官秘書省正字時，以上書忤秦檜，困頓州郡者凡十七年。史稱其言無隱，於吳芾〔一〕、王十朋、陳良翰諸人中，最為骨鯁。其立身亦具有本末。

《宋史・藝文志》載其集五十卷，明初已罕流傳。弘治中，程敏政於內閣得其本，以卷帙繁重，不能盡錄，乃摘抄其要，編為廷試策一卷，奏議二卷，內制一卷，雜文八卷。嘉靖間，其鄉人夏濬刻之，又附以遺事、志傳等文凡二卷。今世所行，皆從程本傳錄，不見完帙者已二三百年。

今考《永樂大典》所載，為程本不載者幾十之四五。蓋姚廣孝等所據之本，即敏政所見之內閣本，而敏政取便抄錄，所採太狹，故巨製鴻篇，多所掛漏。謹以浙江所購程本與《永樂大典》互相比較，除其重複，增所未備，勒為二十四卷，較五十卷之舊，業已得其大半，計其精華亦約略具於是矣。〔二〕（《四庫全書總目》卷一百五十八）

【注釋】

〔一〕**【吳芾】**（1104～1183），字明可，號湖山居士，台州（今屬浙江）人。著有《湖山集》。

〔二〕**【考證】**此本有漏輯現象。（李裕民《四庫提要訂誤》第391頁）

117. 于湖集四十卷

宋張孝祥〔一〕（1132～1170）撰。孝祥字安國，歷陽烏江（今安徽和縣）人。紹興二十四年（1154）進士第一。孝宗朝累遷中書舍人，直學士院，領建康留守，尋以荊南湖北路安撫使請祠，進顯謨閣直學士致仕。事蹟具《宋史》本傳。

《書錄解題》載《于湖集》四十卷，此本卷數相合。前有門人謝堯仁及其弟華文閣直學士孝伯序。堯仁序稱，孝祥每作詩文，輒問門人視東坡何如。而堯仁謂其《水東詩》活脫似東坡，然較蘇氏《畫佛入滅》《次韻水官》《韓幹畫馬》〔二〕等數篇，尚有一二分劣。又謂「以先生筆勢，讀書不十年，吞東坡有餘矣」〔三〕。今觀集中諸作，大抵規摹蘇詩，頗具一體，而根柢稍薄，時露竭蹶之狀。堯仁所謂讀書不十年者，隱寓微詞，實定論也。然其縱橫兀傲，亦自不凡，故《桯史》載王阮〔四〕之語，稱其平日氣吐虹霓〔五〕，陳振孫亦稱其天才超逸云〔六〕。〔七〕（《四庫全書總目》卷一百五十八）

【注釋】

〔一〕**【作者研究】**韓酉山撰《張孝祥年譜》（安徽人民出版社 1993 年版）、《張孝祥評傳》（南京大學出版社 1991 年版），黃佩玉撰《張孝祥研究》（香港三聯書店有限公司 1993 年版），宛新彬纂《張孝祥資料彙編》（中華書局 2006 年版），沈光金撰《匣中劍——南宋名臣張孝祥》（安徽文藝出版社 2016 年版）。

〔二〕**【史源】**《畫佛入滅》在《東坡全集》卷一，全題為《記所見開元寺吳道子畫佛滅度以答子由》；《次韻水官詩》在《東坡全集》卷二十七；《東坡全集》卷九十四有《韓幹畫馬歌贊》，作於熙寧十年。

〔三〕**【謝堯仁序】**文章有以天才勝，有以人力勝。出於人者，可勉也；出於天者，不可強也。今觀賈誼、司馬遷、李太白、韓文公、蘇東坡此數人，皆以天才勝，如神龍之夭矯，天馬之奔軼，得躡其蹤而追其駕，惟其才力難局於小用，是以亦時有疏略簡易之處。然善觀其文者，舉其大而遺其細可也。若乃柳子厚專下刻深工夫，黃山谷、陳後山專寓深遠趣味，以至唐末諸詩人雕肝琢肺，求工於一言一字間，在於人力，固可以無恨。而概之前數公縱橫馳騁之才，則又有間矣。（下略）

〔四〕**【王阮】**（？～1208），字南卿。江西德安人。有《義豐集》傳世。

〔五〕**【史源】**《桯史》卷一「王義豐詩」條。

〔六〕**【史源】**《直齋書錄解題》卷十八。

〔七〕**【整理與研究】**宛敏灝撰《張孝祥詞箋校》（黃山書社 2014 年版）。

118. 太倉稊米集七十卷

宋周紫芝〔一〕（1081～1155）撰。紫芝字少隱，宣城人。紹興中登第。歷官樞密院編修官，出知興國軍。自號竹坡居士。

是集樂府詩四十三卷，文二十七卷。前載唐文若、陳天麟及紫芝自序〔二〕。集中《悶題》一首注云：「壬戌（1142）歲始得官，時年六十一。」是紫芝通籍館閣，業已暮年，可以無所干乞。而集中有《時宰生日樂府》四首，又《時宰生日樂府》三首，又《時宰生日樂府》七首，又《時宰生日詩》三十絕句，又《時宰生日五言古詩》六首，皆為秦檜而作。《秦少保生日七言古詩二首》《秦觀文生日七言排律三十韻》，皆為秦熺而作。又《大宋中興頌》一篇，亦歸美於檜，稱為元臣良弼，與張嵲《紹興復古頌》用意相類，殊為老而無恥，貽玷汗青。集中嘗引蘇軾之言，謂古今語未有無對者，琴家謂琴聲能娛俗耳者為「設客曲」，頃時有作送太守詩者，曰：「此『供官詩』，不足觀。」於是設客曲乃始有對。因戲作俳體詩曰：「設客元無琴裏曲，供官尚有選中詩（云云）。」〔三〕是數篇者殆所謂「供官詩」歟？

然其詩在南宋之初特為傑出，無豫章生硬之弊，亦無江湖末派酸餡之習。方回作是集跋，述紫芝言曰：「作詩先嚴格律，然後及句法，得此語於張文潛、李端叔。」〔四〕觀於是論，及證以《紫芝詩話》〔五〕所徵引，知其學問淵源實出元祐〔六〕。故於張耒柯山、龍門右史、譙郡先生諸集汲汲搜羅，如恐不及。葉夢得《石林詩話》所謂寇國寶〔七〕詩自蘇、黃門庭中來，故自不同者也〔八〕。略其人品，取其詞采可矣。（《四庫全書總目》卷一百五十八）

【注釋】

〔一〕【作者研究】任群教授撰《周紫芝研究》（南京師範大學碩士論文，2006 年）、《周紫芝年譜》（世界圖書出版西安有限公司 2014 年版）。

〔二〕【史源】均見四庫本卷首。

〔三〕【史源】《太倉稊米集》卷六十六「書送客詩後」。

〔四〕【陳天麟序】天麟未第時，從竹坡遊。公謂予曰：「作詩先嚴格律，然後及句法。予得此語於張文潛、李端叔，故以告子。」且言：「郭功父徒竊虛稱，在詩家最無法度。」天麟欽佩此語，退而學詩，不敢越尺寸，久而自定。然後知公之善教人。

司馬按，方回跋未收入四庫本。所引之語實出自陳天麟序，並非出於方回跋。

〔五〕【紫芝詩話】即《竹坡詩話》，宋周紫芝撰。周必大《二老堂詩話》辨金瑣甲一條，稱《紫芝詩話》百篇，此本惟存八十條。又《山海經》詩一條，稱《竹坡詩話》第一卷，則必有第二卷矣。此本惟存一卷，蓋殘闕也。必大嘗譏其解綠沈金瑣之疏失；又譏其論陶潛「形天舞干戚」句，剿襲曾紘之說；又譏其論譙國集一條，皆中其失。他如論王維襲李嘉祐詩，尚沿李肇《國史補》之誤；論柳宗元身在刀山之類，亦近於惡謔。然如辨《嘲鼾睡》非韓愈作，辨《留春不住》詞非王安石作，辨韓愈《調張籍》詩非為元稹作，皆有特見。其餘亦頗多可採。惟其中李白、柳公權與文宗論詩一條，時代殊不相及。此非僻人僻事，紫芝不容舛謬至此，殆傳寫者之誤歟？（《四庫全書總目》卷一九五）

〔六〕【學問淵源實出元祐】方回跋云：「少隱，紹興元年（1131）避地山中，不能盡絜群書，唯有柳子厚、劉夢得、杜牧之、黃魯直、杜子美、張文潛、陳無己、陳去非八家詩，抄為《詩八珍》，以為皆適有之，非擇而取。予謂此豈適然，學詩者不可不會此意。取柳不取韓，取黃不取蘇，取杜不取李，有深意也。」郭紹虞先生認為：「使方氏之言而確，則知其論詩之泥與僻，本與其學詩之『深意』有關。蓋此所謂學詩深意者，正是江西詩人學詩蘄向。其作詩既嚴格律與句法，則論詩無識，自難免泥與僻之病。」（《宋詩話考》第71～72頁）

〔七〕【寇國寶】江蘇徐州人。紹聖四年（1097）進士。官吳縣主簿。

〔八〕【史源】《石林詩話》卷二十五。

119. 夾漈遺稿三卷〔一〕

宋鄭樵（1104～1162）撰。樵有《爾雅注》，已著錄。

樵銳於著述，嘗上書自陳，稱所作已成者凡四十一種，未成者八種。當時頗以博洽著，而未嘗以文章名。其集自陳振孫《書錄解題》以下亦皆不著錄。此本前後無序跋，不知何人所編。上卷古、近體詩五十六首，中卷記一篇，論一篇，書二篇，下卷書三篇。

其詩不甚修飾，而蕭散無俗韻。其文滉漾恣肆，多類唐李觀、孫樵、劉蛻，在宋人為別調。其《獻皇帝書》〔二〕，自譽甚至。《上宰相書》〔三〕《上方禮部書》〔四〕，益放言縱論，排斥古人，秦漢來著述之家，無一書能當其意。至投宇文樞密、江給事二書〔五〕，置學問而誇抱負，益傲睨萬狀，不可一世，其量殊嫌淺狹。然南北宋間記誦之富，考證之勤，實未有過於樵者。其高自位置，亦非盡無因也。觀於是集，其學問之始末，夫亦可以見其概矣。（《四庫全書總目》卷一百五十九）

【注釋】

〔一〕【題夾漈草堂記】斯堂本幽泉、怪石、長松、修竹、榛橡所叢會，與時風夜月、輕煙浮雲、飛禽走獸、樵薪所往來之地，溪西遺民於其間為堂三間，覆

茅以居焉。斯人也，其斯之流也，顧其人家，不富亦不貧，不貴達亦無病，與爾屬相周旋也。(《夾漈遺稿》卷一)

〔二〕【獻皇帝書】臣本山林之人，入山之初，結茅之日，其心苦矣，其志遠矣，欲讀古人之書，欲通百家之學，欲討六藝之文，而為羽翼，如此一生，則無遺恨，忽忽三十年，不與人間流通事，所以古今之書稍經耳目，百家之學粗識門庭，惟著述之功，百不償一，不圖晚景復見太平，雖松筠之節，不改歲寒，而葵藿之傾，難忘日下……念臣困窮之極，而寸陰未嘗虛度，風晨雪夜，執筆不休，廚無煙火，而誦記不絕，積日積月，一簣不虧。十年為經旨之學，以其所得者作《書考》，作《書辨訛》，作《詩傳》，作《詩辨妄》，作《春秋傳》，作《春秋考》，作《諸經略》，作《刊謬正俗跋》。三年為禮樂之學，以其所得者作《謚法》，作《運祀議》，作《鄉飲禮》，作《鄉飲駁議》，作《繫聲樂府》。三年為文字之學，以其所得者作《象類書》，作《字始連環》，作《續汗簡》，作《石鼓文考》，作《梵書編》，作《分音之類》。五六年為天文地理之學，為蟲魚草木之學，以天文地理之所得者作《春秋地名》，作《百川源委圖》，作《春秋列傳圖》，作《分野記》，作《大象略》，以蟲魚草木之所得者作《爾雅注》，作《詩名物志》，作《本草成書》，作《草木外類》。以方書之所得者作《鶴頂方》，作《食鑒》，作《採治錄》，作《畏惡錄》。八九年為討論之學，為圖譜之學，為亡書之學，以討論之所得者作《群書會紀》，作《校讎備論》，作《書目正訛》，以圖譜之所得者作《圖書志》，作《圖書譜有無記》，作《氏族源》，以亡書之所得者作《求書闕記》，作《求書外記》，作《集古繫時錄》，作《集古繫地錄》，此皆已成之書也。其未成之書，在禮樂則有《器服圖》，在文字則有《字書》，有《音讀之書》，在天文則有《天文志》，在地理則有《郡縣遷革志》，在蟲魚草木則有《動植志》，在圖譜則有《氏族志》，在亡書則有《亡書備載》。二三年間，可以就緒。如詞章之文，論說之集，雖多不得而與焉。(《夾漈遺稿》卷二)

〔三〕【上宰相書】樵生為天地間一窮民，而無所恨者，以一介之士，見盡天下之圖書，識盡先儒之閫奧，山林三十年，著書千卷，以彼易此，所得良已多，而斯心所不能自已者，其說有五……且天下之理不可以不會，古今之道不可以不通，會通之義大矣哉！仲尼之為書也，凡典謨、訓誥、誓命之書，散在天下，仲尼會其書而為一，舉而推之，上通於堯、舜，旁通於秦、魯，使天下無逸書，世代無絕緒，然後為成書。史家據一代之史，不能通前代之史，本一書而修，不能會天下之書而修，故後代與前代之事不相因依。又諸家之書散落人間，靡所底定，安得為成書乎？樵前年所獻之書，以為水不會於海則為濫水，途不通於夏則為窮途。論會通之義，以為宋中興之後不可無修書之文，修書之本不可不據仲尼、司馬遷會通之法。萬一使樵有所際會，得援國朝陳烈、徐積，與近日胡瑗以命一官，本州學教授，庶沾寸祿，乃克修濟，或以布衣入直，得援唐蔣義、李雍例，與集賢小職，亦可以較讎，亦可以博極群書，稍有變化之階，不負甄陶之力。噫！自昔聖賢猶不奈命，樵獨何者，敢有怨尤？然窮通之事由天不由人，著述之功由人不由天。以窮達而廢著述，可乎？此樵之志所以益堅益勵者也。去年到家，今日料理文字，明年修書，若無病不死，筆札不乏，遠則五年，近則三載，可以成書。其書上自羲皇，下逮五代，集天下之書為一書，惟虛言之書不在所用，雖曰繼馬遷之作，凡例殊途，經緯異制，自有成法，不蹈前修……然樵雖林下野人，而言句散落人間，往往家藏而戶有。雖雞林無貿易之價，而鄉校有諷誦之童，凡有文字屬思之間，已為人所知。未終篇之間，已為人所傳。況三十年著書，十年搜訪圖書，竹頭木屑之積，亦云多矣。將欲一旦而用之可也。嗚呼！術業難成，風波易起，深恐傳者之誤，謂擅修國史，將無容焉。(《夾漈遺稿》卷三)

〔四〕【史源】《夾漈遺稿》卷二。

〔五〕【史源】《夾漈遺稿》卷三。

120. 鄂州小集六卷附錄二卷〔一〕

宋羅願〔二〕(1136～1184)撰。願有《爾雅翼》，已著錄。淳熙甲辰(1184)，願由知南劍州改鄂州，乙巳(1184)卒於官。

州佐劉清之為刊其遺稿，名《鄂州小集》，止六卷。史稱十卷，與原集不合。蓋《宋史》多訛，不足為據。此本卷數雖符，然編次無法，又以《新安志》中小序二篇入之，疑經後人掇拾而成，亦非其舊也。

願父汝楫助秦檜以害岳飛，犯天下之公怒。而願學問該博，文章高雅，乃卓然有以自立，不為父惡之所掩。其《淳安社壇記》，朱子亦謂不如。其《爾雅翼》後有方回跋曰：「回聞之先君子：『南渡後文章有先秦西漢風，惟羅鄂州一人。甫七歲，能為《青草賦》，以壽其先尚書。少長，落筆萬言。既冠，乃數月不妄下一語，其精思如此。』」又曰：「小集僅文十之一，劉公清之子澄所刊。晦翁謂其文有經緯，嘗欲附名集後。」又謂：「羅端良止此，可惜！」

〔三〕蓋年止四十餘，使老壽，進未艾也。鄭玉〔四〕作是集序亦曰：「其《陶令祠堂記》《張烈女廟碑》，詞嚴理暢，至於論成湯之慚德，則所以著千古聖賢之心，明萬世綱常之正（云云）。」〔五〕朱子當南宋初，方回當南宋末，其推重如出一轍，知一代作者於願無異詞矣。

今所傳者雖未必淳熙之原本，實皆願之遺文，要足貴也。後二卷附願兄頌、願弟頎、侄似臣之文。末又有明人《月山錄》一卷，冗雜鄙陋，蓋願之疏族因刊是集而竄入之，冀附驥以傳，殆為疣贅，今存頌、頎、似臣之文，而所謂《月山錄》者，則竟從刪汰焉。（《四庫全書總目》卷一百五十九）

【注釋】

〔一〕【書名】庫書題作《羅鄂州小集》。

〔二〕【羅願】字端良，號存齋。安徽歙縣人。事蹟附載《宋史．羅汝楫傳》。

〔三〕【方回跋】詳見《經義考》卷二百三十八。

〔四〕【鄭玉】（1298～1358），字子美，號師山。安徽歙縣人。著有《師山集》《春秋經傳闕疑》。

〔五〕【鄭玉序】文章與天地相為終始，視世道之升降而盛衰者也。蓋自夫天地既判，三辰順布，五行錯出，其文著矣。伏羲畫卦，而人文始開，文王贊《易》，而文益備矣。及夫兩漢，二馬、揚、班，或以紀事蹟，著於策書，或以述頌功德，刻之金石，文章之作，始濫觴矣。自是而降，一代之興，必有一代之制，而文章亦由是而見焉。豈唯足以傳其事功，因以觀其治亂，故唐之盛則稱韓柳，宋之初則有歐蘇。南渡以來，又世道之一變也，見稱於時，則有吾州二羅公焉。六朝五季，蓋寥寥乎無聞矣。然則三代而上，聖賢迭興，其所述作，尊以為經，不專於文章，而不能不文章。兩漢而下，文人才士相與論著，流而為史，必工於文章而後能文章。今之文章，兩漢之謂也。（《師山集》卷三）

121. 晦庵集一百卷續集五卷別集七卷

宋朱子（1130～1200）撰。

《書錄解題》載《晦庵集》一百卷、《紫陽年譜》三卷，不云其集誰所編，亦不載《續集》。明成化癸卯（1483）莆田黃仲昭跋稱：「《晦庵朱先生文集》一百卷，閩浙舊皆有刻本。浙本洪武初取置南雍，不知輯於何人。今閩藩所存本，則先生季子在所編也。又有《續集》若干卷，《別集》若干卷，亦並刻之

（云云）。」〔一〕是正集百卷，編於在手。然朱玉《朱子文集大全類編》稱，在所編實八十八卷，合《續集》、《別集》乃成百卷，是《正集》百卷又不出在手矣。《別集》之首有咸淳元年（1265）建安書院黃鏞序曰：「先生之文，《正集》《續集》，潛齋、實齋二公已鏤版書院。建通守余君師魯，好古博雅，搜訪先生遺文，又得十卷以為《別集》，其標目則一仿乎前，而每篇之下必書其所從得。」〔二〕是《別集》之編出余師魯手。惟《續集》不得主名，朱玉亦云無考。觀鏞所序，在度宗之初，則其成集亦在理宗之世也。

此本為康熙戊辰（1688）蔡方炳、臧眉錫所刊，眉錫序之〔三〕，而方炳書後〔四〕，題曰《朱子大全集》，不知其名之所始。考黃仲昭跋及嘉靖壬辰（1592）潘潢跋〔五〕，尚皆稱《晦庵先生集》，而方炳跋乃稱「朱子故有《大全》《文集》，歲月浸久，版已磨滅」，則其名殆起明中葉以後乎？惟是潢跋稱《文集》百卷，《續集》五卷，《別集》七卷，與今本合，而與潢共事之蘇信所作前序，乃稱百有二十卷，已自相矛盾。方炳手校此書，其跋又稱原集百卷，《續集》十卷，《別集》十一卷，其數尤不相符，莫明其故。疑信序本作百有十二卷，重刻者偶倒其文，而方炳跋則繕寫筆誤，失於校正也。〔六〕方炳跋又稱，校是書時不敢妄有更定，悉依原本，即《續》《別》二集亦未依類附入，頗得古人刊書謹嚴詳慎之意。今通編為一百一十二卷，仍分標《晦庵集》《續集》《別集》之目，不相淆亂，以存其舊焉。（《四庫全書總目》卷一百五十九）

【注釋】

〔一〕**【黃仲昭後序】**見四庫本。

〔二〕**【黃鏞序】**見四庫本。

〔三〕**【臧眉錫序】**四庫本未見。

〔四〕**【方炳書後】**四庫本未見。

〔五〕**【潘潢後序】**見四庫本。

〔六〕**【版本源流】**胡玉縉有詳細考證，詳見《四庫全書總目提要補正》第1334～1336頁。

122. 文忠集二百卷

宋周必大〔一〕（1126～1204）撰。必大有《玉堂雜記》，已著錄。

是集即史所稱《平園集》者是也。開禧中，其子綸所手訂，以其家嘗刻《六一集》，故編次一遵其凡例，為《省齋文稿》四十卷，《平園續稿》四十卷，《省齋別稿》十卷，《詞科舊稿》三卷，《掖垣類稿》七卷，《玉堂類稿》二十卷，《政府應制稿》一卷，《歷官表奏》十二卷，《奏議》十二卷，《奉詔錄》七卷，《承明集》十卷，《辛巳親征錄》一卷，《龍飛錄》一卷，《歸廬陵日記》一卷，《閒居錄》一卷，《泛舟遊山錄》三卷，《乾道庚寅奏事錄》一卷，《壬辰南歸錄》一卷，《思陵錄》一卷，《玉堂雜記》三卷，《二老堂詩話》〔二〕二卷，《二老堂雜志》五卷，《唐昌玉蕊辯證》一卷，《近體樂府》〔三〕一卷，《書稿》三卷，《札子》十一卷，《小簡》一卷。其《年譜》一卷亦綸所編，又以祭文、行狀、諡誥、神道碑等別為附錄四卷終焉。

陳振孫謂，初刻時以《奉詔錄》《親征錄》《龍飛錄》《思陵錄》十一卷所言多時事，託言未刊。鄭子敬守吉時，募工人印得之，世始獲見完書。今雕本久佚，止存抄帙，而《玉堂雜記》《二老堂雜志》等編，世亦多有別本單行者，已各著於錄。茲集所載，則依原書編次之例，仍為錄入，以存其舊第焉。（《四庫全書總目》卷一百五十九）

【注釋】

〔一〕【作者研究】沈治宏撰《周必大年譜簡編》（《宋代文化研究》第 3 輯，四川大學出版社 1993 年版），李仁生、丁功誼合撰《周必大年譜》（江西人民出版社 2014 年版），鄒錦良撰《周必大生平與思想研究》（江西人民出版社 2013 年版），李光生撰《周必大研究》（中國社會科學出版社 2015 年版），許浩然撰《周必大的歷史世界：南宋高、孝、光、寧四朝士人關係之研究》（鳳凰出版社 2016 年版）。

〔二〕【二老堂詩話】是書其論詩之語，凡四十六條。必大學問博洽，又熟於掌故，故所論多主於考證。如「王禹偁不知貢舉」一條，「劉禹錫淮陰行」一條，「歐陽修詩報班齊」一條，又「陸游說蘇軾詩」一條，「周紫芝論金鎖甲」一條，「司空山李白詩」一條，「杜甫詩閒殷闐韻」一條，皆極精審。至於「奚斯作頌」一條，偏主揚雄之說；「梅葩墜素」一條，牽合韓愈之語，皆未免偏執。又「辨縹緲字」一條，知引蘇軾詩而不知出王延壽《靈光殿賦》；「辨一麾江海」一條，知不本顏延年詩，而不知出於崔豹《古今注》，是皆援據偶疏者。然較其大致，究非學有本原者不能作也。

今按，郭紹虞先生認為：「宋人解詩，每泥於來歷之說，妄生穿鑿，而於杜詩尤甚，然徒逞博洽，轉滋謬說，施閏章《蠖齋詩話》謂『添卻故事減卻詩好處』，洵不誣也。周氏於此，轉能破除鑿說，不以考據自矜，不可謂非卓

識之士矣。惟宋人詩話每以偏於記事考證之故，流為雜著，周氏亦不能免此，甚有與詩話無關者。」(《宋詩話考》第 97 頁)

又按，《古今注》有《四部叢刊三編》本，據宋本影印。張元濟認為《古今注》與《中華古今注》皆不偽，其跋云：「館臣未見〔李〕燾跋，不知此段公案，遂目刊崔、馬二氏書者為偽冒偷盜，寧非千古奇冤！所謂真者反為偽，所謂偽者反為真，使不獲見是本，又安能平反此獄乎？」(《張元濟古籍書目序跋彙編》第 950～952 頁）張氏此條考辨精深，堪與余嘉錫媲美。

〔三〕【近體樂府】實為周必大之詞集。四庫已列入詞曲類存目。沈曾植云：「歐陽文忠詞名《近體樂府》，周益公詞亦名《近體樂府》，慕門之意歟？兩公同籍吉州，同諡文忠，事業文章，後先有耀。益公集編次之法，亦全用歐集例也。」(《觀海樓札叢》第 129 頁）今按，歐陽修集本由周必大編次，周自編文集時又用之，故編纂方法相同。

123. **東萊集四十卷**

宋呂祖謙〔一〕(1137～1181）撰。祖謙有《古周易》，已著錄。

其生平詩文，皆祖謙歿後其弟祖儉及從子喬年先後刊補遺稿，釐為《文集》十五卷，又以家範、尺牘之類為《別集》十六卷，程文之類為《外集》五卷，年譜、遺事則為《附錄》三卷，又《附錄拾遺》一卷，即今所傳之本也。

祖謙雖與朱子為友，而朱子嘗病其學太雜，其文詞閎肆辨博，凌厲無前。朱子亦病其不能守約，又嘗謂「伯恭是寬厚底人，不知如何做得文字卻似輕儇底人！如《省試義》大段鬧裝，《館職策》亦說得漫不分曉，後面全無緊要」〔二〕。又謂伯恭《祭南軒文》都就小狹處說來。其文散見於黃畬、滕璘所記「饒錄」後。托克托修《宋史》遂列祖謙於《儒林傳》中，微示分別。然朱子所云，特以防華藻溺心之弊，持論不得不嚴耳。祖謙於《詩》《書》《春秋》皆多究古義，於「十七史」皆有《詳節》，故詞多根柢，不涉遊談。**所撰《文章關鍵》，於體格源流具有心解**。故諸體雖豪邁駿發，而不失作者典型，亦無語錄為文之習。在南宋諸儒之中，可謂銜華佩實，又何必吹求過甚，轉為空疏者所藉口哉！

又按《朱子語類》稱：「伯恭文集中如《答項平甫書》是傅夢泉子淵者，如罵曹立之書，是陸子靜者，其於偽作想又多在(云云)。」〔三〕是祖儉等編集之時，失於別擇，未免收入贗作，然無從辨別，今亦不得而刪汰之矣。(《四庫全書總目》卷一百五十九)

【注釋】

〔一〕【作者研究】潘富恩、徐餘慶撰《呂祖謙評傳》(南京大學出版社 1992 年版),杜海軍撰《呂祖謙文學研究》(學苑出版社 2003 年版),李洪波撰《呂祖謙文獻學研究》(社會科學文獻出版社 2017 年版)

〔二〕〔三〕【史源】《朱子語類》卷一百二十二。

124. 止齋文集五十一卷附錄一卷

宋陳傅良〔一〕(1137～1203)撰。傅良有《春秋後傳》〔二〕,已著錄。

此集為其門人曹叔遠所編,前後各有叔遠序一篇〔三〕。所取斷自乾道丁亥(1167),訖於嘉泰癸亥(1203)。凡乾道以前之少作,盡削不存,其去取特為精審。末為附錄一卷,為樓鑰所作神道碑,蔡幼學所作墓誌,葉適所作行狀〔四〕,而又有雜文八篇,綴於其後,不知誰所續入。據弘治乙丑(1505)王瓚序〔五〕,稱澤州(今屬山西)張璡欲掇拾遺逸,以為外集,其璡重刊所附入歟?〔六〕

自周行己傳程子之學,永嘉遂自為一派,而傅良及葉適尤其巨擘。本傳稱永嘉鄭伯熊、薛季宣皆以學行聞。伯熊於古人經制治法討論尤精〔七〕,傅良皆師事之,而得季宣之學為多。及入太學,與廣漢張栻、東萊呂祖謙友善。祖謙為言本朝文獻相承,而主敬、集義之功得於栻為多。然傅良之學終以通知成敗、諳練掌故為長,不專於坐談心性。故本傳又稱傅良為學,自三代秦漢以下靡不研究,一事一物,必稽於實而後已。蓋記其實也。當寧宗即位之初,朱子以趙汝愚薦內召,既汝愚與韓侂胄忤,內批與朱子在外宮觀。傅良為中書舍人,持不肯下。其於朱子亦不薄。然葉紹翁《四朝聞見錄》稱:「考亭先生晚注《毛詩》,盡去《序》文,以『彤管』為淫奔之具,以『城闕』為偷期之所。止齋陳氏得其說而病之,謂『以千七百年女史之彤管與三代之學校,以為淫奔之具,偷期之所,竊有所未安』,獨藏其說,不與考亭先生辨。考亭微知其然,嘗移書求其《詩》說,止齋答以『公近與陸子靜互辨無極,又與陳同甫爭論王霸矣。且某未嘗注《詩》,所以說《詩》者,不過與門人為舉子講義,今皆毀棄之矣』。蓋不欲滋朱之辨也(云云)。」〔八〕則傅良雖與講學者遊,而不涉植黨之私,曲相附和,亦不涉爭名之見,顯立異同。在宋儒之中,可稱篤實。故集中多切於實用之文,而密栗堅峭,自然高雅,亦無南渡末流冗沓腐濫之氣〔九〕。蓋有本之言,固迥不同矣。〔十〕(《四庫全書總目》卷一百五十九)

【注釋】

〔一〕【作者研究】溫州市準備編輯出版《陳傅良評傳》。

〔二〕【春秋後傳】宋陳傅良撰。趙汸《春秋集傳自序》於宋人說《春秋》者，最推傅良，稱其「以《公》《穀》之說，參之《左氏》，以其所不書，實其所書，以其所書，推見其所不書，得學《春秋》之要。在三傳後，卓然名家。而惜其誤以《左氏》所錄，為魯史舊文，而不知策書有體，夫子所據以加筆削者，《左氏》亦未之見。《左氏》書首所載『不書』之例，皆史法也，非筆削之旨。《公羊》《穀梁》每難疑，以『不書』發義，實與左氏異。師陳氏合而求之殊，失其本。故於《左氏》所錄而經不書者，皆以為夫子所筆削，則其不合於聖人者亦多」云云。考左氏為《春秋》作傳，非為策書作傳，其所云某故不書者，不得經意或有之，必以為別發史例，似非事實。況「不修春秋」二條，《公羊傳》尚有傳聞，不應左氏反不見，恐均不足為傅良病。惟以《公》《穀》合《左氏》，為切中其失耳。自王弼廢象數，而談《易》者日增，自啖助廢《三傳》，而談《春秋》者日盛，故解五經者，惟《易》與《春秋》二家著錄獨多。空言易騁，茲亦明效大驗矣。傅良於臆說蜂起之日，獨能根據舊文，研求聖人之微旨。樓鑰序稱其「於諸生中，擇能熟讀三傳者三人，曰蔡幼學、曰胡宗、曰周勉，遊宦必以一人自隨，遇有所問，其應如響」。其考究可謂至詳。又其書雖多出新意，而每傳之下，必注曰此據某說，此據某文，其徵引亦為至博。以是立制，世之枵腹而談褒貶者，庶有豸乎！（《四庫全書總目》卷二十七）

今按，孫詒讓《溫州經籍志》第 153 頁對此則提要有所訂正。

〔三〕【曹叔遠序】前序載四庫本卷首，後序被刪去。二序均見於《溫州經籍志》第 878～879 頁。

〔四〕【考證】蔡幼學所作行狀，葉適所作墓誌，此互易之誤。（孫詒讓《溫州經籍志》第 885 頁）

〔五〕【王瓚序】見四庫本卷首。今按，瓚，含有雜質的次玉；璡，像玉的石頭。

〔六〕【版本】孫詒讓、潘猛補對此書版刻源流有所考證，詳見《溫州經籍志》第 887～888 頁。

〔七〕【鄭伯熊不善讀書】近日蔡行之送得《鄭景望文集》來，略看數篇，見得學者讀書不去子細看正意，卻便從外面說是與非。如鄭文亦平和純正，氣象雖好，然所說文字處，卻是先立個己見，便都說從那上去，所以昏了正意。如說伊尹放太甲，三五板只說個「放」字。謂《小序》所謂「放」者，正伊尹之罪；「思庸」二字，所以雪伊尹之過，此皆是閒說。正是伊尹至誠懇惻告戒太甲處，卻都不說。此不可謂善讀書，學者不可不知也。(《朱子語類》卷第七十九)

〔八〕【史源】《四朝聞見錄》卷一「止齋陳氏」條。又見錢大昕《十駕齋養新錄》卷十八「陳止齋不好辨」條。

今按，孫詒讓云：至所稱「以千七百年女史之彤管與三代之學校，以為淫奔之具，偷期之所」等語，則集中未見，或出於袁申儒《序》述止齋語也。其言明確，自可箴考亭之失，而近人當塗夏炘《讀詩札記》乃深致詆排，以為止齋傲然自大，且曰：「毛公『彤管』之傳，未見成文，其所說『彤管』，亦不過御夕進退之法，非關大典；『千七百年』不知何所指也。又謂朱子以彤管為『淫奔之具』，不惟《集傳》無此四字，且『淫奔之具』果係何具？鄙俚之談，實所未解……『偷期之所』，《集傳》亦無此語。」……夏氏一味尊朱，於毛氏說一則云「未見成書」，再則云「非關大典」。夫秦漢遺書，百不存一，若皆以「未見成文」，遽興疑難，則漢晉經說不可信者多矣……《集傳》於《靜女》《子衿》皆云「淫奔之詩」，「彤管」則云「不知何物」，蓋相贈以結殷勤之意耳，則所謂「以彤管為淫奔之具，城闕為偷期之所」者，未為誣矣。大抵夏氏之學，喜以尊崇朱子，博正學之名，其所著《讀朱質疑》，於永嘉之學頗致不滿，說經亦墨守考亭，蓋黨同伐異之論，不足深辨也。(《溫州經籍志》第 68～69 頁)

〔九〕【評論】《荊溪林下偶談》卷四：「止齋之文，初則工巧綺麗，後則平淡優游。」(孫詒讓《溫州經籍志》第 886 頁)優游，從容灑脫。陸機《文賦》：「頌優游以彬蔚，論精微而朗暢。」邵雍《四賢吟》：「彥國之言鋪陳，晦叔又言簡當，君實之言優游，伯淳之言條暢。」屠隆《唐詩品匯選釋斷序》：「唐人之言，繁華綺麗，優游清曠。」

〔十〕【整理與研究】周夢江整理《陳傅良先生文集》(浙江大學出版社 1999 年版)。溫州市準備編輯出版其全集。

125. 攻媿集一百一十二卷

宋樓鑰〔一〕(1137～1213)撰。鑰有《范文正〔公〕年譜》，已著錄。

其集載於諸家書目者，或作百卷，或作八十五卷，而世所傳抄本有僅存四十二卷者。蓋流傳既久，多所佚脫。此本原作一百二十卷，與《宋史·藝文志》及陳振孫《書錄解題》所載相同，猶為舊帙。惟中闕第七十七卷，據原目為《宣王內修政事》《光武大度同高祖》二賦，《玉卮為壽》《宅道炳星緯》二詩，《用人》《安民》《治兵》三策；又闕第七十八卷，據原目為御試進士舉人，召試館職，省試、別試、解試、上舍州學諸試所擬策問十五篇；又闕第七十九卷，據原目為宴會、慶賀、致語十五篇，上樑文四篇，勸農文二篇。其第七十三卷，據原目闕《跋王伯奮所藏文苑英華》《跋清閟居士臨修褉序》二篇。第七十四卷，據原目闕跋劉元城、江諫議、任諫議、鄒道鄉、陳了齋五人帖一篇，而第五十六卷中，《揚州平山堂記》亦闕其後半。諸家所藏刻本抄本、并同。今俱無從校補。至第四十八卷、第八十卷、第八十一卷、第八十二卷，有青詞、朱表、齋文、疏之類，凡一百六十七篇，均非文章之正軌，謹稟承聖訓，概從刪削。重編為一百一十二卷，用聚珍版摹印，以廣其傳。

鑰居官持正有守，而學問賅博，文章淹雅，尤多為世所傳述。本傳稱其代言坦明，得制誥體。葉紹翁《四朝聞見錄》載，鑰草光宗內禪制詞，有「雖喪紀自行於宮中，而禮文難示於天下」二語，為海內所稱〔二〕。此言其工於內外制也。本傳又稱，鑰試南宮，以犯諱，請旨，冠末等。投贄諸公，胡銓稱為翰林才。今集中《謝省闈主文啟》一首，即是時所作，此言其工於啟札也。王應麟《困學紀聞》取其「門前莫約頻來客，坐上同觀未見書」二句，載入「評詩」類中〔三〕。此言其工於聲偶也。而袁桷《延祐四明志》稱其「於中原師友傳授，悉窮淵奧，經訓小學，精據可傳信」，尤能盡鑰之實。**蓋宋自南渡而後，士大夫多求勝於空言，而不甚究心於實學。**鑰獨綜貫今古，折衷考較，凡所論辨，悉能洞澈源流，可謂有本之文，不同浮議。

王士禛《居易錄》稱其「行盡松杉三十里，看來樓閣幾由旬」，「一百五日麥秋冷，二十四番花信風」，「水真綠淨不可唾，魚若空行無所依」諸句，而病是集多叢冗，謂表狀內外制之類，刪去半部亦可〔四〕。然貪多務博，即誠齋、劍南、平園諸集亦然。蓋一時之風氣，不必以是為鑰病也。

至於**題跋諸篇**〔五〕**，尤多元元本本，證據分明**，不止於《居易錄》所稱《三笑圖贊》《吳彩鸞玉篇抄》《唐昭宗賜憘實敕書》三篇〔六〕。毛晉輯《津逮秘書》，摘錄宋人題跋，共為一集，而獨不及鑰，其偶未見此本歟？（《四庫全書總目》卷一百五十九）

【注釋】

〔一〕【作者研究】樓鑰字大防，號攻媿主人，明州鄞縣（今浙江寧波）人。事蹟具《宋史》本傳。今按，應該做《樓鑰年譜》《樓鑰研究》等。

〔二〕【史源】《四朝聞見錄》卷一「憲聖擁立」條。

〔三〕【史源】《困學紀聞》卷十八「評詩」類。

〔四〕〔六〕【史源】《居易錄》卷十一。今按，一百五日，謂之寒食。

〔五〕【史源】《攻媿集》卷五十一至卷五十三。

126. 象山集二十八卷外集四卷附語錄四卷

宋陸九淵〔一〕（1139～1193）撰。九淵字子靜。金溪（今屬江西撫州市）人。乾道八年（1172）進士。紹熙初，官至奉議郎、知荊門軍，卒於官。事蹟具《宋史》本傳。

據《九淵年譜》，集為其子持之所編，其門人袁燮刊於江西提舉倉司者。凡三十二卷，《宋史・藝文志》《文獻通考》並作《象山集》二十八卷，外集四卷，總而計之，與燮所刊本卷數相符。獨《年譜》稱持之所編外集為六卷，殆傳寫訛「四」為「六」歟？〔二〕

此本前有燮序，又有楊簡序〔三〕。燮序作於嘉定五年（1212），簡序作於開禧元年（1205），在燮序前七年，而列於燮後。蓋刊版之時，以新序弁首，故翻刻者仍之。又有嘉定庚辰（1220）吳傑跋〔四〕，稱是集為建安陳氏所刊，而年譜未載此本，豈持之偶未見歟？前十七卷為書，十八卷為表奏，十九卷為記，二十卷為序贈，二十一卷至二十四卷為雜著，二十五卷為詩，二十六卷為祭文，二十七卷、二十八卷為墓誌、墓碣、墓表。外集四卷皆程試之文，末為謚議、行狀，則吳傑所續入也。其語錄四卷〔五〕，本於集外別行。正德辛巳（1521），撫州守李茂元重刻是集，乃並附集末，以成《陸氏全書》〔六〕。其說與集中論學諸書互相發明，合而觀之，益足勘證，今亦仍附於末，不別著錄焉。〔七〕（《四庫全書總目》卷一百六十）

【注釋】

〔一〕【作者研究】清李紱撰《陸象山年譜》，林繼平撰《陸象山研究》（商務印書館 1983 年版），吳文丁撰《陸九淵全傳》（百花洲文藝出版社 1999 年版，書後附錄了《陸九淵年譜新編》）。

〔二〕【著錄】《天祿琳琅書目》著錄元刊本，外集為五卷。

〔三〕【序】吳孌序曰：「學問之要，得其本心而已。」楊簡序曰：「先儒求之過求諸幽深，故反不知道。孔子又名大道曰中庸。庸者，常也，日用平常也。」

〔四〕【吳傑跋】見四庫本卷首。

〔五〕【考證】《語錄》卷二內頗有闕文。

〔六〕【版本】羅振玉云：「此本尚仍宋元卷第之舊，但附以《語錄》四卷，乃撫守李元茂所刊。宋元本外，此為最善。四庫所著錄，即此本也。」（《雪堂類稿》戊冊第 1214～1215 頁）

〔七〕【陸象山解經之非】陸隴其云：「謂以《六經》為糟粕者，猶以虛無之見置在《六經》外；以《六經》為我注腳者，直以虛無之見置在《六經》內。故王弼之《易》、何晏之《論語》，猶有可取，而象山之解經，必不可從。」（《陸隴其年譜》第 257 頁）

127. 盤洲集八十卷〔一〕

宋洪适（1117～1184）撰。適有《隸釋》，已著錄。

許及之撰適行狀，稱有文集一百卷，藏於家。周必大撰適神道碑〔二〕，則稱其論著為四方傳誦，有《盤洲集》八十卷，與行狀互異。考陳振孫《書錄解題》、張萱《重編內閣書目》俱作八十卷，則及之所稱其家藏之舊稿，必大所稱乃其行世之刊本，其書流傳頗鮮。王士禎《居易錄》謂朱彝尊所藏《盤洲集》僅有其詩，則藏書家已罕睹全帙。

此本為毛氏汲古閣所藏，猶從宋刻影寫〔三〕。惟末卷《拾遺札子》第三篇，蠹損特甚，其餘雖字句間有脫落，而卷帙完好，亦古本之僅存者矣。適以詞科起家，工於儷偶，其弟邁嘗舉所草《張浚免相制》《王大寶致仕制》《浙東謝表》《生日詩詞》《謝啟》諸聯，載於《容齋三筆》。

然考適自撰小傳，自其少時《擬復得河南賀表》，即有「齊人歸鄆歡之田，宣王覆文武之境」句，為作者所稱。其內外諸制，亦皆長於潤色，藻思綺句，層見迭出，不但如邁之所舉也。至於記序志傳之文，亦尚存元祐之法度，尤南宋之錚錚者矣。所作《隸釋》《隸續》，於史傳舛異，考核特精。今觀此集，如《跋唐瑾傳》《跋丹州刺史碑》《跋皇甫誕碑》諸篇，皆能援據舊刻，訂《北史》《唐書》之謬。蓋金石之學最所留意，即隋唐碑誌亦多能辯證異聞。又《宋史》本傳稱其父皓謫英州，適往來嶺南省侍者九載。檜死，皓還，服闋，起知荊門州軍。今以集中自撰小傳及皓行述考之，則皓安置英州，居九年始復朝請郎，徙袁州（今江西宜春），至南雄州卒。後一日，秦檜亦死，非檜死而皓始還，足訂《宋史》之誤。其他表啟疏狀諸篇，亦多足與《宋史》參稽，是又不僅取其文詞之工矣。（《四庫全書總目》卷一百六十）

【注釋】

〔一〕【考證】庫書題作《盤洲文集》。八十卷外尚不計附錄。

〔二〕【行狀與神道碑】在四庫本附錄中。

〔三〕【版本】彭元瑞云：「是書世不多見，從館中稿本錄出，乃內府天祿琳琅所藏毛氏影宋抄本也。」（《知聖道齋讀書跋》卷二「盤洲文集」條）此書有《四部叢刊》本，張元濟跋云：「此宋槧《盤洲集》，舊為檇李項氏天籟閣藏書，今歸涵芬樓插架，海內孤本也。今世傳本，並從此出。」（《張元濟古籍書目序跋彙編》第860～870頁）

128. 浪語集三十五卷

宋薛季宣〔一〕（1134～1173）撰。季宣有《書古文訓》，已著錄。

季宣少師事袁溉，傳河南程氏之學，晚復與朱子、呂祖謙等相往來，多所商榷。然朱子喜談心性，而季宣則兼重事功，所見微異。其後陳傅良、葉適等遞相祖述，而永嘉之學遂別為一派。蓋周行己開其源，而季宣導其流也。其歷官所至，調輯兵民，興除利弊，皆灼有成績，在講學之家可稱有體有用者矣。

平生著書甚夥，有《古文周易》《古詩說》〔二〕《書古文訓》《春秋經解》《春秋指要》《論語直解》《小學》諸書，自《書古文訓》以外，今多亡佚。其《中庸大學解》及《考正握奇經》則今尚載於集中〔三〕。蓋季宣學問最為淹雅，自「六經」、諸史、天官、地理、兵農、樂律、鄉遂、司馬之法以至於隱書、小語、名物、象數之細，靡不搜採研貫，故其持論明晰，考古詳覈，不必依傍儒先餘緒，而立說精確，卓然自成一家。於詩則頗工七言，極踔厲縱橫之致，惜其年止四十，得壽不永，又覃思考證，不甚專心於詞翰，故遺稿止此。然即所存者觀之，其精深閎肆已足陵跨餘子矣。

其集乃寶慶二年（1226）其侄孫知府州事旦〔四〕所編次刊行，〔師〕旦所作後序尚存〔五〕。而自明以來刻本遂絕〔六〕，藏書家輾轉傳抄，訛脫頗甚。謹重為校正，而卷帙則悉仍其舊焉。〔七〕（《四庫全書總目》卷一百六十）

【注釋】

〔一〕【薛季宣】字士龍，號艮齋。永嘉（今浙江溫州）人。事蹟具《宋史·儒林傳》。

〔二〕【考證】《古詩說》當為《反古詩說》。（《溫州經籍志》第867頁）

〔三〕【考正握奇經】薛氏自序載《浪語集》卷三十，又見《溫州經籍志》卷十六（第629～630頁）。

今按，孫詒讓云：「艮齋所校《握奇經》，今無單行本，惟《浪語集》第三十卷尚載其全帙。明人《漢魏叢書》所刊者，係從高似孫《子略》第一卷抄出，每句下所注異同，與艮齋校語一一符合……此又高據別本改艮齋本以掩其剽竊之跡也。」（《溫州經籍志》第630～631頁）

〔四〕【考證】「事旦」當為「師旦」。（《溫州經籍志》第867頁）

〔五〕【薛師旦跋】夫學之為道，循本及末，由粗入精，必正心誠意而後可以治國平天下，雖灑掃應對，而道存焉。未嘗可離為二也，儒者不作。眩高者騖於空無，故言道而不及物；循實者囿於名數，故言物而不及道。二者岐分，則學不足以應世用，而反為儒者累。

今按，孫詒讓認為：「艮齋之學，精博為永嘉諸儒之冠，故此集敘記諸作，綜貫經史，卓然名家。」（《溫州經籍志》第868頁）

〔六〕【版本】此書今存以明祁氏澹生堂寫本殘本為最古，南京圖書館藏。（《溫州經籍志》第867～868頁）

〔七〕【整理與研究】張良權點校《薛季宣集》（上海社會科學院出版社2003年版）。孫詒讓撰《浪語集札記》。

129. 石湖詩集三十四卷

宋范成大〔一〕（1126～1193）撰。成大有《吳郡志》，已著錄。

案陳振孫《書錄解題》，成大有集一百三十六卷，《宋史·藝文志》亦載《石湖大全集》一百三十六卷，與陳氏著錄同，而又有《石湖別集》二十九卷，又有《石湖居士文集》，亡其卷數〔二〕。

此本為長洲顧嗣立等所訂，乃於全集之中獨摘其詩別行，而附以賦一卷〔三〕。前有楊萬里、陸游二序〔四〕。然萬里所序者乃其全集，不專序詩；游所序者乃其《西征小集》，亦非序全詩。以名人之筆，嗣立等姑取以弁首耳。據萬里序集，乃成大所自編。考十一卷末有自注云：「以下十五首三十年前所作，續得殘稿附此卷末。」〔五〕其餘諸詩亦皆注「以下某處作」〔六〕，是亦手訂之明證矣。詩不分體，亦不分立名目，惟編年為次。然宋洪邁《使金》詩凡四首，其兩首在第八卷，列於《邁使還入境以詩迓之》之前，其兩首乃在第十卷，列於何溥挽詞之後，邁未嘗再使金，則送別之詩，不應前後兩見。又《南徐道中》詩下注曰：「以下赴金陵漕試作。」則是當在第二卷之首，不應孤贅第一卷之末，或後人亦有所竄亂割並歟？

成大在南宋中葉，與尤袤、楊萬里、陸游齊名。袤集久佚，今所傳者僅尤侗所輯之一卷，篇什寥寥，未足定其優劣。今以楊、陸二集相較，其才調之健不及萬里，而亦無萬里之粗豪；氣象之闊不及游，而亦無游之窠臼。初年吟詠，實沿溯中唐以下。觀第三卷《夜宴曲》下注曰「以下二首效李賀」，《樂神曲》下注曰「以下四首效王建」，已明明言之。其他如《西江有單鵠行》《河豚歎》，則雜長慶之體。《嘲里人新婚詩》《春晚三首》《隆師四圖》諸作，則全為晚唐五代之音，其門徑皆可覆案。自官新安掾以後，骨力乃以漸而遒，蓋追溯蘇、黃遺法，而約以婉峭，自為一家，伯仲於楊、陸之間，固亦宜也。〔七〕（《四庫全書總目》卷一百五十九）

【注釋】

〔一〕【作者研究】孔凡禮撰《范成大年譜》（齊魯書社 1986 年版），湛之編纂《楊萬里范成大資料彙編》（中華書局 1964 年版）。

〔二〕【史源】陳振孫《直齋書錄解題》卷十八《石湖集》提要：「《石湖集》，一百三十六卷，參政吳郡范成大致能撰。初以起居郎使金，附奏受書事，抗金主於其殿陛間，歸而益被上眷，以至柄用。石湖在太湖之濱，姑蘇臺之下；去城十餘里。面湖為堂，號鏡天閣：又一堂扁『石湖』二字，阜陵宸翰也。今日就荒毀，更數年，恐無復遺跡矣。頃一再過之，為之慨然。」《宋史・藝文志》：「范成大《石湖居士文集》（卷亡），又《石湖別集》二十九卷，《石湖大全集》一百三十六卷。」

〔三〕【版本】《增訂四庫簡明目錄標注》卷十六：「顧氏本三十卷。與《提要》著錄三十四卷不同。又《朱修伯批本四庫簡明目錄》卷十六：「又顧俠君刊。」沈欽韓亦有《石湖詩集注》三卷，其書本為眉批，校點本《范石湖集》附於書後。

〔四〕【楊萬里《石湖先生大資參政范公文集序》】予疇昔之晨與客坐堂上，遙見一健步黃衣負一笈至庭下，呼而詗其奚自，曰：「自參政公范氏也。」發其笈，公之文集在焉。索其書讀之，則公之子莘叩頭請曰：「莘不夭，不自實越，而先公一夕奄忽，棄其孤。莘欲死而不敢者，有先公付託之重任在。方先公之疾而未病也，日夜手編其詩文，數年成集，凡若干卷，逮將易簀，執莘手而授之，且曰：『吾集不可以無序，編有序篇，非序篇，寧無序篇也。今四海文字之友惟江西楊誠齋，與吾好且我知，微斯人疇可以屬斯事。小子識之！』若莘則何敢請，而先公之治命不敢墜，惟先生哀而諾之。」予執書抱遺編而泣曰：「萬里與公同年進士也。公先進至為朝廷大臣，與天子論道發政，坐廟堂進退百官，而萬里環堵荒寒之士也，何敢與公友。公不我薄陋而辱友之。萬里不敢拒公，亦不敢以執政俟公也。今忍死丁寧之託，其何敢辭！」初公以文學材氣受知壽皇，自致大用，至杖漢節使強敵，即其庭伏穹廬不肯起，袖出私書切責之，君臣大驚。有自階闥之嬖竊位樞臣者，其勢方震赫，公沮之，竟不奉詔而去。其所立又有不凡者矣！若夫劌心於山水風月之場，雕龍於言語文章之囿，此吾輩羈窮酸寒無聊不平之音也。公何必能此哉？古語曰：「爭名者必於朝，爭利者必於市。」是二人者使之以此易彼或以彼易此，二人者其肯乎哉？非不肯也，不願也；非不願也，亦各樂其樂也。詩人文士挾其所樂足以敵王公大人之所樂，不啻也，猶將愈之。故王公大人無以傲夫士，而士亦無所折於王公大人。今公乃自屏其所可樂，而復力爭夫士之所甚樂，所謂不虞君之涉吾地者其不多取乎！然公之詩文非能工也，不能不工耳。公風神英邁，意氣傾倒，拔新領異之談，登峰造極之理，蕭然如晉宋間人物。他人戛戛吃吃而不能出諸口者，公矉呻噫欠之間，猝然談笑而道之，則其詩文之工豈十日一水五日一石之謂也哉？甚矣文之難也！長於臺閣之體者或短於山林之味，諧於時世之嗜者或漓於古雅之風。箋奏與記序異曲，五七與千百不同調，非文之難，兼之者難也。至於公訓語具西漢之爾雅，賦篇有杜牧之之刻深，騷詞得楚人之幽婉，序山水則柳子厚，傳任俠則太史遷，至於詩大篇決流，短章斂芒，縟而不釀，縮而不僒，清新嫵麗，奄有鮑謝，奔逸儁偉，窮追太白，求其隻字之陳陳，一倡之嗚嗚而不可得也。今海內詩人不過三四，而公皆過之無不及者。予於詩豈敢以千里畏人者，而於公獨斂衽焉。於是文士詩人之難者易、偏者兼矣！其不盛矣乎？嘻！人琴今俱亡矣！廣陵散今此聲遂絕矣！惠子不生，莊子不死，復何道哉！公之別墅曰石湖，山水之勝，東南絕境也。壽皇嘗為書兩大字以揭之，故號石湖居士云。公諱成大，字至能，世為姑蘇人。其世次言行職官，則有少保大觀文大丞相益公周公之銘。時在紹熙五年六月十一日，誠齋野客楊萬里謹序。

【陸游序】石湖居士范公待制敷文閣來帥成都兼制置成都潼川利夔四道。成都地大人眾，事已十倍他鎮，而四道大抵皆帶蠻夷，且北控秦隴，所以臨制捍防，一失其宜，皆足致變故於呼吸顧盼之間，以是幕府率窮日夜力理文書，應期會，而故時巨公大人亦或不得少休。及公之至也，定規模，信命令，施利惠農，選將治兵，未數月聲震四境，歲復大登。幕府益無事。公時從其屬及四方之賓客飲酒賦詩。公素以詩名一代，故落紙，墨未及燥，士女萬人已更傳誦，被之樂府絃歌，或題寫素屏團扇，更相贈遺。蓋自蜀置帥守以來未有也。或曰公之自桂林入蜀也，舟車鞍馬之間有詩百餘篇，號《西征小集》，尤雋偉。蜀人未有見者。盍請於公以傳。屢請而公不可。彌年乃僅得之，於是相與刻之，而屬游為序。淳熙三年上巳日，朝奉郎成都府路安撫司參議官兼四川制置使司參議官山陰陸游序。

〔五〕【史源】見《石湖詩集》卷十一《偶書》題下注。

〔六〕【史源】如《石湖詩集》卷一《南徐道中》題下注：「以下赴金陵漕試作。」卷二《九月三日宿胥口始聞雁》題下注：「以下歸崑山作。」卷三《半塘》題下注：「以下二十首城西道中。」卷十《翰林學士何公（溥）挽詞》題下注：「以下館中作。」《古風酬胡元之》題下注：「以下白塔新居作。」卷十一《己丑五月被召至行在遇周畏知司直和五年前送周歸弋陽韻見贈復次韻答之》題下注：「以下自處州再至行在作。」《初約鄰人至石湖》題下注：「以下辛卯自西掖歸吳作。」卷十四《晚春二首》題下注：「以下桂林作，舊在乙稿。」（此處參考王培軍之說）

〔七〕【整理與研究】孔凡禮撰《范成大佚著輯存》（中華書局 1984 年版）。

130. 誠齋集一百三十二卷

宋楊萬里（1127～1206）撰。萬里有《誠齋易傳》，已著錄。

此集則嘉定元年（1208）其子長孺所編也。萬里立朝多大節，若乞留張栻，力爭呂頤浩等配享及災變應詔諸奏，今具載集中，丰采猶可想見。然其生平，乃特以詩擅名。有《江湖集》七卷，《荊溪集》五卷，《西歸集》二卷，《南海集》四卷，《朝天集》六卷，《江西道院集》二卷，《朝天續集》四卷，《江東集》五卷，《退休集》七卷，今並在集中。方回《瀛奎律髓》稱其一官一集，每集必變一格〔一〕。雖沿江西詩派〔二〕之末流，不免有頹唐粗俚之處，而才思健拔，包孕富有，自為南宋一作手，非後來四靈〔三〕、江湖諸派〔四〕可得而並稱。

周必大嘗跋其詩曰：「誠齋大篇短章，七步而成，一字不改，皆掃千軍、倒三峽、穿天心、出月脅之語。至於狀物姿態，寫人情意，則鋪敘纖悉，曲盡其妙，筆端有口，句中有眼（云云）。」〔五〕是亦細大不捐，雅俗並陳之一證也。南宋詩集傳於今者，惟萬里及陸游最富。游晚年隳節為韓侂胄作《南園記》，得除從官。萬里寄詩規之，有「不應李杜翻鯨海，更羨夔龍集鳳池」句，羅大經《鶴林玉露》嘗記其事〔六〕。**以詩品論，萬里不及游之鍛鍊工細；以人品論，則萬里倜乎遠矣。**

其集卷帙繁重，久無刻版〔七〕，故傳寫往往訛脫〔八〕。考岳珂《桯史》，記《朝天續集．韓信廟》詩「淮陰未必滅文成」句，麻沙刻本訛「文成」為「宣成」〔九〕，則當時已多誤本。今核正其可考者，凡疑不能明者可姑闕焉。

（《四庫全書總目》卷一百五十九）

【注釋】

〔一〕**【史源】**《瀛奎律髓》卷一楊萬里《過揚子江》方回批云：「楊誠齋詩，一官一集，每一集必一變，此《朝天續集》詩也。其子長孺舉似於范石湖、尤梁溪，二公以為誠齋詩又變，而誠齋謂不自知。」

〔二〕**【江西詩派】**參考莫礪鋒教授《江西詩派研究》（齊魯書社 1986 年版）。

〔三〕**【四靈派】**又稱「永嘉四靈」，即徐照、徐璣、翁卷、趙師秀。四靈派以晚唐為宗，以尖新字句為工，但邊幅太窄，興象太近。趙平撰《永嘉四靈詩派研究》（浙江大學出版社 2006 年版）。

〔四〕**【江湖詩派】**參考張宏生教授《江湖詩派研究》（中華書局 1995 年版）。

〔五〕**【史源】**周必大《文忠集》卷四十九《跋楊廷秀石人峰長篇》：「韓子蒼贈趙伯魚詩云：『學詩當如初學禪，未悟且遍參諸方。一朝悟罷正法眼，信手拈出皆成章。』蓋欲以斯道淑諸人也。今時士子見誠齋大篇短章，七步而成，一字不改，皆掃千軍、倒三峽、穿天心、透月脅之語，至於狀物姿態，寫人情意，則鋪敘纖悉，曲盡其妙，遂謂天生辯才，得大自在，是固然矣。抑未知公由志學至，從心上規，賡載之歌，刻意風雅頌之什，下逮左氏、莊、騷、秦、漢、魏晉、南北朝、隋、唐以及本朝，凡名人傑作，無不推求其詞源，擇用其句法，五六十年之間，歲鍛月煉，朝思夕維，然後大悟大徹，筆端有口，句中有眼，夫豈一日之功哉……予懼夫不善學者欲以三年刻楮葉之巧，而希秋花發杜鵑之神，望公將壇竭蹷趨之，非但失步邯鄲，且將下墜千仞。

故歷敘公真積力久乃入悟門，證子蒼之知言。慶元庚申十一月辛巳，平園老叟周某書於華隱樓。」

〔六〕【南園記】《鶴林玉露》甲編卷四：「陸務觀，農師之孫，有詩名。壽皇嘗謂周益公曰：『今世詩人亦有如李太白者乎？』益公因薦務觀，由是擢用，賜出身為南宮舍人。嘗從范石湖辟入蜀，故其詩號《劍南集》，多豪麗語，言征伐恢復事。其《題俠客圖》云：『趙魏胡塵十丈黃，遺民膏血飽豺狼。功名不遣斯人了，無奈和戎白面郎。』壽皇讀之，為之太息。臺評劾其恃酒頹放，因自號放翁。作詞云：『橋如虹，水如空，一葉飄然煙雨中，天教稱放翁。』晚年為韓平原作《南園記》，除從官。楊誠齋寄詩云：『君居東浙我江西，鏡裏新添幾縷絲。花落六回疏信息，月明千里兩相思。不應李杜翻鯨海，更羨夔龍集鳳池。道是樊川輕薄殺，猶將萬戶比千詩。』蓋切磋之也。然《南園記》唯勉以忠獻之事業，無諛辭。晚年詩和平粹美，有中原承平時氣象，朱文公喜稱之。」

〔七〕【版本】乾隆乙卯吉安刻八十五卷本，《四部叢刊》影印日本影宋鈔足本一百三十三卷。上海古籍出版社 1989 年出版影印本。今人周汝昌編《楊萬里選集》（中華書局 1962 年排印本），甚便初學。吳鷗《誠齋詩集版本述略》（《國學研究》第二卷，北京大學出版社 1994 年版），對楊萬里詩集的版本刊刻述之甚詳。另外，此書的初刻初印本現藏日本宮內廳書陵部特藏漢籍文庫，為天下孤本（詳見《日本藏漢籍珍本追蹤紀實》第 20～25 頁）。

〔八〕【原跋】天以誠而覆，地以誠而載，日月以誠而久照，江河以誠而晝夜。混混不息，誠之一字，非聖人疇克盡此？文節楊公，以誠名齋，要以自明而誠。苟有為，皆若是也。人皆知先生之孤標勁節，可以薄秋霜，可以沮金石，而始終不擾，而不知（先生）〔始終〕之所以不擾，先生之誠也。人皆知先生之文，如甕繭（操）〔繅〕絲，璀璨奪目，取而不竭。〔不知〕文以氣為主，充浩然之氣見諸文，而老益壯者，先生之誠也。負天下之望，如誠齋，真所謂一代不數人。而復有東山為之子，是子是父，前後一轍，非學以誠，其能是乎？東山先生曩（師）〔帥〕廣東（四庫本作「東廣」）焯（四庫本作「燡」）敘，貳令南海，辱賓門牆，益深敬慕。迺令假守通德之鄉，誠齋文集獨闕未傳。尊先生之道義，以倡儒學；表先生之志節，以激士習；發先生之詞藻，以振文……（下缺半頁）鋟木於端平初元六月一日，畢工於次年乙未六月之既望。焯叔累被朝旨，搜訪遺書，遂獲……（下有脫文）氣昌（四庫本作「冒」），

茲承乏政敦，先此東山，首從所請，且獲手為是正。以卷計，一百三十有三，以字計，八十萬七千一百有八……（下有脫文）

司馬按，此跋以《日本藏漢籍珍本追蹤紀實》第 21～22 頁所抄跋文錄入，又據四庫本卷末跋文校勘，嚴文有幾處明顯的訛字。嚴先生指出了此跋「剝蝕錯落」，存在脫文。但四庫館臣則掩蓋事實真相，將「鋟木於端平初元六月一日，畢工於次年乙未六月」一語移至最後，造成文章完整的樣子。

〔九〕【考證】《桯史》卷十二「淮陰廟」條：「楚州淮陰，夾漕河而邑於澤國，諸聚落尤為荒涼。開禧北征，余舟過其下，舟人指河東岸弊屋數椽，曰：『是為楚王信廟。』亟維纜登焉。堂廡傾欹，幾不庇風雨，兩旁皆過客詩句，楹楣戶牖，題染無餘，往往玉石混淆，殊不可讀。左廂有高堵，不知何人寫楊誠齋二詩其上，字甚大，不能工，亦舛筆劃，余以意揣錄之。其一曰：『來時月黑過淮陰，歸路天花舞故城。一劍光寒千古淚，三家市出萬人英。少年跨下安無忤，老父圯邊愕不平。人物若非觀歲暮，淮陰何必減文成。』其二曰：『鴻溝只道萬夫雄，雲夢何銷武士功。九死不分天下鼎，一生還負室前鐘。古來犬斃愁無蓋，此後禽空悔作弓。兵火荒餘非舊廟，三間破屋兩株松。』音節悲壯，倫擬抑揚，遍壁間殆無繼者！本題『文成』為『宣成』。余按張留侯謚，與霍博陸自不同，後得麻沙印本《朝天續集》，乃亦作『宣』字：尤可怪也。」按《四庫全書》本《誠齋集》卷二十七《過淮陰縣題韓信廟前用唐律後用進退格羅，其句作「淮陰何必減宣城」，非「宣成」；蓋愈改而愈謬，可怪極矣。（此處採用王培軍之說）

131. 劍南詩稿八十五卷

宋陸游〔一〕（1125～1210）撰。游有《入蜀記》，已著錄。

是集末有嘉定十三年（1220）游子朝請大夫知江州軍（今江西九江）事子虡跋，稱游西泝僰道，樂其風土，有終焉之志，宿留殆十載。戊戌春正月，孝宗念其久外，趣召東下，然心未嘗一日忘蜀也。是以其平生所為詩卷曰《劍南詩稿》，蓋不獨謂蜀道所賦詩也。又稱：「戊申、己酉後詩，游自大蓬謝事歸山陰故廬，命子虡編次為四十卷，復題其簽曰《劍南詩續稿》。自此至捐館舍，通前稿為詩八十五卷。子虡假守九江，刊之郡齋，遂名曰《劍南詩稿》案：遂字文義未順，疑當作通名曰《劍南詩稿》。（云云）。」〔二〕則此本游之子虡所編。至跋稱游在新定時所編前稿，於舊詩多所去取，所遺詩尚七卷，不敢複雜之，卷首別其名曰「遺稿」者，案：《後村詩話》作「別集七卷」蓋偶筆誤。今則不可見矣。卷首又有淳熙十四年（1187）游門人鄭師尹序，稱其詩為眉山蘇林所收拾，而師尹編次之，與子虡跋不同。蓋師尹所編先別有一本，子虡存其舊序冠於全集也。

游詩法傳自曾幾，而所作《呂居仁集序》，又稱源出居仁，二人皆江西派也。然游詩清新刻露，而出以圓潤，實能自闢一宗，不襲黃、陳之舊格。劉克莊號為工詩，而《後村詩話》載游詩僅摘其對偶之工〔三〕，已為皮相。後人選其詩者，又略其感激豪宕、沉鬱深婉之作，惟取其流連光景、可以剽竊移掇者，轉相販鬻，放翁詩派遂為論者口實。夫游之才情繁富，觸手成吟，利鈍互陳，誠所不免。故朱彝尊《曝書亭集》有是集跋，摘其自相蹈襲者至一百四十餘聯〔四〕。是陳因窠臼，游且不能自免，何況後來。然其託興深微，遣詞雅雋者，全集之內指不勝屈，安可以選者之誤，並集矢於作者哉！今錄其全集，庶幾知劍南一派，自有其真，非淺學者所可藉口焉。〔五〕（《四庫全書總目》卷一百五十九）

【注釋】

〔一〕【作者研究】齊治平、孔凡禮合撰《古典文學研究資料彙編．陸游卷》（中華書局 1962 年版）。錢大昕撰《陸放翁先生年譜》，趙翼亦著《陸放翁年譜》，但錢譜規模過小、趙譜事蹟過略。于北山撰《陸游年譜》（上海古籍出版社 1985 年增訂本），歐小牧撰《陸游年譜》（人民文學出版社 1981 年版）。朱東潤撰《陸游傳》（人民文學出版社 2007 年版）、《陸游研究》（中華書局 1961 年版），韓國李致洙撰《陸游詩研究》（臺灣文史哲出版社 1991 年版），楊武鳳撰《陸游詩傳》（中國文史出版社 2020 年版）。

〔二〕【陸子虡《劍南詩稿跋》】先君太史，晚自號曰放翁。紹興、辛巳間，及事高宗皇帝，累遷樞密院編修官。孝宗皇帝嗣位之初，召對便殿，賜進士第。時始置編類太上皇帝聖政所，妙柬時髦，先君首預其選，擢檢討官。久之，以忤貴倖自免去。五為州別駕，西泝僰道，樂其風土，有終焉之志。蜀之名卿巨儒皆傾心下之，爭先挽留。晁公子止侍郎欲捐其別墅以舍之，先君諾焉，而未之決也。嘗為子虡等言：「蜀風俗厚，古今類多名人，苟居之，後世子孫宜有興者。」宿留殆十載。戊戌春正月，孝宗念其久外，趣召東下，然心固未嘗一日忘蜀也。其形於歌詩，蓋可考矣。是以題其平生所為詩卷曰《劍南詩稿》，以見其志焉，蓋不獨謂蜀道所賦詩也。後守新定，門人請以鋟梓，遂行於世。其戊申、己酉後詩，先君自大蓬謝事歸山陰故廬，命子虡編次為四十卷，復題其簽曰《劍南詩續稿》，而親加校定，朱黃塗攛，手澤存焉。自此至捐館舍，通前稿，凡為詩八十五卷。子虡假守九江，刊之郡齋，遂名曰《劍南詩稿》，所以述先志也。其他雜文論著，季弟子遹亦已刊之溧陽。會子虡上乞骸之請，旦暮且去，故有所未暇。初先君在新定時，所編前稿，於舊詩多所去取，其所遺詩存者尚七卷。念先君之遺之也，意或有在。且前稿行已久，不敢複雜之卷首，故別其名曰《遺稿》云。嘉定十三年十二月之望，男朝請大夫知江州軍州事借紫子虡謹書。

〔三〕【史源】《後村詩話》卷二：「古人好對偶，被放翁用盡。篩紙尾，摸牀稜；烈士壯心，狂奴故態；生希李廣名飛將，死慕劉伶贈醉侯；下澤乘車，上方請劍；酒寧剩欠尋常債，劍不虛施細碎仇；空虛腹，壘塊胸；愛山入骨髓，嗜酒在膏肓；手板，肩輿；鬼子，天公；貴人自作宣明畫，老子曾聞正始音；牀頭《周易》，架上《漢書》；溫卷，熱官；醉學究，病維摩，無事飲，不平鳴；乞米帖，借車詩；曲道士，楮先生；土偶，天公；長劍拄頤，短衣掩脛；已得丹換骨，肯求香返魂；子午谷，丁卯橋；洛陽二頃，光範三書；酒聖，錢愚；茶七碗，稷三升；一彈指，三折肱；天女散花，麻姑擲米；虎頭，雞肋；玉麈尾，金褭蹄；金鴉嘴，玉轆轤；客至難令三握髮，佛來僅可小低頭；百衲琴，雙鉤帖；藏經，閣帖；摩詰病說法，虞卿窮著書；讀書十紙，上樹千回；風漢，醉侯；見虎猶攘臂，逢狐肯叩頭；天愛酒，地埋憂；一齒落，二毛侵；癡頑老，矍鑠翁；曲肱，縱理；竹郎，木客；百錢掛杖，一鍤隨身；百甕虀，兩囤棗；煉炭，勞薪；銅臭，飯香；記書身大如椰子，忍事癭生似瓠壺；笑爾輩，愛吾廬；僧坐夏，士防秋；麈尾清談，蠅頭細字；岩下電，霧中花；唐夾寨，楚成皋。」

〔四〕【書劍南集後】詳見《曝書亭集》卷五十二：「詩家比喻，六義之一，偶然為之可爾。陸務觀《劍南集》句法稠疊，讀之終卷，令人生憎。若：『身似老僧猶有發，門如村舍強名官。』『跡似春萍本無柢，心如秋燕不安巢。』『身似在家狂道士，心如退院病禪師。』『心似春鴻寧久住，身如秋扇合長捐。』『身似敗棋難復振，心如病木已中空。』『心似枯葵空向日，身如病櫟孰知年。』『家似江淮歸業戶，身如湖嶺罷參僧。』『心似遊僧思遠道，身如敗將陷重圍。』『居似窮邊荒馬驛，身如深谷老桑門。』『人似登仙惟火食，俗如太古欠巢居。』『閒似苔磯垂釣叟，淡如村院罷參僧。』『懶似老雞頻失旦，衰如蠹葉早知秋。』『喜似繫囚聞縱掉，快如疥癢得爬搔。』『閒似白鷗雖自足，健如黃犢已無緣。』『酒似粥濃知社到，餅如盤大喜秋成。』『難似車登蛇退嶺，險如舟過馬當時。』月似有情迎馬見，鶯如相識向人鳴。』『心如澤國春歸雁，身似雲堂旦過僧。『身如巢燕臨歸日，心似堂僧欲動時。』身如病木驚秋早，心似鰥魚怯夜長。『心如老驥長千里，身似春蠶已再眠。』身如海燕不逢社，家似瓜牛僅有廬。『心如老馬雖知路，身似鳴蛙不屬官。』『身如病鶴長停料，心似山僧已棄家。』『心如頑石忘榮辱，身似孤雲任去留。』心如脫穽奔林鹿，跡似還山不雨雲。』『恩如長假容居里，官似分司不限年。』『瘦如飯顆吟詩面，饑似柴桑乞食身。』『勇如持虎但堪笑，學似累棋那易成。』『爽如瑞露零仙掌，清似寒冰貯玉壺。』『衰如蠹葉秋先覺，愁似鰥魚夜不眠。』『樂如逐兔牽黃犬，快似麾兵卷白波。』『壁如龜莢難占卜，瓦似魚鱗不接連。』『路如劍閣逢秋雨，山似爐峰鎖暮雲。』『雲如山壞長空黑，風似潮回萬木傾。』『雨如梅子初黃日，水似桃花欲動時。』『花如上苑長成市，酒似新豐不值錢。』『雁如著意頻驚枕，月似知愁故入門。』『蠶如黑蟻桑生後，秧似青針水滿時。』餘詩腰膝用如、似字作對，難以悉數，就中非無佳句，此陸平原所云『離之雙美，合之兩傷』者也。予友三原孫枝蔚豹人徵入都，不願分修史之祿，賦詩云：『身如橘柚病於北，心似鷓鴣飛向南。』有識者憐之。此偶然作爾。邇者詩人多捨唐學宋，予嘗嫌務觀太熟，魯直太生，生者流為蕭東夫，熟者降為楊廷秀，蕭不傳而楊傳，傚之者，何異海畔逐臭之夫邪？」今按劉衍文《雕蟲詩話》卷三云：「余以為紀河間最可取者，筆記小說而外，端在詩之識見，雖亦時有偏頗處，而嚴苛入微，尤非人所能及。如於詩之生熟兩途，他家所論，皆甚浮泛。如清朱秀水《曝書亭集》卷五十二《書劍南集後》云：『予嘗嫌務觀太熟，魯直太生。』袁簡齋《續詩品割忍》但云『知熟必避，知生必避』；其他各家所論，雖小有發揮，而大都尚覺粗略。惟紀氏能將熟細分為圓熟、甜熟（甜俗）、爛熟等，於《瀛奎律髓刊誤》中對陸游等詩為之點醒，以明其關捩所在。」

〔五〕【整理與研究】《陸遊集》五冊，《詩稿》八十五卷，《文集》五十卷，《逸稿》二卷，中華書局 1976 年排印本。朱東潤編《陸游選集》（中華書局 1962 年排印本），錢仲聯撰《劍南詩稿校注》（上海古籍出版社 1985 年《中國古典文學叢書》本、2005 年新版）。

132. 渭南文集五十卷逸稿二卷

宋陸游（1125～1209 或 1210）撰。

游晚封渭南伯，故以名集。陳振孫《書錄解題》作三十卷。此本為毛氏汲古閣以無錫華氏活字版本重刊，凡表箋二卷，札子二卷，奏狀一卷，啟七卷，書一卷，序二卷，碑一卷，記五卷，雜文十卷，墓誌、墓表、壙記、塔銘九卷，祭文哀辭二卷，《天彭牡丹譜》《致語》共為一卷，《入蜀記》六卷，詞二卷，共五十卷，與陳氏所載不同，疑「三」字、「五」字筆劃相近而訛刻也。末有嘉定三年遊子——承事郎、知建康府、溧陽縣主管勸農事子遹跋稱：「先太史未病時，故已編輯，凡命名及次第之旨皆出遺意，今不敢紊。」又述游之言曰：「劍南乃詩家事，不可施於文，故別名渭南。如《入蜀記》《牡丹譜》《樂府詞》，本當別行，而異時或至失散，宜用廬陵所刊歐陽公集例，附於集後（云云）。」〔一〕則此集雖子遹所刊，實游所自定也。游以詩名一代，而文不甚著。集中諸作，邊幅頗狹，然元祐黨家世承文獻，遣詞命意，尚有北宋典型，故根柢不必其深厚，而修潔有餘，波瀾不必其壯闊，而尺寸不失。士龍清省，庶乎近之，較南渡末流以鄙俚為真切，以庸沓為詳盡者，有雲泥之別矣。游《劍南詩稿》有《文章》詩曰：「文章本天成，妙手偶得之。粹然無瑕疵，豈復須人為。君看古彝器，巧拙兩無施。漢最近先秦，固已殊淳漓。」〔二〕其文固未能及是，其旨趣則可以概見也。

《逸稿》二卷，為毛晉所補輯〔三〕。史稱游晚年再出，為韓侂冑撰《南園閱古泉記》，見譏清議。今集中凡與侂冑啟皆諱其姓，但稱曰丞相，亦不載此二記。惟葉紹翁《四朝聞見錄》有其全文，晉為收入《逸稿》，蓋非游之本志。然足見愧詞曲筆，雖自刊除，而流傳記載，於求其泯沒而不得者，是亦足以為戒矣。（《四庫全書總目》卷一百五十九）

【注釋】

〔一〕【陸遹跋】四庫本未見。

〔二〕【文章詩】《劍南詩稿》卷八十三：「文章本天成，妙手偶得之。粹然無疵瑕，豈復須人為。君看古彝器，巧拙兩無施。漢最近先秦，固已殊淳漓。胡部何為者，豪竹雜哀絲。后夔不復作，千載誰與期？」

〔三〕【毛扆跋】先君刻《逸稿》，後六十餘年，扆購得別本《渭南集》五十二卷，其前後與家刻略同，只少《入蜀記》六卷，而多詩八卷。細檢《劍南集》中，除其重複，又得未刻詩二十首，並續添於後云。

今按，孔凡禮發現毛晉、毛扆所刻《放翁逸稿》中有些不是陸游的作品，他撰有《毛晉毛扆輯放翁佚稿考辨》（載《陸遊集》第五冊）、《陸游著述辨偽》（載《文史》第十三輯）。

133. 水心集二十九卷

宋葉適（1150～1223）撰。適有《習學記言》，已著錄。

其文集之目，見於陳振孫《書錄解題》、趙希弁《讀書附志》者皆二十八卷，又有《拾遺》一卷，《別集》十六卷，則獨載於《書錄解題》，且稱淮東本無《拾遺》，編次亦不同。《別集》前九卷為制集、進卷；後六卷號《外稿》，皆論時事；末卷號《（總集）〔後總〕》，專論買田、贍兵、讀書。《附志》則但紀其集為門人趙汝（鐺）〔讜〕序刻，而不詳其體例。

此本為明正統中處州推官黎諒所編。前有自識，稱少讀適《策場標準》，慕其文，至括郡訪求八年，得札、狀、奏議等八百餘篇，因裒輯匯次，合為一編〔一〕。蓋已非宋本之舊，惟趙汝（鐺）〔讜〕原序尚存。然汝（鐺）〔讜〕實用編年之法，諒不加深考，以意排纂，遂至盡失其原次。其間如《財總論》《田計》諸篇，多論時事，當即別集佚篇，不在原集二十八卷之內，諒亦不能辨別也。〔二〕

適文章雄贍，才氣奔逸，在南渡卓然為一大宗。其碑版之作，簡質厚重，尤可追配作者。適嘗自言：「譬如人家觴客，雖或金銀器照座，然不免出於假借，惟自家羅列者，即僅瓷缶瓦杯，然都是自家物色。」〔三〕其命意如此，故能脫化町畦，獨運杼軸，韓愈所謂「文必己出」者，殆於無忝。吳子良《荊溪林下偶談》〔四〕稱：「水心作《汪勃墓誌》有云：『佐祐執政，共持國論。』執政乃秦檜同時者。汪之〔曾〕孫綱不樂，請改，水心答書不從。會水心卒，趙蹈中方刊文集未就，門下有受汪囑者，竟為除去『佐祐執政』四字。」〔五〕今考集中汪勃誌文，已改為：「居紀綱地，共持國論。」則子良所紀為足信，而適作文之不苟，亦可以概見矣。〔六〕（《四庫全書總目》卷一百五十九）

【注釋】

〔一〕**【史源】**見四庫本卷首。作序時間為正統十三年（1448）孟春望日。

〔二〕**【版本】**溫州孫衣言刻《永嘉叢書》本，《四部叢刊》影印明正統刻本。中華書局 1962 年排印標點本，名《葉適集》。潘景鄭《明正統本葉水心集》云：「《水心先生集》以正統間黎諒所編二十九卷本為最古，《四庫》著錄即此本，正統後亦未見他刻。乾隆時溫州刊本即從正統本出。」(《著硯樓讀書記》第 471 頁）潘猛補對此集的版本敘述較備，詳見《溫州經籍志》第 921～922 頁。

〔三〕【史源】宋吳子良《荊溪林下偶談》卷三。今按，劉咸炘云：「葉氏論揚雄《反離騷》曰：『自立於淺，而不足以知人之深，固學者之大患；自處於深，而不知人之未易以淺量也，則其患蓋有甚矣。』斯言固不啻自評也已。」(《劉咸炘學術論集‧子學編》第 508 頁）

〔四〕【荊溪林下偶談】宋吳子良撰。此書皆其論詩評文之語，所見頗多精確。所記葉適作徐道暉墓誌，王本叔詩序，劉潛夫詩卷跋，皆有不取晚唐之說。蓋其暮年自悔之論，獨詳錄之，其識高有當時諸人遠矣。(《四庫全書總目》卷一百九十五）

〔五〕【前輩不肯妄改已成文字】水心作《汪參政勃墓誌》有云：「佐右執政，共持國論。」執政蓋與秦檜同時者也。汪之孫、浙東憲綱不樂，請改。水心答云：「凡秦檜時執政，某未有言其善者，獨以先正厚德，故勉為此，自謂已極稱揚，不知盛意猶未足也。」汪請益力，終不從。未幾，水心死，趙蹈中方刊文集，未就，門下有受汪囑者，竟為除去「佐祐執政」四字，碑本亦除之，非水心意也。水心答書，惜不見集中。退之云：「吾之為此文，豈取其句讀不類於今者邪？思古人而不得見，學古道則欲兼通其詞，通其詞者，本志於古道者也。古之道不苟毀譽於人，則吾之為斯文，皆有實也。然則妄改以投合，則失其實矣。穆伯長貧甚，為一僧寺記，有賈人致白金，求書姓名，伯長擲金於地，曰：吾寧餓死，終不以匪人污吾文也。夫求書姓名且不可，而肯妄改以投合乎？前古作者所為墓誌及他文，後多收入史傳，使當時苟務投合，則已不能自信，豈能信世乎？」水心為《篔窗集序》末云：「趨舍一心之信，否臧百世之公。」此二句最有味，學文者宜思焉。故凡欺誑以為文者，文雖工，必不傳也。(《荊溪林下偶談》卷二）

《荊溪林下偶談》卷三云：「和平之言難工，感慨之詞易好。近世文人能兼之者，惟歐陽公。如《吉州學記》之類，和平而工者也，如《豐樂亭記》之類，感慨而好者也。然《豐樂亭記》意雖感慨，辭猶和平。至於《蘇子美集序》之類，則純乎感慨矣。乃若憤悶不平，如王逢原悲傷無聊，如邢居實則感慨而失之也。」

〔六〕【整理與研究】孫衣言為水心文集校勘之功臣，撰有《水心校注》（稿本，藏溫州市圖書館）、《葉水心文集校注》（稿本，藏浙江大學圖書館）；劉公純等點校《葉適集》（中華書局 1961 年版）；四川大學整理《全宋文》時將葉適文字搜羅最備。

134. 石屏集六卷〔一〕

宋戴復古（1167～？）撰。復古字式之，天台（今屬浙江台州市）人。嘗登陸游之門，以詩鳴江湖間。所居有石屏山，因以為號，遂以名集。

卷首載其父敏詩十首，蓋復古幼孤，勉承家學，因搜訪其先人遺稿以冠己集。昔黃庭堅《山谷集》後附刻其父《伐檀集》，王楙《野客叢書》後附刻其父《野老紀聞》。復古以父詩為數無多，不成卷帙，特升弁於簡端。例雖小變，理乃較協矣。

復古詩筆俊爽，極為作者所推。姚鏞跋其詩，稱其「天然不費斧鑿處，大似高三十五輩，晚唐諸子當讓一面」。方回跋其詩，亦稱其清健輕快，自成一家。〔二〕雖皆不免稍過其實，要其精思研刻，實自能獨闢町畦。瞿祐〔三〕《歸田詩話》載，復古嘗見夕照映山，得句云「夕陽山外山」，自以為奇，欲以「塵世夢中夢」對之，而不愜意。後行村中，春雨方霽，行潦縱橫，得「春水渡傍渡」句以對，上下始稱。〔三〕其苦心搜索，即此可見一端。至集中《嚴子陵釣臺》詩所謂「平生誤識劉文叔，惹起虛名滿世間」者，趙與虤《娛書堂詩話》〔四〕極賞其新意可喜〔五〕，而羅大經《鶴林玉露》又深以其議論為不然〔六〕。蓋意取翻新，轉致失之輕佻，在集中殊非上乘。與虤所云，固未足為定評矣。（《四庫全書總目》卷一百六十一）

【注釋】

〔一〕【書名】庫書題作《石屏詩集》。以號名集。

〔二〕【姚方二跋】四庫本未收。

〔三〕【瞿祐】（1341～1427），字宗吉，錢塘人。著有《歸田詩話》三卷，四庫入詩文評類存目。

〔四〕【史源】《兩宋名賢小集》卷二百七十五。

〔五〕【娛書堂詩話】宋趙與虤撰。虤字……故其字為威伯。以《宋史・宗室表》連名次第考之，蓋太祖十世孫也。書中多稱陸游、楊萬里、樓鑰晚年之作，又稱宗人紫芝，是寧宗以後人矣。其論詩源出江西，而兼涉於江湖宗派。故所稱述，如羅隱、范仲淹釣臺詩，高端叔雨詩，又桂子梅花一聯，毛國英投岳飛詩，羅隱繡詩，沙門遊雁宕詩，唐宣宗百丈山詩，姜夔、潘轉庵贈答詩，黃景說賀周必大致仕詩，無名氏濞亭詩，危稹送柴中行致仕詩，徐得之明妃曲，黃居萬瀑布詩，無名氏龜峰詩，周鎬將雨詩、壽趙倅詩，劉詠八月十四夜詩雙柏句、樸滿子句、寓興詩，楊萬里所稱劉應時詩，唐人汴河詩，陸九淵少作，石延年夷齊廟詩，無名氏天開圖畫亭詩，劉敞種柏詩，吳鎰絕句，江東客獻楊萬里詩，劉概詩，徐似道、楊萬里贈答詩，趙橫釣臺詩，白居易周公恐懼流言日一首及作詩用法語一條，大抵皆凡近之語，評品殊為未當，蓋爾時風氣類然。然名章、俊句、軼事、逸文，亦絡繹其間，頗足以資聞見。失於蕪雜則有之，要其精華不可棄也。（《四庫全書總目》卷一九五）

今按，郭紹虞先生以為「在南宋詩話中尚為佳本」。

〔六〕【史源】《娛書堂詩話》:「嚴子陵釣臺題詠，尚矣。天台戴（適）〔式〕之復古一絕云:『萬事無心一竹竿，三公不換此江山。平生誤識劉文叔，惹起虛名滿世間。』亦新奇可喜。」

〔七〕【史源】羅大經《玉露·論嚴子陵》:「近時戴式之詩云:『萬事無心一釣竿……』句雖甚爽，意實未然。今考史籍，光武儒者也，素號謹厚，觀諸母之言可見矣。子陵意氣豪邁，實人中龍，故有狂奴之稱。方其相友於隱約之中，傷王室之陵夷，歎海宇之橫潰，知光武為帝胄之英，名義甚正，所以激發其志氣，而道之以除凶剪逆，吹火德於既灰者，當必有成謀矣。異時披圖興歎，岸幘迎笑，雄姿英發，視向時謹敕之文叔如二人焉。子陵實陰有功於其間，天下既定，從容訪帝，共榻之臥，足加帝腹，情義如此，子陵豈以匹夫自嫌，而帝亦豈以萬乘自居哉？當是之時，而欲使之俛首為三公，宜其不屑就矣。史臣不察，乃以之與周黨同稱。夫周黨特一隱士耳，豈若子陵友真主於潛龍之日，而琢磨講貫，隱然有功於中興之業者哉！」

135. 南軒集四十四卷〔一〕

宋張栻（1133～1180）撰。栻字敬夫，廣漢（今屬四川德陽市）人，丞相濬之子。以蔭補官，孝宗時歷左司員外郎，除秘閣修撰，終於荊湖北路安撫使。事蹟具《宋史·道學傳》。

栻歿之後，其弟杓裒其故稿四巨編，屬朱子論定。朱子又訪得四方學者所傳數十篇，益以平日往還書疏，編次繕寫，未及蕆事，而已有刻其別本流傳者。朱子以所刻之本多早年未定之論，而末年談經論事、發明道要之語，反多所佚遺，乃取前所搜輯參互相校，斷以栻晚歲之學，定為四十四卷，並詳述所以改編之故，弁於書首〔二〕。即今所傳淳熙甲辰（1184）本也。

栻與朱子交最善，集中與朱子書凡七十有三首，又有答問四篇，其間論辨斷斷，不少假借。如第二札則致疑於辭受之間，第三札辨墓祭中元祭，第四札辨《太極圖說注》，第五、六、七札辨《中庸注》，第八札辨游酢《祠記》，第十札規朱子言語少和平，第十一札論社倉之弊，責以偏袒王安石，第十五札辨胡氏所傳二程集不必追改，戒以平心易氣，第二十一札辯論仁之說有流弊，第四十四札論山中諸詩語未和平，第四十九札論《易說》未安，是從來許多意思未能放下，第五十四札規以信陰陽家言擇葬地，與胡季隨，第五札又論朱子所編《名臣言行錄》未精細，朱子並錄之集中，不以為忤。又栻學問淵源，本出胡宏〔三〕，而與朱子第二十八札，謂胡寅《讀史管見》病敗不可言，其中有好處，亦無完篇。又第五十三札謂胡安國《春秋傳》其間多有合商量處，朱子亦並錄之集中，不以為嫌。起以見醇儒心術，光明洞達，無一毫黨同伐之私。後人執門戶之見，一字一句無不迴護，殊失朱子之本意。至朱子作張浚墓誌，本據栻所作行狀，故多溢美，語錄載之甚明。而編定是集，乃削去濬行狀不載，亦足見不以朋友之私，害是非之公矣。論張浚者，往往遺議於朱子，蓋未核是集也。劉昌詩《盧浦筆記》駁栻《堯廟歌》指堯廟在桂林，失於附會。其歌今在集中，蓋取其尊崇帝德而略其事實。昌詩又錄栻《愨齋銘》，稱栻奉其父命為其弟杓作，本集不載，檢之良然。然栻集即杓所輯，不應反漏。考高斯得《恥堂存稿》有《南軒永州諸詩跋》曰：「劉禹錫編柳子厚集，斷至永州以後，少作不錄一篇。南軒先生永州所題三亭、陸山諸詩，時方二十餘歲，興寄已落落穆穆如此，然求之集中則咸無焉，豈編次者以柳集之之法裁之乎？」〔四〕然則栻集外詩文，皆朱子刪其少作，非偶佚矣。〔五〕（《四庫全書總目》卷一百六十一）

【注釋】

〔一〕**【書名】** 張栻號南軒，故以名其集。

〔二〕**【朱熹序】** 孟子沒，而義利之說不明於天下。中間董相仲舒、諸葛武侯、兩程先生屢發明之，而世之學者莫之能信。是以其所以自為者，鮮不溺於人欲之私，而其所以謀人之國家，則亦曰功利焉而已爾。爰自國家南渡以來，乃有丞相魏國張忠獻公，倡明大義，以斷國論。侍讀南陽胡文定公，誦說遺經，以開聖學。其託於空言，見於行事，雖若不同，而於孟子之言，董、葛、程氏之意，則皆有所謂千載而一轍者。若近故荊州牧張侯敬夫者，則又忠獻公之嗣子，而胡公季子五峰先生之門人也……獨其見於論說，則義利之間，毫釐之辨，蓋有出於前哲之所欲言而未及究者。措諸事業，則凡宏綱大用，鉅細顯微，莫不洞然於胸次，而無一毫功利之雜。是以論道於家，而四方學者爭鄉往之。（下略）

〔三〕【史源】《胡子知言序》《五峰集序》均載卷十四。

〔四〕【史源】《恥堂存稿》卷五。

〔五〕【整理與研究】楊世文等編次《張栻全集》（長春出版社 1999 年版）。

136. 龍川文集三十卷

宋陳亮〔一〕（1143～1194）撰。亮有《三國紀年》，已著錄。

亮與朱子友善，故構陷唐仲友於朱子，朱子不疑，然才氣雄毅，有志事功，持論乃與朱子相左。羅大經《鶴林玉露》記朱子告亮之言曰：「凡真正大英雄，須是戰戰兢兢，從薄冰上履過去。」〔二〕蓋戒其氣之銳也。岳珂《桯史》又記：「呂祖謙歿，亮為文祭之，有『孝悌忠信，常不足以趨天下之變，而材術辨智，常不足以定天下之經』語，朱子見之，大不契，遺書婺人，詆為怪論。亮聞之亦不樂，他日上孝宗書曰：『今世之儒士，自謂得正心誠意之學者，皆風痹不知痛癢之人也』。蓋以微諷晦翁，晦翁不訝也（云云）。」〔三〕足見其負氣傲睨，雖以朱子之盛名，天下莫不攀附，亦未嘗委曲附和矣。

今觀集中所載，大抵議論之文為多，其才辨縱橫，不可控勒，似天下無足當其意者。使其得志，未必不如趙括、馬謖，狂躁僨轅〔四〕。但就其文而論，則所謂「開拓萬古之心胸，推倒一時之豪傑」〔五〕者，殆非盡妄。與朱子各行其志，而始終愛重其人，知當時必有取也。〔六〕

《宋名臣言行錄》謂其在孝宗朝六達帝廷，上書論大計，今集中獨有上孝宗四書及《中興論》。考《宋史》所載亦同。又《言行錄》謂垂拱殿成，進賦以頌德，又進《郊祀慶成賦》。今集中均不載。葉適序謂亮集凡四十卷，今是集僅存三十卷，蓋流傳既久，已多佚闕，非復當時之舊帙。以世所行者只有此本，故仍其卷目著之於錄焉。〔七〕（《四庫全書總目》卷一百六十二）

【注釋】

〔一〕【作者研究】童振福撰《陳亮年譜》（商務印書館 1936 年版），顏虛心撰《陳龍川年譜》（商務印書館 1940 年版）。鄧廣銘撰《陳龍川傳》（重慶獨立出版社 1944 年版、生活・讀書・新知三聯書店 2007 年版），董平、劉宏章合撰《陳亮評傳》（南京大學出版社 1996 年版），盧敦基撰《陳亮傳》（上海社會科學院出版社 2004 年版）、《人龍文虎：陳亮傳》（浙江人民出版社 2006 年版）。

〔二〕【史源】《鶴林玉露》卷一。

〔三〕【史源】《程史》卷十二《呂東萊祭文》。

〔四〕【僨轅】覆車。比喻覆敗。

〔五〕【史源】《龍川集》卷二十《甲辰答朱元晦秘書》。

〔六〕【宗旨】同甫於《錢叔因墓誌銘》自言其學曰：「人眇然一身，與天地並立而為三才，其闕一不可之本為安在？又以為洪荒之初，聖賢繼作，道統日以修明，雖時有治亂，而道無一日不在天下也。而戰國秦漢以來千五百年之間，此道安在？而無一人能識其用，聖賢亦不復作，天下乃賴人之智力以維持，而道遂為不傳之妙物，儒者又何從而得之，以尊其身，而獨立於天下。六經諸史，反覆推究，以見天運人事流行參錯之處，而識觀象之妙，時措之宜，如長江大河，渾渾浩浩，盡收眾流，而萬古不能盡也。而後知人之職分，聖賢之所用心，而人心之危不可以一息而不操也。苟有用心之地，則凡天下之學皆可因之，以資吾之陟降上下焉。」

〔七〕【整理與研究】鄧廣銘先生點校《陳亮集》（中華書局 1987 年增訂本）。今按，此書常見版本有同治八年永康應氏刻本、《金華叢書》本和湖北書局刻本。

137. 龍洲集〔一〕十四卷附錄二卷

宋劉過（1154～1206）撰。過字改之，廬陵（今江西吉安）人。當宋光宗、寧宗時，以詩遊謁江湖。韓侂胄嘗欲官之，使金國，而輕率漏言，卒以窮死。蓋亦陳亮之流，而跅弛更甚者也。

當其叩閽上書，請光宗過宮，頗得抗直聲。然其時在廷諸臣已交章論奏，非廊廟不言，待於草野言之者，何必屋上架屋，為此嘵嘵，特巧於博名耳。又屢陳恢復大計，謂中原可不戰而取，更不過附合時局，大言以幸功名。北伐之役後竟何如耶？楊維楨弔其墓詩云：「讀君舊日伏闕疏，喚起開禧無限愁。」〔二〕文人標榜之詞，非篤論也。其詩文亦多粗豪抗厲，不甚協於雅言，特以跌宕縱橫，才氣坌溢，要非齷齪者所及，故今猶傳焉。

集凡十四卷，後附宋以來諸人所題詩文二卷，合十六卷〔三〕。岳珂《桯史》記過始末頗詳，稱：「其開禧乙丑（1205）過京口（今江蘇鎮江），相與摭奇弔古，多見於詩。其《多景樓》一篇，廣漢章以初升〔之〕為之大書，詞翰俱卓犖可喜，屬為刻樓上，會兵起不果（云云）。」〔四〕今集中詩以此篇為冠，蓋由於此。然伏闕一疏，今竟不載於集中，其尚有佚篇歟？至蔣子正《山房隨筆》載其辛棄疾席上賦羊腰腎羹絕句，及為張栻作張浚挽詩，以集中不載為遺珠之憾〔五〕。核以岳珂《桯史》，蓋小說之附會，非脫漏也（語詳《龍洲詞》條下）。〔六〕

（《四庫全書總目》卷一百六十二）

【注釋】

〔一〕【書名】劉過自號龍洲道人，故以名其集。

〔二〕【楊維楨弔其墓詩】讀君舊日伏闕疏，喚起開禧一段愁。龍川狀元曾表怪，冷山使者忍包羞。東江風雨一斗酒，大地山河百尺樓。白鶴飛來作人語，道人赤壁政橫舟。（元謝應芳《龜巢稿》卷三、明錢穀《吳都文粹續集》卷十五均引之。）

〔三〕【龍洲道人集】《龍洲集》十五卷，內詩十卷，賦一首，詞二卷，雜文二卷，附錄一卷。編者無識，以前十卷為詩集，後五卷為文集，且混附錄為序跋，可哂也。（《知聖道齋讀書跋》卷二）

今檢四庫本，與彭元瑞所述卷數吻合，此則《提要》著錄之卷數反而與之不合。其中賦一首指《獨醒賦》。集中已有詞二卷，《四庫全書》中又別出《龍洲詞》一卷，亦為重出。

〔四〕【史源】《桯史》卷二「劉改之詩詞」條。

〔五〕【遺珠之憾】辛稼軒帥浙東時，晦庵、南軒任倉憲使。劉改之欲見，辛不納。二公為之地云：「某日公燕，至後筵便坐，君可來。門者不納，但喧爭之，必可入。」既而，改之如所教，門外果喧嘩。辛問故，門者以告，辛怒甚。二公因言：「改之，豪傑也，善賦詩，可試納之。」改之至，長揖。公問：「能詩乎？」曰：「能。」時方進羊腰腎羹，辛命賦之。改之對：「寒甚，願乞卮酒。」酒罷，乞韻。時飲酒手顫，餘瀝流於懷，因以流字為韻。即吟云：「拔毫已付管城子，爛首曾封關內侯。死後不知身外物，也隨樽酒伴風流。」辛大喜，命共嘗此羹，終席而去，厚饋焉。席散，南軒邀至公廨，置酒，語之曰：「先君魏公，一生公忠為國。功厄於命，來挽者竟無一篇得此意。願君有作，以發幽潛。」改之即賦一絕云：「背水未成韓信陣，明星已隕武侯軍。平

生一點不平氣，化作祝融峰上雲。」南軒為之墮淚。今《龍洲集》中不見此二詩，豈遺之邪？（《山房隨筆》）

今按，錢大昕《跋山房隨筆》云：「予考《宋史·辛稼軒傳》，稼軒兩知紹興府，皆在慶元四年以後，與朱、張兩公皆不同時。晦庵提舉浙東乃在淳熙八九年間，南軒未嘗官浙東也。傳聞之難信如此！」（《潛研堂文集》卷三十）

〔六〕【整理與研究】楊明校點《龍洲集》（上海古籍出版社 1978 年版），馬興榮撰《龍洲詞校注》（江西人民出版社 1999 年版）。

138. 西山文集五十五卷

宋真德秀〔一〕（1178～1235）撰。德秀有《四書集編》，已著錄。

考《宋史》本傳，德秀有《西山甲乙稿》《對越甲乙集》《經筵講義》《端平廟議》《翰林詞草》《四六獻忠集》《江東救荒錄》《清源雜志》《星沙集志》諸書。

此本為明萬曆中福建巡撫金學曾所刊，國朝浦城縣知縣王允元又補葺之。所載詩賦而外，惟《對越甲乙稿》《經筵講義》《翰林詞草》三種，自分卷帙，其餘序記等作，但以類次，不別分名目。或即本傳所謂《西山甲乙稿》者，未可知也。他如《端平廟議》諸書俱不編入，疑其闕佚尚多。然馬端臨《通考》所載亦作五十六卷，則此本所少僅一卷，殆宋時刊本即未嘗以諸書編入耶？

德秀生朱子之鄉，故力崇朱子之緒論。其編《文章正宗》，持論嚴刻，於古人不貸尺寸，而集中諸作，吹噓釋、老之焰者不一而足，有不止韓愈《羅池廟碑》為劉昫所譏，《與大顛諸書》為朱子所摭者。白璧微瑕，固不必持門戶之見，曲為隱諱。然其他著作，要不失為儒者之言，亦不必竟以一眚掩也。（《四庫全書總目》卷一百六十二）

【注釋】

〔一〕【作者研究】林日波撰《真德秀年譜》（華中師範大學碩士論文，2006 年）。

139. 白石詩集〔一〕一卷附詩說〔二〕一卷

宋姜夔（約 1155～約 1209）〔三〕撰。夔有《絳帖平》〔四〕，已著錄。

羅大經《鶴林玉露》稱夔學詩於蕭㔻，而卷首有夔自序二篇，其一篇稱：「三薰三沐師黃太史氏，居數年，一語噤不敢吐，始大悟學即病，不若無所學者之為得。」其一篇稱:「作詩求與古人合,不如求與古人異。求與古人異,不如不求與古人合,而不能不合,不求與古人異而不能不異。」〔五〕**其學蓋以精思獨造為宗**。故序中又述千巖、誠齋、石湖,咸以為與己合,而己不欲與合,其自命亦不凡矣。今觀其詩,運思精密,而風格高秀,誠有拔於宋人之外者。傲視諸家,有以也。

《宋史・藝文志》載夔《白石叢稿》十卷,陳振孫《書錄解題》《白石道人集》三卷,今止一卷,殆非完本。考《武林舊事》載夔詩四首,《咸淳臨安志》載夔詩三首,《研北雜志》亦載夔詩一首,皆此本所無,知在所佚諸卷之內矣。〔六〕

夔又有《詩說》一卷,僅二十七則,不能自成卷帙,舊附刻辭集之首。然既有詩集,則附之詞集為不倫。今移附此集之末,俾從其類。觀其所論,亦可以見夔於斯事所得深也。(《四庫全書總目》卷一百六十二)

【注釋】

〔一〕**【書名】**庫書題作《白石道人詩集》。白石道人為姜夔之號。

〔二〕**【詩說】**即《白石道人詩說》。今按,郭紹虞先生云:「此書稱《詩說》而不稱『詩話』,亦表示重在理論,與一般詩話之述故事尚考據者有別。是書詩論亦重詩法與詩病。白石論詩,標舉四種高妙,而以『自然高妙』為極詣;標舉四種方式,而以『詞意俱不盡』為難能。此所以王士禛《漁洋詩話》稱『白石論詩未到嚴滄浪,頗亦足參微言』也。故滄浪論詩不免故作高論,有英雄欺人之態,而白石猶是於甘苦備嘗之後,發為體會有得之言,故此後之較偏性靈說者猶能取於是。」(《宋詩話考》第 91～95 頁)

〔三〕**【姜夔卒年】**陳尚君教授《姜夔卒年考》云:「姜夔只卒年當在嘉定二年(1209)夏至後到嘉定三年(1210)間。從徐照詩推測,嘉定二年的可能大些,只是確切的時間已無從考知了。」

〔四〕**【絳帖平】**宋姜夔撰。宋之論法帖者,米芾、黃長睿以下,互有疏密。夔欲折衷其論,故取漢官廷尉平之義,以名其書。首有嘉泰癸亥自序云:「帖雖小技,而上下千載,關涉史傳為多。」觀是書考據精博,可謂不負其言。(《四庫全書總目》卷八十六)

〔五〕**【白石道人詩集序】**詩本無體,《三百篇》皆天籟自鳴。下逮黃初,迄於今,人異韞,故所出亦異,或者弗省,遂豔其各有體也。近過梁溪,見尤延之(袤)先生,問余詩自誰氏。余對以異時泛閱眾作,已而病其駁如也。三薰三沐,師黃太史氏。居數年，一語噤不敢吐，始大悟學即病，顧不若無所學之為得，雖黃詩亦偃然高閣矣。先生因為余言：「近世人士，喜宗江西，溫潤有如范致能（成大）者乎？痛快有如楊廷秀（萬里）者乎？高古如蕭東夫，俊逸如陸務觀，是皆自出機軸，亶有可觀者，又奚以江西為？」余曰：「誠齋之說政爾。昔聞其歷數作者，亦無出諸公右，特不肯自屈一指耳。雖然，諸公之作，殆方圓曲直之不相似，則其所許可亦可知矣。」余識千巖於瀟湘之上，東來識誠齋、石湖，嘗試論茲事，而諸公咸謂其與我合也。豈見其合者而遺其不合者耶？抑不合乃所以為合耶？抑亦欲俎豆余於作者之間，而姑謂其合耶？不然，何其合者眾也。余又自唶曰：「余之詩，余之詩耳。窮居而野處，用是陶寫寂寞則可，必欲其步武作者，以釣能詩聲，不惟不可，亦不敢。」

作者求與古人合，不若求與古人異。求與古人異，不若求與古人合。不求與古人合，而不能不合。不求與古人異，而不能不異。彼惟有見乎詩也，故向也求與古人合。今也求與古人異，及其無見乎詩已，故不求與古人合而不能不合，不求與古人異而不能不異。其來如風，其止如雨，如印印泥，如水在器，其蘇子所謂不能不為者乎？余之詩，蓋未能進乎此也。未進乎此，則不當自附於作者之列，悉取舊作，秉畀炎火，俟其庶幾於不能不為而後錄之。或曰不可，物以蛻而化，不以蛻而累，以其有蛻，是以有化，君於詩將化矣，其可以舊作自為累乎？姑存之以俟他日。

〔六〕【版本】傳世有陸鍾輝本、姜文龍本、江春本。同治十年，桂林倪鴻書合三本並增傳、像，刻於野水閒鷗館，是為最善之本。（王欣夫《蛾術軒篋存善本書錄》第 248 頁）

140. 滄浪集（二）〔三〕卷

宋嚴羽〔一〕（約 1191～約 1248）撰。羽字儀卿，一字丹邱，邵武（今屬福建南平市）人。自號滄浪逋客。與嚴仁、嚴參齊名，世號「三嚴」。今仁與參詩集無傳，惟羽集在。

其《滄浪詩話》有曰：「論詩如論禪，漢魏晉與盛唐之詩，則第一義也。大曆以還之詩，則小乘禪也。晚唐之詩，則聲聞辟支果也……盛唐諸人，惟在興趣，羚羊掛角，無跡可求。故其妙處，透徹玲瓏，不可湊泊，如空中之音，相中之色，水中之月，鏡中之象，言有盡而意無窮。近代諸公，乃作奇特解會，以才學為詩，以議論為詩。夫豈不工，終非古人之詩也（云云）。」〔二〕

其平生大旨具在於是。考《困學紀聞》載唐戴叔倫語，謂詩家之景，如藍田日暖、良玉生煙，可望而不可即〔三〕。司空圖《詩品》有「不著一字，盡得風流」語。其《與李秀才書》又有「梅止於酸，鹽止於鹹，而味在酸鹹之外」〔四〕語，蓋推闡叔倫之意。羽之持論又源於圖。特圖列二十四品〔五〕，不名一格。羽則專主於妙遠，故其所自為詩，獨任性靈，掃除美刺，清音獨遠，切響遂稀。五言如「一徑入松雪，數峰生暮寒」，七言如「空林木落長疑雨，別浦風多欲上潮」，「洞庭旅雁春歸盡，瓜步寒潮夜落遲」，皆志在天寶以前，而格實不能超大曆之上，由其持「**詩有別才，不關於學；詩有別趣，不關於理**」之說，故止能摹王、孟之餘響，不能追李、杜之巨觀也。李東陽《懷麓堂詩話》曰：「嚴滄浪所論，超離塵俗，真若有所自得，反覆譬說，未嘗有失。顧其所自為作，徒得唐人體面，而亦少超拔警策之處。予嘗謂識得十分，只做得八九分，其一二分乃拘於才力，其滄浪之謂乎（云云）。」是猶徒知其病，未中其所以病矣。

其《詩話》一卷，舊本別行。此本為明正德中淮陽胡仲器所編，置之詩集之前，作第一卷。意在標明宗旨，殊乖體例。今惟以詩二卷著錄別集類，其詩話別入詩文評類，以還其舊焉。〔六〕（《四庫全書總目》卷一百六十三）

【注釋】

〔一〕【作者研究】郭紹虞《滄浪詩話校釋》一書附錄了嚴羽傳記三種，即朱霞《樵川二家詩》中的《嚴羽傳》，郝玉麟等監修的《福建通志》所載的《嚴羽》，鄭方坤《全閩詩話》所載之《嚴羽》。張文勳撰《嚴羽》（《中國歷代著名文學家評傳》第三卷，山東教育出版社 1984 年版）。許志剛撰《嚴羽評傳》（南京大學出版社 1997 年版、2007 年版），曹東撰《嚴羽研究》（軍事誼文出版社 2002 年版），黃培青撰《宋元時期嚴羽詩論接受史研究》（花木蘭文化出版社 2009 年版），柳倩月《詩心妙悟——嚴羽滄浪詩話新闡》（黑龍江人民出版社 2009 年版）。

〔二〕【史源】《滄浪集》卷一：「詩辯禪家者流，乘有小大宗，有南北道，有邪正，學者須從最上乘，具正法眼，悟第一義。若小乘禪，聲聞辟支果，皆非正也。論詩如論禪。漢魏晉與盛唐之詩，則第一義也。大曆以還之詩，則小乘禪也，已落第二義矣。晚唐之詩，則聲聞辟支果也。學漢魏晉與盛唐詩者，臨濟下也。學大曆以還之詩者，曹洞下也。大抵禪道，惟在妙悟，詩道亦在妙悟。且孟襄陽學力下韓退之遠甚，而其詩獨出退之之上者，一味妙悟而已。惟悟乃為當行，乃為本色……工詩有別材，非關書也。詩有別趣，非關理也。然非多讀書，多窮理，則不能極其至。所謂不涉理路，不落言筌者，上也。詩者，吟詠情性也。盛唐諸人，惟在興趣。羚羊掛角，無跡可求。故其妙處，透徹玲瓏，不可湊泊。如空中之音，相中之色，水中之月，鏡中之象，言有盡，而意無窮。近代諸公，乃作奇特解會，遂以文字為詩，以才學為詩，以議論為詩，夫豈不工，終非古人之詩也。」

〔三〕【史源】《困學紀聞》卷十八：「司空表聖云：『戴容州（叔倫）謂詩家之景，如藍田日暖，良玉生煙，可望而不可置於眉睫之前也。』李義山『玉生煙』之句蓋本於此。」

今按，戴叔倫（732～789），字幼兒，唐潤州金壇人。有《述稿》十卷，今已佚。

〔四〕【蘇軾《書黃子思詩集後》】予嘗論書以謂，鍾、王之跡，蕭散簡遠，妙在筆劃之外。至唐顏、柳，始集古今筆法而盡發之，極書之變，天下翕然以為宗師，而鍾、王之法益微。至於詩亦然。蘇、李之天成，曹、劉之自得，陶、謝之超然，蓋亦至矣。而李太白、杜子美以英瑋絕世之姿，凌跨百代，古今詩人盡廢，然魏晉以來高風絕塵亦少衰矣。李、杜之後，詩人繼作，雖間有遠韻，而才不逮意，獨韋應物、柳宗元發纖穠於簡古，寄至味於澹泊，非餘子所及也。唐末司空圖崎嶇亂兵之間，而詩文高雅，猶有承平之遺風。其論詩曰：「梅止於酸，鹽止於鹹，飲食不可無鹽梅，而其美常在鹹酸之外。」（《宋文鑒》卷一百三十一）

〔五〕【蘇軾《書黃子思詩集後》】蓋自列其詩之有得於文字之表者二十四韻，恨當時不識其妙。予三復其言而悲之。（《宋文鑒》卷一百三十一）

〔六〕【考證】四庫本《滄浪集》卷一即《滄浪詩話》，此為重出又一例。

141. 後村集五十卷〔一〕

宋劉克莊（1187～1269）撰。克莊字潛夫，莆田（今屬福建）人。以蔭入仕，官至龍圖閣直學士，諡文定。〔二〕

克莊初受業真德秀，而晚節不終，年八十，乃失身於賈似道。王士禎《蠶尾集》有是集跋，稱其論揚雄作《劇秦美新》及作《元后誄》，蔡邕代作《群臣上表》，又論阮籍晚作勸進表，皆詞嚴義正。然其《賀賈相啟》《賀賈太師復相啟》《再賀平章啟》，諛詞諂語，連章累牘，蹈雄、邕之覆轍而不自覺〔三〕。今檢是集，士禎所舉諸聯，其指謫一一不謬。較陸游《南園》二記猶存規戒之旨者，抑又甚焉。則其從事講學，特假藉以為名高耳，不必以德秀之故，遂從而為之詞也。

其詩派近楊萬里，大抵詞病質俚，意傷淺露，故方回作《瀛奎律髓》極不滿之〔四〕。王士禎《池北偶談》亦論其詩與四六皆好用本朝故事，與王義山《稼村集》同譏〔五〕。然其清新獨到之處，要亦未可盡廢。《瀛奎律髓》載其《十老詩》，最為俗格〔六〕。今南嶽第二稿惟存三首，而佚其七。則此集亦嘗經刪定，非苟存矣。文體雅潔，較勝其詩。**題跋諸篇，尤為獨擅。蓋南宋末年，江湖一派盛行，詩則汨於時趨，文則未失舊格也。**

坊本所刻詩十六卷，詩話、詩餘各二卷。毛晉《津逮秘書》又刻其題跋二卷〔七〕，而他作並闕。此為傳抄足本，前有淳祐九年（1249）林希逸序，較坊刻多文集三十卷，詩話亦較多。後集二卷蓋猶從舊刻繕錄云。〔八〕（《四庫全書總目》卷一百六十三）

【注釋】

〔一〕**【書名】**劉克莊號後村，故以名其集。

〔二〕**【作者研究】**程章燦撰《劉克莊年譜》（貴州人民出版社 1993 年版），王明見撰《劉克莊與中國詩學》（巴蜀書社 2004 年版），詹淑海撰《劉克莊評傳》（海峽文藝出版社 2017 年版）。

〔三〕**【史源】**《居易錄》卷二。

〔四〕**【史源】**《瀛奎律髓》卷二十七：「予嘗謂後村詩，其病有三，曰巧，曰冗，曰俗，而格卑不與焉。此三詩可見矣。金瘡常有些兒痛，俗也。樂器全拋曲譜生，俗也。太尉司空之聯，冗也。毀齒長鬚之聯，巧也。又每人名單是一字，尤不可法。」

〔五〕**【史源】**《池北偶談》卷十四。

〔六〕**【史源】**《老馬》：「脊瘡蹄蹇瘦闌干，火印年深字已漫。野澗有冰朝洗怯，破坊無壁夜嘶寒。身同退卒支殘料，眼見新駒韍寶鞍。昔走塞垣如抹電，安知末路出門難。」《老儒》：「向來歲月雪螢邊，老去生涯井臼前。舉孝廉科非復古，給靈壽杖定何年。空蟠萬卷終無用，專巧三場恐未然。猶記兒時聞緒論，白頭不敢負師傳。」

〔七〕**【考證】**盧文弨《抱經堂文集》卷十四《劉後村集跋》：「毛氏《津逮秘書》中載《後村題跋》凡四卷，此集無其前二卷。」（中華書局 1990 年版第 191 頁）

〔八〕【版本】殘宋本《後村居士集》，存卷十九詩餘五十一首、卷三十疏及青詞四十九首。《後村集》宋本不可見，以天一閣所藏《大全集》一百九十六卷者為最足，後來藏家，多從天一閣本傳錄者……今《大全集》足本已經涵芬樓據賜硯堂抄本影印，而五十卷本遂不復為世所重矣。（潘景鄭《著硯樓讀書記》第 472～473 頁）

142. 文山集二十一卷

宋文天祥（1236～1283）撰。天祥事蹟具《宋史》本傳。

天祥平生大節，照耀今古。而著作亦極雄贍，如長江大河，浩瀚無際。其廷試對策〔一〕及上理宗諸書〔二〕，持論剴直，尤不愧「肝膽如鐵石」之目。故長谷真逸《農田餘話》〔三〕曰：「宋南渡後，文體破碎，詩體卑弱，惟范石湖、陸放翁為平正，至晦庵諸子，始欲一變時習，模仿古作。故有神頭鬼面之論。時人漸染既久，莫之或改。及文天祥留意杜詩，所作頓去當時之凡陋。觀《指南前後錄》可見，不獨忠義貫於一時，亦斯文閒氣之發見也。」

生平有《文山隨筆》數十大冊，常以自隨。遭難後盡失之。元貞、大德間，其鄉人搜訪，編為前集三十二卷，後集七卷，世稱道體堂刻本。考天祥有《文山道體堂觀大水記》稱：「自文山門入，過障東橋，為道體堂（云云）。」則是堂本其里中名勝，而鄉人以為刊版之地者也。書中原跋九條，並詳載本事，頗可以資考證。明初其本散佚，尹鳳岐從內閣得之，重加編次，為詩文十七卷，起寶祐乙卯（1255），迄咸淳甲戌（1274），皆通籍後及贛州以前之作。江西副使陳價、廬陵（今江西吉安）處士張祥先後刻之。

附以《指南前錄》一卷、《後錄》二卷〔四〕，則自德祐丙子（1276）天祥奉使入元營，間道浮海，誓師閩粵，羈留燕邸，患難中手自編定者。《吟嘯集》則當時書肆所刊行，與《指南錄》頗相復出。《紀年錄》一卷〔五〕，亦天祥在獄時所自述，後又復集眾說以益之。惟《集杜詩》以世久單行〔六〕，未經收入，今各著於錄。至原本所載序、記、碑、銘之類，乃其家子孫所綴錄，冗雜頗甚，今並從刪削焉。（《四庫全書總目》卷一百六十四）

【注釋】

〔一〕【史源】《文山集》卷三。今按，《道體堂跋》云：「廷試前兩日，先生苦河魚，且不能食。試之日，丑、寅間強起，乘籃輿，趨馳道外，幾不能支吾。至昕，諸進士趨麗正門之旁門，先生隨群擁並而入，頂踵汗流，頓覺蘇醒。至殿廊，恭受御策題，就題命意，文思湧泉，運筆如飛，所對且萬言，未時已出矣。或謂有神物者蕩滌其中，以吐其奇，是豈偶然之故哉！」

〔二〕【史源】《己未上皇帝書》《癸亥上皇帝書》《輪對札子》均見《文山集》卷三。

〔三〕【農田餘話】舊本題明長谷真逸撰，不著名氏。所記多元末及張士誠竊據時事。

〔四〕【史源】《文山集》卷十八至卷二十。

〔五〕【史源】《文山集》卷二十一。

〔六〕【考證】四庫本題作《文信國集杜詩》。

143. 疊山集五卷

宋謝枋得〔一〕（1226～1289）撰。枋得事蹟具《宋史》本傳。

所著《易》《詩》《書》三《傳》及《四書解》，雜著，詩文，原本六十四卷，歲久散佚。明嘉靖中揭陽林光祖為廣信府知府，始以黃溥所校刊行世，僅分上下二卷。萬曆中御史吳某所輯《疊山集》，又刻之上饒，編次錯迕，未為精審。此本乃本朝康熙中弋陽知縣譚瑄所重訂，視舊本較為詳備。〔二〕

枋得忠孝大節，炳著史冊。《卻聘》一書，流傳不朽。雖鄉塾童孺，皆能誦而習之。而其他文章亦博大昌明，具有法度，不愧有本之言。觀所輯《文章軌範》，多所闡發，可以知其非苟作矣。惟原本有《蔡氏宗譜》一首，末署至元二十五年（1288）。其詞氣不類枋得，確為偽託。又有《賀上帝生辰表》《許旌陽飛昇日賀表》，此類凡十餘篇，皆似道流青詞，非枋得所宜有，亦決非枋得所肯作，其為贗本誤收，亦無疑義〔三〕。今並加刊削，不使其亂真焉。（《四庫全書總目》卷一百六十四）

【注釋】

〔一〕【作者研究】俞兆鵬撰《謝枋得年譜》（江西教育出版社 1989 年版）。

〔二〕【版本】此書有《四部叢刊》影明嘉靖刻本。張元濟跋云：「最初刊於景泰甲戌，此則嘉靖丁酉重刊也。《天祿琳琅》著錄僅二卷，為嘉靖中揭陽林光祖知廣信府時，以黃溥所校刊行。詩文篇數，視此本互有增減。丁氏《善本藏書志》有萬曆刊本，為十六卷，御史吳某據林光祖重刻於上饒，惟編次與林本有別。」（《張元濟古籍書目序跋彙編》第 917 頁）

〔三〕【評論】此種論調似過於武斷。謝枋得雖為民族英雄，但誰也不敢擔保他不作道流青詞。

144. 魯齋集二十卷

宋王柏（1197～1274）撰。柏有《書疑》，已著錄。

柏好妄逞私臆，竄亂古經。《詩》三百篇重為刪定，《書》之周誥殷盤，皆昌言排擊，無所忌憚，殊不可以為訓。其詩文雖亦豪邁雄肆，然大旨乃一軌於理。《宋史・儒林傳》稱其少慕諸葛亮之為人，自號長嘯。年逾三十，始知家學之原。案：柏之祖師愈受業於楊時，其父瀚，亦及朱子、呂祖謙之門，故史文云然。與其友汪開之著《論語通旨》，至「居處恭，執事敬」，惕然歎曰：「長嘯非聖門持敬之道。」亟更以「魯齋」。蓋其天資卓犖，本一桀驁不馴之才，後雖折節學問，以鎔煉其氣質，而好高務異之意，仍時時不能自遏。故當其挺而橫決，至於敢攻孔子手定之經。其詩文雖刻意收斂，務使比附於理，而強就繩尺，時露有心牽綴之跡，終不似濂溪諸儒深醇和粹，自然合道也。特其勇於淬礪，檢束客氣，使縱橫者一出於正，為足取耳。集中第一卷有《壽秋壑》詩〔一〕，極稱其援鄂之功，諛頌備至，是亦白璧之瑕。然核檢諸書，均不載其有依附權門之事，不知何以有此作？據正統八年（1443）楊溥序〔二〕，此集乃其六世孫四川按察司僉事迪所自編。又不知何以載之集中，略無所諱，均不可解。疑以傳疑，存而不論可矣。（《四庫全書總目》卷一百六十四）

【注釋】

〔一〕【秋壑】即賈似道。

〔二〕【楊溥序】金華王文憲公，天資高爽，學力精至，以其實見發為文章，足以明道德，使其見用，足以建事功，而卒老於邱園，惜哉！若其詩歌，又其餘事也。

【劉同跋】右詩文二十卷，宋魯齋王文憲公之所著也。其為言正大純雅，閎肆典實，而天道之顯晦，人事之治否，物理之盛衰，莫不具焉，故其羽翼乎聖賢之學，而為一代之所宗者也。

145. 須溪集十卷

宋劉辰翁〔一〕（1232～1297）撰。辰翁字會孟，廬陵（今江西吉安）人。須溪，其所居地名也。少補太學生，景定壬戌（1262）廷試入丙第，以親老請濂溪書院山長。江萬里、陳宜中薦居史館，除太學博士，皆固辭。宋亡，遂不復出。辰翁當賈似道當國，對策極言：「濟邸無後可慟，忠（良殘）〔臣戕〕害可傷，風節不（競）〔竟〕可憾。」幾為似道所中，以是得鯁直名。

文章亦見重於世。其門生王夢應作祭文，至稱韓、歐後惟先生卓然秦漢巨筆。然辰翁論詩評文，往往意取尖新，太傷佻巧。其所批點，如《杜甫集》《世說新語》及《班馬異同》諸書，今尚有傳本，大率破碎纖仄，無裨來學。即其所作詩文，亦專以奇怪磊落為宗，務在艱澀其詞，甚或至於不可句讀，尤不免軼於繩墨之外。特其蹊徑本自蒙莊，故惝恍迷離，亦間有意趣，不盡墮牛鬼蛇神。且其於宗邦淪覆之後，眷懷麥秀，寄託遙深，忠愛之忱，往往形諸筆墨，其志亦多有可取者，固不必概以體格繩之矣。

《須溪集》，明人見者甚罕，即諸書亦多不載其卷數。韓敬選訂晚宋諸家之文，嘗以不得辰翁全集為恨，聞蘭溪胡應麟遺書中有其名，往求之，卒弗能獲。蓋其散失已久，世所傳者惟《須溪記抄》及《須溪四景詩》二種，篇什寥寥。

今檢《永樂大典》所錄記序、雜著、詩餘尚多。謹採輯裒次，釐為十卷。其《天下同文集》及《記抄》所載，而不見於《永樂大典》者，亦別為抄補，以存其概。至《四景詩》則原屬單行之本，今仍各著於錄，故不復採入云。（《四庫全書總目》卷一百六十五）

【注釋】

〔一〕【作者研究】馬群撰《劉辰翁事蹟考》（《詞學》第一輯，華東師範大學出版社 1981 年版），王士博撰《劉辰翁評傳》（《中國歷代著名文學家評傳》續編，山東教育出版社 1988 年版）。

146. 湖山類稿五卷水雲集一卷

宋汪元量〔一〕（約 1241～約 1317）撰。元量字大有，號水雲，錢塘（今浙江杭州）人。度宗時以善琴供奉掖庭。宋亡，隨三宮入燕。久之，為黃冠南歸，往來匡廬、彭蠡間。元陳泰《所安遺集》中尚有《送錢塘琴士汪水雲詩》。泰，延祐二年（1315）進士，則元量亦云老壽矣。

其詩多慷慨悲歌，有故宮離黍之感，於宋末諸事皆可據以徵信。故李鶴田《湖山類稿跋》稱其記亡國之戚，去國之苦，間關愁歎之狀，備見於詩，微而顯，隱而彰，哀而不怨。開元、天寶之事，記於草堂，後人以「詩史」目之。水雲之詩，亦宋亡之「詩史」云云。〔二〕其品題頗當。惟集中《醉歌》一篇，記宋亡之事曰：「亂點連聲殺六更，熒熒庭燎待天明。侍臣已寫投降表，臣妾僉名謝道清。」以本朝太后，直斥其名，殊為非體。《春秋》責備賢者，於元量不能無譏。然元量以一供奉琴士〔三〕，不預士大夫之列，而眷懷故主，終始不渝，宋季公卿實視之有愧，其節概亦不可及。筆墨之間，偶然失檢，視無禮於君者，其事固殊，是又當取其大端，恕其一眚者矣。

黃虞稷《千頃堂書目》載《湖山類稿》十三卷，《水雲詞》三卷，久失流傳。此本為劉辰翁所選，只五卷，前脫四翻，間存評語。近時鮑廷博因復採《宋遺民錄》，補入辰翁（元）〔原〕序〔四〕，合《水雲集》刻之〔五〕。以二本參互校訂，詩多重複，今亦姑仍原本焉。〔六〕（《四庫全書總目》卷一百六十五）

【注釋】

〔一〕【作者研究】孔凡禮先生撰《關於汪元量的家世生年和著述》（《文學遺產》1982 年第 3 期），程瑞釗撰《汪元量及其詩詞之研究》（巴蜀書社 1997 年版）。

〔二〕【水雲之詩亦宋亡之詩史】李鶴田《湖山類稿跋》：「往時讀《泣血錄》，為之淚下，因歎德祐之事，意必有杭之文章巨公書於野史，後人見而悲之，未必不若予今日之讀《泣血錄》也。一日，吾友汪水雲出示《類稿》……欷歔而悲，甚於痛哭，豈《泣血錄》所可並也？唐之事，紀於草堂，後人以『詩史』目之。水雲之詩，亦宋亡之『詩史』也。其詩亦鼓吹草堂者也。其愁思抑鬱，不可復伸，則又有甚於草堂者也。噫！水雲留詩與後人哀耶？留詩與後人愁耶？可感也！重可感也！敬賦二十字書綴卷尾云：『天地事如許，英雄鬢已斑。淚添東海水，愁壓北邙山。』」（《湖山類稿》卷五）

今按，鄧之誠云：「《水雲詩》字字詩史，不止《醉歌》十首。《湖州歌》九十八首，《越州歌》二十首，《杭州雜詩》《和林石》二十三首，為有事可指也。文天祥稱其詩如風檣陣馬，快逸奔放，得於子長之遊。周方云：『讀《水雲詩》至丙子以後，為之骨立。』李玨云：『讀《汪水雲詩》而不墮淚者，殆不名人矣。』余集以為水雲以布衣流離絕域，寄意詩琴，人品既高，詩亦有《楚騷》《天問》之遺。數語可謂說盡水雲心事。淪陷時日，把其詩讀之，至『南朝千古傷心事，每閱陳編淚滿襟。我更傷心成野史，人看野史更傷心。』不覺汍瀾。」（《桑園讀書記》第 91 頁）

〔三〕【考證】南宋末，以善琴，供奉內廷。後為道士南歸，不知所終。

〔四〕【劉辰翁序】汪氏之琴，天其使之娛清夜、釋羈旅耶？何其客之至此也。琴本出於怨，而怨者聽之亦樂，謂其能雪其心之所謂也。當其奏時，如出乎人間，落乎天上，殆泊與淡相遭，而卒歸於無有，其亦有足樂耶？

〔五〕【版本】知不足齋合刻《水雲集·湖山類稿》，有乾隆三十年鮑以文跋云：《水雲集》詩二百餘首，刻於石門《吳氏詩抄》者，誤書錯簡，往往而是，讀者病之。偶得陸平原《采薇堂舊抄》，陸傳於史辰伯，史借於錢牧翁，流傳有自，允為善本。乃合《湖山類稿》刊之。《類稿》見於於晉江黃氏書目（指黃虞稷《千頃堂書目》——引者注）者，凡十三卷，又《水雲詞》三卷，訪之藏書家，均未之見，此傳抄五卷，為劉須溪選定，前脫四番，字句復多缺蝕，從《宋遺民錄》補入須溪原序……之誠案：今鮑本流傳不多，殆刻成未久，即遭書禁。此集有錢謙益識語，故遂秘之不出耳。（鄧之誠《桑園讀書記》第91頁）

〔六〕【整理與研究】孔凡禮撰《增訂湖山類稿》（中華書局1985年版），胡才甫撰《汪元量集校注》（浙江古籍出版社1999年版）。

147. 拙軒集六卷

金王寂撰。寂字元老，薊州（今屬天津）玉田人。登天德（二）〔三〕年（1151）進士。歷官中都路轉運使。謚文肅。《金史》不為立傳。元好問《中州集》載其詩，入乙集中，而仕履亦僅見梗概。今以寂詩文所著年月事蹟，參互考證，知寂自登第後，於世宗大定二年（1162）為太原祁縣令，十五年（1175）嘗奉使往白霫治獄，十七年（1177）以父艱歸，明年起復真定少尹，兼河北西路兵馬副都總管，遷通州（今屬四川）刺史兼知軍事，又遷中都副留守。二十六年（1186）冬，由戶部郎出守蔡州（今河南汝南），二十九年（1189）被命提點遼東路刑獄。章宗明昌初召還，終於轉運使之職。而集中《謝帶笏表》有「世宗饗國，臣得與諫員」語，則又嘗為諫官。又有「群言交構，擠臣不測之淵」語，而《丁未肆眚》詩有「萬里湘累得自新」句。丁未為大定二十七年（1187），《世宗本紀》載，是年三月辛亥，以皇長孫受冊肆赦，並與集合，是寂之刺蔡州，當以人言去國。而集中情事不具，其顛末莫能詳也。〔一〕

《中州集》稱寂著有《拙軒集》《北遷錄》諸書。今《北遷錄》已失傳，而好問所選寂詩僅七首，及附見《姚孝錫傳》後一首，其他亦久佚不見。惟《永樂大典》所載寂詩文尚多。雖如好問所摘《留別郭熙民》詩諸聯及蔣一葵《長安客話》所紀《盧植墓》詩逸句，皆未見全篇，亦不能盡免於脫闕，而各體具存，可以得其什七矣。〔二〕

寂詩境清刻鑱露，有戛戛獨造之風。古文亦博大疏暢，在大定、明昌間，卓然不愧為作者。金朝一代文士，見於《中州集》者不下百數十家，今惟趙秉文、王若虛二集尚有傳本，餘多湮沒無存。獨寂是編，幸於沉薶晦蝕之餘復顯於世，而文章體格亦足與《滹南》《滏水》相為抗行。謹次第裒綴，釐為六卷，俾讀者攬其崖略，猶得以考見金源文獻之遺，是亦可為寶貴矣。(《四庫全書總目》卷一百六十六)

【注釋】

〔一〕【考證】余嘉錫引文廷式語:「王寂集，《提要》稱寂出守蔡州，未詳本末。余案《金史》，事見《河渠志》，館臣偶失檢耳。」(《四庫提要辯證》第1488頁)

〔二〕【考證】此書輯自《永樂大典》，但搜輯未備，《四庫輯本拾遺》補輯其詩三首。

148. 滹南遺老集四十五卷〔一〕

金王若虛(1174～1243)撰。若虛字從之，自號慵夫，藁城(今屬河北石家莊市)人。登承安二年(1197)經義進士。歷官左司諫，轉延州(今陝西延安)刺史，入為翰林直學士。金亡後，微服歸里，自稱滹南遺老。越十年，與劉祁東遊，卒於泰山。事蹟具《金史·文藝傳》。

史稱若虛有《慵夫集》《滹南遺老集》，均曰若干卷，不詳其數。黃虞稷《千頃堂書目》載《滹南遺老集》四十五卷，與王鶚序〔二〕合。《慵夫集》虞稷雖著錄而卷數則闕。考大德三年(1299)王復翁序稱，以《中州集》所載詩二十首附卷末，則《慵夫集》元時已佚，惟此集存耳〔三〕。

此本凡《五經辨惑》二卷，《論語辨惑》五卷，《孟子辨惑》一卷、《史記辨惑》十一卷，《諸史辨惑》二卷，《新唐書辨》三卷，《君事實辨》二卷，《臣事實辨》三卷，《議論辨惑》一卷，《著述辨惑》一卷，《雜辨》一卷，《謬誤雜辨》一卷，《文辨》四卷，《詩話》三卷，雜文及詩五卷，與四十五卷之數合。然第三卷惟《論語辨惑序》一篇、《總論》一篇，僅三頁有奇，與他卷多寡懸殊，疑傳寫佚。此一卷後人割第四卷首三頁，改其標題，以足原數也。

蘇天爵作安熙行狀云:「國初有傳朱氏《四書集注》至北方者，滹南王公雅以辨博自負，為說非之。」今考《論語》《孟子辨惑》，乃雜引先儒異同之說，斷以己意。其間疑朱子者有之，而從朱子者亦不少，實非專為辨駁朱子而作。天爵所云不知何據。觀其稱陳天祥宗若虛之說，撰《四書辨疑》，因熙斥之，遂焚其稿。今天祥之書具存，無焚稿事，則天爵是說，特欲虛張其師，表章朱子之功耳，均非實錄也。

其《五經辨惑》頗詰難鄭學，於《周禮》《禮記》及《春秋》三傳，亦時有所疑，然所攻者，皆漢儒附會之詞，亦頗樹偉觀。其自稱不深於《易》，即於《易》不置一詞，所論實止四經，則亦非強所不知者矣。《史記辨惑》《諸史辨惑》《新唐書辨》，皆考證史文，掊擊司馬遷、宋祁，似未免過甚，或乃毛舉故細，亦失之煩瑣。然所摘遷之自相牴牾與祁之過於雕斫，中其病者亦十之七八。《雜辨》《君事實辨》《臣事實辨》皆所作史評，《議論辨惑》《著述辨惑》皆品題先儒之是非，**其間多持平之論，頗足破宋人之拘攣**。《雜辨》二卷，於訓詁亦多訂正。**《文辨》宗蘇軾，而於韓愈間有指謫。《詩話》尊杜甫，而於黃庭堅多所訾議**。蓋若虛詩文不尚劖削鍛鍊之格，故其論如是也。統觀全集，偏駁之處誠有，然金、元之間，學有根柢者實無人出若虛右。〔四〕吳澄稱其博學卓識，見之所到，不苟同於眾，亦可謂不虛美矣。〔五〕（《四庫全書總目》卷一百六十六）

【注釋】

〔一〕**【書名】**四庫本題為《滹南集》。

〔二〕**【王鶚序】**見四庫本卷首。王鶚（1190～1273），字百一。曹州東明人。

〔三〕**【王復翁序】**見四庫本卷首。

〔四〕**【評論】**劉咸炘認為提要評價「不免過譽」，他將王若虛的卓特之處歸納為三端：詳審於文句之法；論文重意重體而輕詞采；論事以平實近情愜理為主，而力反宋人矯激疏率小慧之說。《提要》謂「其間多持平之論，頗足破宋人之拘攣」，是也。（《劉咸炘學術論集・子學編》第510～518頁）

〔五〕**【整理與研究】**胡傳志、李定乾撰《滹南遺老集校注》（遼海出版社2006年版），李定乾撰《王若虛著述考》（《文獻》2007年第1期）。

149. 遺山集四十卷附錄一卷

金元好問〔一〕（1190～1257）撰。好問字裕之，秀容（今山西忻縣）人。登興定五年（1221）進士。歷內鄉令。天興中，除左司都事，轉行尚書省左司員外郎。金亡不仕。事蹟具《金史・文藝傳》。

是集凡詩十四卷，文二十六卷，為明儲巏家藏本。弘治戊午（1498）沁州（今屬山西）李翰為刊版以行。前有李冶、徐世隆二序〔二〕，末有王鶚、杜仁傑二跋〔三〕。集末附錄一卷，則儲巏所裒輯也。〔四〕

好問才雄學贍，金、元之際，屹然為文章大宗。所撰《中州集》，意在以詩存史，去取尚不盡精。至所自作，則興象深邃，風格遒上，無宋南渡末江湖諸人之習，亦無江西流派生拗粗獷之失。至古文繩尺嚴密，眾體悉備，而碑版誌銘諸作，尤為具有法度。晚年嘗以史筆自任，構野史亭，採金源君臣遺言往行，裒輯紀錄，至百餘萬言。今《壬辰雜編》諸書雖已無傳，而元人纂修《金史》多本所著，故於三史中獨稱完善，亦可知其著述之有裨實用矣。〔五〕（《四庫全書總目》卷一百六十六）

【注釋】

〔一〕【作者研究】朱東潤撰《元好問傳》（《朱東潤傳記作品全集》第三卷，東方出版中心 1999 年版），鍾屏蘭撰《元好問評傳》（文津出版社 1999 年版），李正民撰《元好問研究論略》（社會科學文獻出版社 1999 年版），孔凡禮纂《元好問資料彙編》（學苑出版社 2008 年版）。

〔二〕【李冶徐世隆序】四庫本未載，《御訂全金詩增補中州集》卷六十三載之。

〔三〕【王鶚跋】見四庫本卷四十末，杜仁傑跋載集末附錄之末。

〔四〕【版本】潘景鄭《明弘治本遺山先生詩集》云：「《遺山先生詩集》傳有元刊本，為平定張石舟先生所藏，道光中京師刊本據以重校，此本後歸何處，無從詳知。《四庫》著錄詩十四卷、文二十六卷、附錄一卷，云所據是弘治戊午沁州李瀚取儲巏家藏本重刊，其附錄一卷，則巏所裒輯也云云。愚按瀚本實非一刻，以余所藏弘治本證之，瀚所刊止詩集二十卷。自序云：『奉命巡按河南，取家藏詩集，屬汝州高士達刻行之。』不言儲巏所藏，亦無附錄一卷。又重刻至元段成式一序，段序只稱得詩凡千二百八十首，不及遺文，是元刊有詩無文明矣。《提要》所據，疑別為一刻，而非瀚初刊之本。」（《著硯樓讀書記》第 477 頁）潘景鄭《校本元遺山詩集》云：「遺山詩注，世傳烏程施國祁注本為佳，平定張穆亦曾校理刊行。施氏諳習金源故聞，有《金史詳校》之著，宜於遺山行事多所傳習也。」（同上第 478 頁）

〔五〕【整理與研究】姚奠中主編《元好問全集》（山西人民出版社 1990 年版），趙永源撰《遺山詞研究》（上海古籍出版社 2008 年版），狄寶心撰《元好問詩編年校注》（中華書局 2010 年版）及《元好問文編年校注》（中華書局 2012 年版），顏慶餘撰《元好問與中國詩歌傳統研究》（上海古籍出版社 2020 年版）。

150. 湛然居士集十四卷

元耶律楚材〔一〕（1190～1244）撰。楚材字晉卿。遼東丹王八世孫，金尚書右丞履之子。從太祖平定四方。太宗時官至中書令。至順元年（1330）追封廣寧王，諡文正。事蹟具《元史》本傳。耶律或作移剌，蓋譯語之訛。焦竑《經籍志》以為兩人，非也。

是集所載，詩為多，惟第八卷、第十三卷、十四卷稍以書序碑記錯雜其中，編次殊無體例，疑傳寫者亂之。史稱其旁通天文、地理、術數及二氏、醫卜之說，宜其多有發揮，而文止於斯，不敵詩之三四，意者尚有佚遺歟？然十四卷之數與諸家著錄皆符，或經國之暇，惟以吟詠寄意，未嘗留意於文筆也。

王士禛《池北偶談》摘錄其《贈李郡王筆》《寄平陽潤老》《和陳秀玉韻》〔二〕《贈富察元帥河中》《遊西園》《壬午元旦〔三〕》諸詩，以為頗有風味，而稱其集多禪悅之說〔四〕。考僧行秀所作集序稱，楚材年二十七，受顯訣於萬松，盡棄宿學，其耽玩佛經，蓋亦出於素習。平水王鄰則曰：「……」「按：元裕之《中州集》載右相文獻公詩，又稱趙閒閒為吾道主盟，李屏山為中州豪傑，知晉卿學問淵源有自來矣，故旁通詣極，而要以儒者為歸（云云）。」〔五〕今觀其詩語皆本色，惟意所如，不以研煉為工。雖時時出入內典，而大旨必歸於風教。鄰之所云，殊為能得其真矣。〔六〕（《四庫全書總目》卷一百六十六）

【注釋】

〔一〕【作者研究】王國維、張相文、劉濟華等皆撰年譜，劉曉撰《耶律楚材傳》（南京大學出版社 2001 年版，末附年譜）。

〔二〕【過燕京和陳秀玉韻】回首親朋半土邱，嗟予十稔浪西遊。半生兵革慵開眼，一紙功名暗點頭。下士笑予謀計拙，至人知我謂心憂。再行不憚風沙惡，鶴跡雲蹤任去留。（《湛然居士集》卷三）

〔三〕【元旦】舊曆正月初一。

〔四〕【史源】《池北偶談》卷十七「耶律文正詩」條：「元耶律文正《湛然居士集》十四卷中多禪悅之語，其詩亦質率間有可採者，略摘數篇……已上數作，頗有風味，皆從軍西域之作也。」

〔五〕【史源】《元詩選初集》卷十二「耶律中書令楚材湛然居士集」：「楚材字晉卿，遼東丹王突欲八世孫，金尚書右丞履之子也。生三歲而孤，比長，博極群書，旁通天文、地理、術數及釋老、醫卜之說，下筆為文如宿構者……萬松野老行秀為之序曰：湛然居士年二十有七，受顯訣於萬松。盡棄宿學，冒寒暑、無晝夜者三年……以至扈從西征六萬餘里，歷艱險，困行役，而志不少沮；跨崑崙，瞰瀚海，而志不加大。客問其故，曰：『汪洋法海涵養之力也。』又嘗慨然曰：『惟屏山、閒閒可照吾心耳。』片言隻字皆出於萬化之原，而膚淺未臻其奧者，方索諸聲偶，鍛鍊之餘，正如撿指蒙學對句之牧豎，望涯於少陵詩史者矣。平水王鄰曰：『中書湛然有天然之才，如寶鑒無塵，寒冰絕翳。』按：元裕之《中州集》載右相文獻公詩，又稱趙閒閒為吾道主盟，李屏山為中州豪傑，知晉卿學問淵源有自來矣。旁通詣極，而要以儒者為歸，故當經營創制之初，馳驅絕域，宜若無暇於文，而雄篇秀句，散落人間，為一代詞臣倡始，非偶然也。」

司馬按，《總目》此處誤讀顧嗣立《元詩選》原文，於平水王鄰之語未加稱引，反而將顧嗣立的按語「按：元裕之《中州集》載右相文獻公詩，又稱趙閒閒為吾道主盟，李屏山為中州豪傑，知晉卿學問淵源有自來矣，故旁通詣極，而要以儒者為歸」誤認為是王鄰之語，不免張冠李戴。又按，顧嗣立《元詩選》所引行秀序亦與原文略有出入。趙閒閒指金代趙秉文（1159～1232），秉文字周臣，自號閒閒道人，滏陽人。金大定二十五年（1185）進士。事蹟具《金史》本傳。著有《滏水集》。郭紹虞先生認為：「他是金代第一流的作家，其地位好似歐陽修之在北宋，巋然為一代宗主。」（《中國文學批評史》下卷第 82 頁）

〔六〕【整理與研究】以謝方點校本（中華書局 1986 年版）為佳。

151. 陵川集三十九卷附錄一卷

元郝經〔一〕（1223～1275）撰。經有《續後漢書》，已著錄。

其生平大節炳耀古今，而學問文章亦具有根柢〔二〕。如太極先天諸圖說、《辨微論》〔三〕數十篇，及論學諸書，皆深切著明，洞見閫奧。《周易》《春秋》諸傳，於經術尤深。故其文雅健雄深，無宋末膚廓之習。其詩亦神思深秀，天骨挺拔，與其師元好問可以雁行，不但以忠義著也。

延祐五年（1318），經門人集賢大學士郭貫請，以是集與所作《續後漢書》官為刊版，付待制趙穆、編修官浦道源等詳定。得旨允行。卷首所載江西中書省札付咨文，蓋即其事。後官版散佚，明正德己卯（1519）沁水李淑淵重刊於鄂州，陳鳳梧序〔四〕之。康熙乙酉（1705），武進陶自悅守澤州（今屬山西），得李本於州民武氏家，欲鋟木未果，僅為製序弁其首〔五〕。乾隆戊午（1738），鳳臺王鏐始校刊之，而摭諸書之有涉於經者，別為附錄一卷，綴之於末。其志、傳行、狀官、誥札諮及元、明人原序，皆仍舊刻冠於首。今所行者，皆鏐此本云。(《四庫全書總目》卷一百六十六)

【注釋】

〔一〕**【郝經】** 字伯常，山西陵川人。謚文忠。事蹟具《元史》本傳。

〔二〕**【作者研究】** 李涵撰《也論郝經》(《元史論叢》第3輯，中華書局1986年)。

〔三〕**【古無經史之分】**《辨微論》凡十篇，其中《經史》篇云：古無經史之分。孔子定「六經」，而經之名始立，未始有史之分也。「六經」自有史耳，故《易》即史之理也，《書》史之辭也，《詩》史之政也，《春秋》史之斷也，《禮》《樂》經緯於其間矣，何有於異哉？至馬遷父子為《史記》，而經、史始分矣。其後遂有經學，有史學，學者始二矣。經者，萬世常行之典，非聖人莫能作史，即記人君言動之一書耳。經惡可並，雖然，經史而既分矣。聖人不作，不可復合也。第以昔之經，而律今之史可也。以今之史而正於經，可也。若乃治經而不治史，則知理而不知跡，治史而不治經，則知跡而不知理。苟能一之，則無害於分也。故學經者不溺於訓詁，不流於穿鑿，不惑於議論，不泥於高遠，而知聖人之常道，則善學者也。訓詁之學，始於漢，而備於唐。議論之學始於唐，而備於宋。然亦不能無少過焉，而訓詁者或至於穿鑿，議論者或至於高遠，學者不可不辨也。學史者不昧於邪正，不謬於是非，不失於予奪，不眩於忠佞，而知所以廢興之由，不為矯詐欺，不為權利誘，不為私嗜蔽，不以記問談說為心，則善學者也。古無史之完書，三變而訖於今，左氏始以傳《春秋》，錯諸國而合之；馬遷作《史記》，離歷代而分之；溫公作《通鑑》，復錯歷代而合之，三變而史之法盡矣。古不釋經，亦三變而訖於今，訓詁於漢疏，釋於唐，議論於宋，三變而經之法盡矣。後世無以加也，但學之而不遺，辨之而不誤，要約而不繁，得其指歸而不異，而終之以力行而已矣。嗚呼！後世學經者，復務於進取科名，徇時之所尚，破碎分裂，經之法復變矣。學史者務於博記注，滋談辯，釣聲譽，以愛憎好尚為意，混淆蕪偽，而史之法復變矣。其將變而無窮耶？其亦變而止於是耶？其由變而經史之道遂亡也邪？九師興，而《易》道微；《三傳》作，而《春秋》散。昔人之議猶若是，矧於今之變乎？變而不已，其亦必亡矣。(《陵川集》卷十九)

〔四〕**【陳鳳梧序】** 見四庫本卷首。

〔五〕**【陶自悅序】** 見四庫本卷首。

152. 歸田類稿二十四卷

元張養浩〔一〕（1270～1329）撰。養浩有《三事忠告》，已著錄。

是編乃其詩文也。養浩嘗自序〔二〕其集，稱《退休田野錄》，所得詩、文、樂府九百餘首，岐為四十卷，名曰《歸田類稿》，富珠哩翀序〔三〕案：富珠哩翀，原作孛朮魯翀，今改正。作三十八卷，卷數已異。《文淵閣書目》載養浩《雲莊傳家集》一冊，《雲莊集》三冊。焦竑《國史經籍志》則作張養浩《文忠集》十八卷，書名卷數更均與養浩自序不符。黃虞稷《千頃堂書目》雖載《歸田類稿》之名，而亦無卷數。考吳師道序云：「公《雲莊集》四十卷，已刻於龍興學宮。臨川危太樸掇其有關於治教大體者為此編，而屬予以序（云云）。」〔四〕則龍興所刻者，即養浩手編之類稿，而改其名曰《雲莊集》，亦即《文淵閣書目》之三冊。危素所刪定者，即《經籍志》之《張文忠集》十八卷，而所謂《傳家集》一冊者，當由後人掇拾，乃外集、補遺之類也。然蘇天爵輯《元文類》僅錄養浩文二篇，故明葉盛《水東日記》，頗以天爵失載《諫燈山疏》為譏。疑元末已鮮流播。

近時王士禎偶得養浩《王友開墓誌》，歎其奇詭，載之《皇華紀聞》，則亦未見其全集。惟明季有刻本二十七卷尚存於世，既多漏略，編次亦失倫類。今據以為本，而別採《永樂大典》所載，刪其重複，補其遺闕，得雜文八十八首，賦三首，詩四百六十三首，共為五百八十四首，釐為二十四卷，較之九百原數已及其大半，亦足見其崖略矣。又集中有《和陶詩序》，自謂：「年五十二退居無事，日讀陶詩，擬其題以發己意，得詩若干篇（云云）。」今集中乃無一篇，殆別為一編，未以入集，故《永樂大典》不收歟？〔五〕

養浩為元代名臣，不以詞翰工拙為重輕。然讀其集，如《陳時政》諸疏，風采凜然，而《哀流民操》《長安孝子賈海詩》諸篇，又忠厚悱惻，藹乎仁人之言。即以文論，亦未嘗不卓然可傳矣。（《四庫全書總目》卷一百六十六）

【注釋】

〔一〕**【張養浩】**字希孟，號雲莊。山東濟南人。事蹟具《元史》本傳。

〔二〕〔三〕〔四〕**【自序他序】**均見四庫本卷首。

〔五〕**【版本】**北京大學圖書館、靜嘉堂文庫均藏元刊本二十八卷全本，堪稱雙璧。（《日本藏漢籍珍本追蹤紀實》第 320 頁）《為政忠告》有《四部叢刊》影元本。（《張元濟古籍書目序跋彙編》第 941 頁）

153. 桐江續集三十七卷

元方回〔一〕（1227～1307）撰。回有《續古今考》，已著錄。

所撰有《虛谷集》，今未見。此《桐江續集》皆其元時罷官後作。集中有自序，稱二十卷。而《千頃堂書目》作五十卷。今觀集中，四卷末題從事郎、寧國路儒學教授、同舍生曹祐編次，五卷末題男方存心、正心刊行，六卷末題初授徽州路儒學教授馮蒙龜、林一桂等刊，九卷末題表侄劉秉懿謹編刊行，十卷末題甥侄汪庭芝謹編，二十五卷末題古杭徐芝石宅滄浪山房刊行，二十七卷末題學生徐編次，而佚其名。則後人所增益，非其舊也。

此本猶元時舊刻，有玉蘭堂印，又有季滄葦藏書印，蓋文徵明所藏，復歸泰興季振宜者。詩集闕一卷、二卷、三卷、二十一卷、二十三卷、二十四卷、二十六卷、三十二卷、三十四卷、三十六卷、三十九卷、四十卷、四十一卷，僅存二十九卷。文集惟第一卷目次可辨，餘皆初刊稿本。「卷」字下但有墨臺，不知首尾，以數計之，約存八卷，中間頗有闕頁，無別本可校，今亦仍之。觀吳之振重刊《瀛奎律髓》，疑書首一序非回所作。今集中載此文，在《送王俊甫序》後，《劉子敬吟卷序》前〔二〕。知之振未見此集，則亦希觀之本，不以殘闕廢矣。

回人品卑污，見於周密《癸辛雜識》者，殆無人理。〔三〕然觀其集中諸文，學問議論，一尊朱子，崇正辟邪，不遺餘力，居然醇儒之言。就文言文，要不可謂其悖於理也。其詩專主江西，平生宗旨悉見所編《瀛奎律髓》中。雖不免以粗率生硬為老境，而當其合作，實出宋末諸家上，更不能以其人廢矣。〔四〕

（《四庫全書總目》卷一百六十六）

【注釋】

〔一〕**【作者研究】**潘柏澄撰《方虛谷研究》（臺灣文豐出版社 1978 年版），書後附錄《方虛谷年譜》。毛飛明撰《方回年譜與詩選》（杭州大學出版社 1993 年版）。

〔二〕**【瀛奎律髓序】**《桐江續集》卷三十二。

〔三〕**【校勘】**《四庫全書》本卷首提要在此處多出以下一段文字：「其初以《梅花百詠》媚賈似道，後似道勢敗，即迎合時局，上似道十可斬之疏，得知嚴州元兵將至，倡為死封疆之說甚壯，既而不知所在，則已迎降於三十里外矣，其居心尤巧詐可鄙。按：明都穆《南濠詩話》嘗為回辨白，然穆別無所據，但雲夢中見回自辨，然則欲顛倒前史是非者，皆可託之於夢矣。故今不用其說，謹附識於此。」

〔四〕郭紹虞先生云:「即就《瀛奎律髓》一書而言,一般人的毀譽亦不太一致。吳之振序此書稱其學術之正,詮釋之善,論世則使作者之心千載猶見,評詩則使風雅之軌後學可尋,推尊備至,極言其不可廢。而紀昀於《瀛奎律髓刊謬序》則又謂其選詩之弊有三:一曰矯語古淡,一曰標題句眼,一曰好尚生新;論詩之弊亦有三:一曰黨援,一曰攀附,一曰矯激。詆諆攻擊又不遺餘力。實則又不免失之過偏。惟近人方孝岳所著《中國文學批評》一書,較能闡述虛谷論詩之旨。」(《中國文學批評史》下卷第107頁)

154. 剡源集三十卷

元戴表元〔一〕(1244～1310)撰。表元字帥初,一字曾伯,慶元奉化(今屬浙江)人。宋咸淳中登進士乙科。除建康教授,遷臨安,又遷行戶部掌故,國子主簿,皆以兵亂不就。元大德中以薦除信州教授〔二〕,調婺州(今浙江金華),移疾歸。再以修撰博士薦,不起,終於家。事蹟具《元史·儒學傳》。

表元所著《剡源集》,明初上於史館,宋濂曾序而刻之〔三〕,凡二十八卷,其版久佚。此本乃嘉靖間四明周儀得其舊目,廣為搜輯,釐為三十卷。表元後裔洵復梓行之。王士禎《居易錄》稱,海寧刻《剡源集》四卷,乃黃宗羲所選錄,非完書也。〔四〕

表元少從王應麟、舒岳祥〔五〕遊,學問淵源具有授受。顧嗣立《元詩選》小傳稱:「宋季文章,氣萎苶而詞骫骳。帥初慨然以振起斯文為己任。其學博而肆,其文清深雅潔,化朽腐為神奇,間事摹畫,而隅角不露。尤自秘重,不妄許與。至元、大德間,東南之士,以文章大家名重一時,帥初一人而已。」又引宋濂之言曰:「濂嘗學文於黃文獻公,公於宋季詞章之士樂道之而不已者,惟剡源戴先生為然(云云)。」〔六〕於元人之中,推之獨至。今觀其詩文,信嗣立所論不誣也。〔七〕(《四庫全書總目》卷一百六十六)

【注釋】

〔一〕**【作者研究】**孫苐侯撰《宋元戴剡源先生表元年譜》(臺灣商務印書館1978年版)。

〔二〕**【考證】**時為大德八年,即1304年。

〔三〕**【宋濂序】**見四庫本。潘景鄭先生《馬寒中刻本剡源文抄》云:「《戴剡源全集》三十卷,以洪武本為最古,萬曆本即從之出。道光庚子郁氏宜稼堂重刊

本，校勘精審，較萬曆本為勝……洪武刊全集，經涵芬樓影印，化身奚止千百。」(《著硯樓讀書記》第480頁)

〔四〕【史源】《居易錄》卷一。

〔五〕【舒岳祥】(1218～1298)，字舜侯，一字景薛。台州寧海人。著有《閬風集》。

〔六〕【史源】《元詩選初集》卷八。今按，骫骳，即骫骳，頑皮。胡文英《吳下方言考・四支》:「骫骳，音還皮……案：骫骳，嬉戲也。吳諺謂好戲為骫骳。」

〔七〕郭紹虞云:「戴氏論文，猶與宋代道學家之主張不甚異。至其論詩，似乎比較重要，因為他能轉變宋詩風氣，提出復古主張而為明詩先聲的緣故。」(《中國文學批評史》下卷第112頁)

155. 松雪齋集十卷外集一卷

元趙孟頫〔一〕(1254～1322)撰。孟頫字子昂，宋太祖之後，以秀王伯圭賜第湖州，故為湖州(今屬浙江)人。年十四，以父蔭入仕。宋亡，家居。會程鉅夫訪遺逸於江南，以孟頫入見，即授兵部郎中，累官翰林學士承旨。卒，追封魏國公，謚文敏。事蹟具《元史》本傳。

楊載作孟頫行狀，稱所著有《松雪齋詩集》，不詳卷數。明萬曆間江元禧所編《松雪齋集》寥寥數篇，實非足本。惟焦竑《經籍志》載孟頫集十卷，與此本目次相合，而史所稱「琴原樂原得律呂不傳之妙」者，檢勘均在其中。外集雜文十九首，亦他本所未載，蓋全帙也〔二〕。

孟頫以宋朝皇族改節事元，故不諧於物論。觀其《和姚子敬韻》詩有「同學故人今已稀，重嗟出處寸心違」句，是晚年亦不免於自悔。然論其才藝，則風流文采冠絕當時，不但翰墨為元代第一，即其文章亦揖讓於虞、楊、范、揭〔三〕之間，不甚出其後也。集前有戴表元序，見《剡源集》中，末題大德戊戌(1298)歲。蓋孟頫自汾州(今山西汾陽)知州謁告歸里時，裒集所作，請表元序之者。表元不妄許與，而此序推挹甚至〔四〕，其有所以取之矣。後人編錄全集，仍錄此序以為冠，非無意也。〔五〕(《四庫全書總目》卷一百六十六)

【注釋】

〔一〕【作者研究】任道斌撰《趙孟頫繫年》(河南人民出版社1984年版)，戴麗珠撰《趙孟頫文學與藝術之研究》(臺灣學海出版社1986年版)，岑其撰《趙孟頫研究》(西泠印社出版社2006年版)，陳雲琴撰《松雪齋主：趙孟頫傳》(浙江人民出版社2006年版)。

〔二〕【版本】潘景鄭先生《元刻趙松雪集》云：「元刻《松雪齋文集》十卷，《外集》一卷，目錄一卷，行狀諡文一卷，都十三卷，刊於至元後己卯歲，為子仲穆所輯。是為松雪齋第一刻本。松雪翁詞翰妙絕一世，故遺集流佈最廣。」（《著硯樓讀書記》第 481 頁）靜嘉堂文庫藏《趙子昂詩集》七卷，為元至元七年（1341）務本堂刊本，與中國國家圖書館所藏堪稱雙璧。（《日本藏漢籍珍本追蹤紀實》第 322～323 頁）

〔三〕【虞、楊、范、揭】分別指「元詩四大家」虞集、楊載、范梈、揭傒斯。楊載（1271～1323），字仲弘。浦城（今屬福建）人，後徙杭州。事蹟具《元史·儒學傳》。著有《楊仲弘集》。《詩法家數》一卷，舊本題元楊載撰。《四庫全書總目》卷一百九十七云：「是編論多庸膚，例尤猥雜。如開卷即云：『夫詩之為法也，有其說焉。賦、比、興者，皆詩製作之法。然有賦起，有比起，有興起云云。』殆似略通字義之人，強作文語，已為可笑……載在於元，號為作手，其陋何至於是？必坊賈依託也。」今按，袁暉等撰《漢語修辭學史》第 185～186 頁據此書分析楊載的修辭學成就，不辨真偽，似非通論。

〔四〕【戴表元序】吳興趙子昂，與余交十五年，凡五見，每見必以詩文相振激。子昂才極高，氣極爽，余跂之不能及，然而未嘗不為余盡也。最後又見於杭，始大出其平生之作曰《松雪齋詩文集》者若干卷，屬余評之……余評子昂古賦，凌厲頓迅，在楚、漢之間；古詩沈涵鮑、謝，自餘諸作，猶傲睨高適、李翺云。

〔五〕【整理與研究】任道斌點校《趙孟頫集》（浙江古籍出版社 1984 年版）。

156. 吳文正集一百卷私錄二卷

元吳澄（1249～1333）撰。澄有《易纂言》，已著錄。

是集為其孫當所編。永樂丙戌（1406）其五世孫爟所重刊，後有爟跋曰：「《支言集》一百卷，《私錄》二卷，皆大父縣尹公手所編類，刊行於世，不幸刻版俱毀於兵火。舊本散落，雖獲存者間亦殘闕。迨永樂甲申（1404），始克取家藏舊刻本重壽諸梓。篇類卷次悉存其舊，不敢更改，惟卷首增入年譜、神道碑、行狀、國史傳以冠之，但舊所闕簡，遍求不得完本。今故止將殘闕篇題列於各卷之末，以俟補續（云云）。」〔一〕則此本乃殘闕之餘，非初刻之舊矣。然檢其卷尾闕目，惟十七卷《徐君順詩序》一篇，五十四卷《題趙天放桃源卷後》一篇，五十七卷《題約說後》一篇，又三十七卷《滹南王先生祠堂記》末注「此下有闕文」而已，所佚尚不多也。

初，許衡〔二〕之卒，詔歐陽玄作神道碑。及澄之卒，又詔揭傒斯撰神道碑，首稱：「皇元受命，天降真儒，北有許衡，南有吳澄。所以恢宏至道，潤色鴻業，有以知斯文未喪，景運方興（云云）。」〔三〕當時蓋以二人為南北學者之宗。然衡之學，主於篤實以化人；澄之學，主於著作以立教。故世傳《魯齋遺書》，僅寥寥數卷；而澄於注解諸經以外，訂正張子、邵子書，旁及《老子》《莊子》《太玄》《樂律》《八陣圖》《葬經》之類，皆有撰論，而文集尚裒然盈百卷。衡之文，明白質樸，達意而止；澄則詞華典雅，往往斐然可觀。據其文章論之，澄其尤彬彬乎？

吳當所編，過於求備，片言隻字，無不收拾，有不必存而存者，未免病於稍濫。然此自南宋以來編次遺集之通弊，亦不能獨為當責矣。（《四庫全書總目》卷一百六十六）

【注釋】

〔一〕【史源】四庫本未見此跋。

〔二〕【許衡研究】陳正夫、何植靖撰《許衡評傳》（南京大學出版社 1995 年版），王素美撰《許衡的理學思想與文學》（人民出版社 2007 年版）。

〔三〕【史源】揭傒斯撰神道碑載於《吳文正集附錄》

157. 金淵集六卷

元仇遠〔一〕（1247～1326）撰。遠字仁近，一曰仁父，錢塘（今浙江杭州）人。因居餘杭溪上之仇山，自號曰山村民。世傳高克恭畫《山村圖卷》，即為遠作也。遠在宋咸淳間即以詩名，至元中嘗為溧陽教授，旋罷歸，優游湖山以終。

遠初錄所作一編，方鳳、牟巘、戴表元皆為之序。分教京口（今江蘇鎮江）時，裒所作曰《金淵集》，吾邱衍為之題詩，所謂仇仁父解秩建康，有新文曰《金淵集》者是也。二集皆已佚，故明嘉靖中顧應祥跋其《贈士瞻上人卷》，已有不見全集之憾。世所傳《興觀集》《山村遺稿》，皆從手書墨蹟搜聚成編，非其完書。近時歙縣項夢昶始採摭諸書所載，補輯為《山村遺集》一卷，刻之杭州，而所謂《金淵集》者則不可復睹。

今惟《永樂大典》所載尚數百首。考遠《贈士瞻上人》卷後有洪武二十一年僧道衍跋，其推挹甚至，蓋深傾倒於遠者，故其監修是書，載之獨夥，疑其全部收入，所遺無幾也。謹依各體排纂，編為六卷。

遠在宋末與白珽齊名，號曰「仇白」。厥後張翥、張羽〔二〕以詩鳴於元代者，皆出其門。他所與唱和者，周密、趙孟頫、吾邱衍、鮮于樞、方回、黃溍、馬臻〔三〕，皆一時名士。故其詩格高雅，往往頡頏古人，無宋末粗獷之習。方鳳序述遠之言曰：「近體吾主唐，古體吾主《選》。」翟祐又記遠自跋其詩曰：「近世習唐詩者，以不用事為第一格，少陵無一字無來處，眾人固不識也。若不用事之說，正以文不讀書之過耳。」〔四〕其言頗中江湖、四靈二派之病。今觀所作，不愧所言。而此集出自塵薶蠹蝕之餘，皆項夢昶本所不載，若有神物呵護，俾待聖朝而復顯者，為尤可寶貴矣。〔五〕（《四庫全書總目》卷一百六十六）

【注釋】

〔一〕【作者研究】何紅年撰《仇遠及其無弦琴譜》（香港論衡出版社 1997 年版）。

〔二〕【張羽】（1333～1385），字來儀，以字行。元末領鄉薦，為安定書院山長。詩名頗著，與高啟、楊基、徐賁並為「吳中四傑」。著有《靜居集》。

〔三〕【馬臻】（1254～？），字志道，號虛中，浙江杭州人。著有《霞外詩集》。

〔四〕【史源】見明朱存理《珊瑚木難》卷五。明徐伯齡《蟫精雋》卷三「山村評詩」亦引此語。今按，黃庭堅《答洪駒父書三首》云：「老杜作詩，退之作文，無一字無來處，蓋後人讀書少，故謂韓、杜自作此語耳。古之能為文章者，真能陶冶萬物，雖取古人之陳言入於翰墨，如靈丹一粒，點鐵成金也。文章最為儒者末事，然索學之又不可不知其曲折，幸熟思之。」（《山谷集》卷十九）此數語即江西派之綱領。《修辭鑒衡》卷一云：「奪胎者，因人之意，觸類而長之，雖不盡為因襲，又能不至於轉易，蓋亦大同而小異耳。《冷齋夜話》云：『規模其意而形容之，謂之奪胎。換骨者，意同而語異也。』冷齋云：『不易其意，而造其語，謂之換骨。』朱皋逢年云：『今人皆拆洗詩耳，何奪胎換骨之有？』」

〔五〕【整理與研究】張慧禾整理《仇遠集》（浙江大學出版社 2012 年版）。

158. 湛淵集一卷

元白珽〔一〕（1248～1328）撰。珽有《湛淵靜語》，已著錄。

《成化杭州府志》載珽《湛淵集》八卷，《文淵閣書目》尚著錄，今已久佚。此本為近時杭州沈菘町所輯，凡賦二首，詩六十三首，文六首。冠以戴表元序，而附以宋濂所作墓誌。表元序稱其詩甚似渡江陳去非。濂志載劉辰翁之言，稱其「不為雕刻苛碎，有雲山韶濩之音」。又月泉吟社第十八名唐楚友者，即斑之寓名，謝翱〔二〕、方鳳等亦評其格調甚高。陶九成撰《輟耕錄》，載其《演雅》十首。蓋珽在宋咸淳中已與仇遠同以詩名，入元後二人皆應薦為儒官，坎坷不達，退老湖山，出處亦略相近。

其集皆散佚之後經後人重輯，略存什一。而遠所撰《金淵集》以《永樂大典》收入，恭逢聖代右文，得邀睿鑒，重壽棗梨，而珽集以《永樂大典》未收，無從裒錄，故所傳只有此本。其中又間雜偽作，如《成化杭州府志》所載《三月八日過西馬塍》一首中，四句全與月泉吟社詩同，而第二句以「塍」字與晴、聲、名字同押，是於至正之初已用《洪武正韻》，其為依託混淆，不問可知。是則與遠所遭有幸有不幸矣。然吉光片羽，終足寶貴，固不妨與遠並傳也。（《四庫全書總目》卷一百六十六）

【注釋】

〔一〕【白珽】字廷玉，浙江錢塘人。家於西湖，有泉自竺山匯於其門，珽名曰湛淵，因以為號，復以名集。

〔二〕【謝翱】（1249～1295），字皋羽，福州長溪人。

159. 清容居士集五十卷

元袁桷（1266～1327）撰。桷有《延祐四明志》，已著錄。

其集據蘇天爵行狀及《元史》本傳，俱稱五十卷。此本卷數相符，蓋猶舊本也〔一〕。桷少從戴表元、王應麟、舒岳祥諸遺老遊，學問淵源，具有所自〔二〕。其在朝，踐歷清華，再入集賢，八登翰苑。

凡朝廷制冊、勳臣碑版，多出其手。故其**文章博碩偉麗，有盛世之音。尤練習掌故，長於考據**。集中如《南郊十議》《明堂郊天異制議》《祭天無間歲議》《郊不當立從祀議》《郊非辛日議》諸篇〔三〕，皆成宗初所上。其援引經訓，元元本本，非空談聚訟者所能。當時以其精博，並採用之。

其詩格俊邁高華，造語亦多工煉，卓然能自成一家。蓋桷本舊家文獻之遺，又當大德、延祐間，為元治極盛之際，故其著作宏富，氣象光昌，蔚為承平雅頌之聲。文采風流，遂為虞、楊、范、揭等先路之導。**其承前啟後，稱一代文章之巨公**，良無愧矣。〔四〕（《四庫全書總目》卷一百六十七）

【注釋】

〔一〕【版本】靜嘉堂文庫藏《清容居士集》五十卷，為元刊元印本，與中國國家圖書館所藏堪稱雙璧。(《日本藏漢籍珍本追蹤紀實》第323頁）今按，日本靜嘉堂文庫藏本字多有漫滅，不如國家圖書館藏本清朗。有關國家圖書館藏本簡況，可參考《文獻》2007年第2期汪桂海的文章。

〔二〕【王先生困學紀聞序】世之為學，非止於辭章而已也。不明乎理，曷能以窮夫道德性命之蘊？理至而辭不達，茲其為害也大矣。是故先儒有憂之。且夫子之言有曰：「興於《詩》，立於《禮》，成於《樂》。其品節備具見於《禮》之《經解》。夫物不燭，不足以盡天下之智；物不窮，不足以推天下之用。考於史冊，求其精粗得失之要，非卓然有識者不能也，若是其殆得之矣。在易之居業，則曰修辭立誠。而畜德懿德，必在夫聞見之廣，旁曲通譬。是則經史之外，立凡舉例，屈指不能以遽盡也。揚雄氏作《法言》，其意亦有取夫是。後千餘年，禮部尚書王先生出，知濂洛之學，淑於吾徒之功至溥，然簡便日趨，偷薄固陋，瞠目拱手，面牆背芒，滔滔相承，聒不以為恥。於是為《困學紀聞》二十卷，具訓以警。原其旨要，揚雄氏之志也。先生年未五十，諸經皆有說，晚歲悉焚棄，而獨成是書。其語淵奧精實，非紬繹玩味不能解。(《清容居士集》卷二十一）

〔三〕【史源】《清容居士集》卷四十一。

〔四〕【國學議】成周國學之制，略於大司樂。其遺禮可法者，見於《文王世子》。三代而上，詳莫得而聞焉。漢武表章「六經」，興太學，至後漢為尤盛。唐制微附益之，而其制愈加詳密。今可考也，宋朝承唐之舊，而國學之制日隳。至於紹興，國學愈廢，雖名三學，而國學非真國子矣。夫所謂三舍法者，崇寧、宣和之弊也。至秦檜而復增之，月書季考，又甚夫唐明經帖括之弊。唐楊綰嘗曰：「進士誦當代之文，而不通經史；明經但記帖括，投牒自舉，非側席待賢之意。」宋之末造，類不出此。今科舉既廢，而國朝國學定制，深有典樂教胄子之古意，倘得如唐制，「五經」各立博士，俾之專治一經，互為問難，以盡其義。至於當世之要務，則略如宋胡瑗立湖學之法，如禮樂、刑政、兵農、漕運、河渠等事，亦朝夕講習，庶足以見經濟之實。往者，朱熹議貢舉法亦欲以經說會萃，如《詩》則鄭氏、歐陽氏、王氏、呂氏；《書》則孔氏、蘇氏、吳氏、葉氏之類。先儒用心，實欲見之行事。自宋末年，尊朱熹之學，唇腐舌弊，止於《四書》之注，故凡刑獄、簿書、金穀、戶口靡密出入，皆以為俗吏而爭鄙棄，清談危坐，卒至國亡而莫可救。近者，江南學校教法止於四書，髫齔諸生相師成風，字義精熟，蔑有遺忘，一有詰難，則茫然不能以對，又近於宋世之末尚甚者，知其學之不能通也。於是大言以蓋之。議禮止於誠敬，言樂止於中和，其不涉史者，謂自漢而下皆覇道。其不能詞章也，謂之玩物喪志。又以昔之大臣見於行事者，皆本於「節用而愛人」之一語。功業之成，何所不可？殊不知通達之深者，必悉天下之利害。灌膏養根，非終於「六經」之格言不可也。又古者教法，春夏學干戈，秋冬學羽籥，若射、御、書、數，皆得謂之學，非若今所謂《四書》而止。儒者博而寡要，故世嘗以儒詬誚，由國學而化成於天下，將見儒者之用，不可勝盡儒，何能以病於世，作《國學議》。(《清容居士集》卷四十一)

160. 道園學古錄五十卷

元虞集〔一〕(1272～1348)撰。集有《平瑤記》，已著錄。

此集凡分四編，曰《在朝稿》，曰《應制稿》，曰《歸田稿》，曰《方外稿》。其中詩稿又別名《芝亭永言》。據金華黃溍序〔二〕，以是集為集手自編定。然其《天藻詩序》云：「友人臨川李本伯宗輯舊詩，謂之《芝亭永言》。」又《賦謝李伯宗》題云：「至元庚辰(1340)冬，臨川李伯宗、黃仲律來訪山中，拾殘稿二百餘篇錄之。」而李序又云：「至正元年(1335)十有一月，閫憲韓公徵先生文稿本，與先生幼子翁歸及同門之友編輯之，得《在朝稿》二十卷，《應制稿》六卷，《歸田稿》一十八卷，《方外稿》六卷。」所言與今本正相合。又考《道園遺稿》前有至正己亥(1359)眉山楊椿序，以為集季子翁歸及其門人所編，與李本序合。蓋集母楊氏為衡陽守楊文中之女，楊椿即其外家後人，其言自當無誤，亦可證黃溍所云之不足據。是編為李所定無疑也。自元暨明屢經刊雕，然皆從建本翻刻，亦間有參錯不合，蓋多出後人竄改，要當以元本為正矣。〔三〕

文章至南宋之末，道學一派侈談心性，江湖一派矯語山林，庸沓猥瑣，古法蕩然。理極數窮，無往不復。有元一代，作者雲興，大德、延祐以還，尤為極盛。而詞壇宿老，要必以集為大宗。此錄所收，雖不足盡集之著作，然菁華薈稡，已見大凡。跡其陶鑄群材，不減盧陵之在北宋。明人誇誕，動云元無文者，其殆未之詳檢乎？〔四〕(《四庫全書總目》卷一百六十七)

【注釋】

〔一〕【作者研究】《虞集年譜》（鳳凰出版社 2010 年版）。按，虞集，字伯生，號邵庵，又號道園先生，江西崇仁人。事蹟具《元史》本傳。

〔二〕【黄溍序】見四庫本卷首。

〔三〕【版本】潘景鄭先生《明嘉靖本道園學古錄》云：「雍虞先生遺集，傳世凡三種：曰《道園遺稿》者十六卷；曰《道園類稿》者五十卷；曰《道園學古錄》者五十卷。元代俱有刊本；而《學古錄》傳本為多。」（《著硯樓讀書記》第 484 頁）

〔四〕【評論】錢大昕云《潛研堂文集》卷三十一《跋道園遺稿》云：「道園能古文，而未究心史學。」（《嘉定錢大昕全集》第玖冊第 531 頁）

【整理與研究】王頲點校整理《虞集全集》（天津古籍出版社 2007 年版）。

161. 范德機詩〔集〕七卷

元范梈（1272～1330）撰。梈字亨父，一字德機〔一〕，清江（今湖北恩施）人。以薦為左衛教授，遷翰林院編修官，出為嶺海廉訪使照磨，歷轉江西湖東，後選充翰林應奉，又改閩海道知事。移疾歸。天曆二年（1329）授湖南嶺北道廉訪使經歷，以母老未赴。明年（1330）母喪，竟以毀卒。

所著有《燕然稿》《東方稿》《豫章稿》《侯官稿》《江夏稿》《百丈稿》，凡十二卷。此本七卷，不知何人所併。葉子奇《草木子》載，梈有與危素同晚步，得「雨止修竹間，案：諸本多訛間為開，今據原本改正。流螢夜深至」二句，喜甚。既而曰：「語太幽，殆類鬼作（云云）。」〔二〕即今集中《蒼山感秋》詩也。其語清微妙遠，為詩家所稱。然梈詩豪宕清遒，兼擅諸勝，實不專此一格。《閩書》又載其為閩海道知事時，以文繡局取良家子為繡工，作《閩州歌》，述其事。廉訪使遂奏革其弊，歌今亦載集中。然其事可記，其詩則語頗近俗，與沈作喆《哀扇工歌》僅相伯仲，尤不當以是概梈也。揭傒斯序其集曰：「虞伯生稱德機『如唐臨晉帖』，終未逼真，改評之曰：范德機詩，如秋空行雲，晴雷卷雨，縱橫變化，出入無朕。又如空山道者，辟穀學仙，瘦骨崚嶒，神氣自若。又如豪鷹掠野，獨鶴叫群，四顧無人，一碧萬里（云云）。」〔三〕傒斯之語，雖務反虞集之評，未免形容過當。然梈詩格實高，其機杼亦多自運，未嘗規規刻畫古人，固未可以「唐臨晉帖」一語據為定論矣。〔四〕（《四庫全書總目》卷一百六十七）

【注釋】

〔一〕【桴】木製的弩弓。今按，范梈字亨父，「亨」為「梈」字之半；一字德機，「梈」與「機」義合。

〔二〕【史源】《草木子》卷四「談藪篇」。

〔三〕【范先生詩序】與浦城楊載仲弘、蜀郡虞集伯生齊名，而余亦與之遊。伯生嘗評之曰：「楊仲弘詩如百戰健兒，范德機詩如唐臨晉帖，以余為三日新婦，而自比漢廷老吏也。」聞者皆大笑。余獨謂范德機詩以為唐臨晉帖，終未迫真……差有可彷彿耳。（《文安集》卷八）

〔四〕【木天禁語】舊本題元范德機撰。是編開卷標「內篇」二字，然別無外篇，不知何故獨名為內。其體例叢脞冗雜，殆難枚舉。其大綱，以篇法、句法、字法、氣象、家數、音節，謂之六關；每關又係子目，各引唐人一詩以實之。其七言律詩一條稱：「唐人李淑有《詩苑》一書，今世罕傳。所述篇法止有六格，今廣為十三格。」考晁公武《讀書志》，《詩苑類格》三卷，李淑撰。寶元三年豫王出閣，淑為皇子傅，因纂成此書之上。然則淑為宋仁宗時人，安得稱唐？明華陽王宣墡作《詩心珠會》，全引此條，亦作唐字。知原本實誤以為唐人，非刊本有誤。其荒陋已可想見。又云：「十三格猶六十四卦之動，不出八卦，八卦之生不離奇偶，可謂神矣。目曰屠龍絕藝，此法一泄，大道顯然云云。」殆類道經授法之語。蓋與楊載《詩法家數》出一手偽撰。考二書所論，多見趙撝謙《學範》中，知庸妄書賈，剽取《學範》為之耳。（《四庫全書總目》卷一九七）

【詩學禁臠】舊本題元范德機撰。凡分十五格，每格選唐詩一篇為式，而逐句解釋。其淺陋尤甚，亦必非真本。（《四庫全書總目》卷一九七）

今按，清吳景旭《歷代詩話》卷六十七收入《木天禁語》，署名范德機。明胡震亨《唐音癸籤》卷三十二：「《詩學禁臠》一卷，不知撰人。」而陳望道《修辭學發凡》、周振甫《中國修辭學史》、袁暉等《漢語修辭學史》均據上述二種偽書論述范德機的修辭學理論，可謂緣木求魚。博學如陳望道、周振甫，尚且不辨真偽，等之自鄶，可以無譏焉。

162. 文安集十四卷

元揭傒斯（1274～1344）撰。傒斯字曼碩，龍興富州（今江西豐城）人。延祐初，以薦授國史院編修官、應奉翰林文字，遷國子助教。告歸，復召還。

天曆初，開奎章閣，首擢為授經郎，與修《經世大典》，累官翰林侍講學士，總修遼、金、宋三史。卒於官，追封豫章郡公，謚文安。事蹟具《元史》本傳。

傒斯與虞集、范梈、楊載齊名。其文章敘事嚴整，語簡而當。凡朝廷大典冊及碑版之文，多出其手，一時推為巨製。獨於詩則清麗婉轉，別饒風韻，與其文如出二手。然神骨秀削，寄託自深，要非嫣紅姹紫、徒矜姿媚者所可比也。虞集嘗目其詩如「三日新婦」，而自目所作如「漢庭老吏」。傒斯頗不平，故作《憶昨》詩，有「學士詩成每自誇」句。集見之，答以詩曰「故人不肯宿山家，夜半驅車踏月華。寄語旁人休大笑，詩成端的向誰誇？」且題其後曰：「今日新婦老矣。」〔一〕是二人雖契好最深，而甲乙間乃兩不相下。考楊維楨《竹枝詞序》曰：「揭曼碩文章居虞之次，如歐之有蘇、曾。」其殆定論乎？

顧嗣立《元詩選》載傒斯詩題曰《秋宜集》〔二〕，今未見。焦竑《國史經籍志》載傒斯集一卷，今亦未見。此本凡詩四卷，又續集二卷，制、表、書、序、記、碑、誌、雜文六卷，乃其門人錫喇布哈（原作燮理溥化，今改正）所編。錫喇布哈字元普，泰定四年（1327）進士。第九卷有《送錫元普序》，即其人也。所編雖不足盡傒斯之著作，然師弟相傳，得諸親授，終較他本為善。觀《元詩選》所載《秋宜集》中《曉出順承門有懷太虛》絕句曰：「步出城南門，遙望江南路。前日風雪中，故人從此去。」乃割裂漢樂府半首為傒斯之詩〔三〕，則所收必不甚精矣。〔四〕（《四庫全書總目》卷一百六十七）

【注釋】

〔一〕**【史源】**程敏政《明文衡》卷五十五「虞揭詩記」條。

〔二〕**【史源】**《元詩選初集》卷三十：「詩長於古樂府、選體，而律詩長句偉然有唐人風。所著曰《秋宜集》。虞學士評其詩，謂『如三日新婦』，又謂『如美女簪花』，殆即史所稱清婉麗密者歟？」

〔三〕**【辨偽】**明陳第《毛詩古音考》卷四引古詩：「步出城東門，遙望江南路。前日風雪中，故人從此去。」明馮惟訥《古詩紀》卷二十《古詩一首》：「步出城東門，遙望江南路。前日風雪中，故人從此去。我欲渡河水，河水深無梁。願為雙黃鵠，高飛還故鄉。」《歷代詩話》卷六十七《五言短古篇法》：「辭簡意味長，言語不可明白說盡，含糊則有餘味，如『步出城東門，悵望江南路。前日風雪中，故人從此去』。」司馬按，《文安集》卷一割裂漢樂府前半部分，且將

「東門」改為「南門」，攘為己作。《御選元詩》卷六十六、陳焯編《宋元詩會》卷七十七均收入《曉出順承門有懷太虛》一詩，均誤為傒斯之詩，未及深考。

〔四〕【整理與研究】李夢生點校《揭傒斯全集》（上海古籍出版社 1985 年版）。

163. 淵穎集十二卷附錄一卷

元吳萊（1297～1340）撰。萊字立夫，浦陽（今屬浙江）人。延祐中復科舉之制，以《春秋》貢於鄉，試禮部不第。後以薦署饒州路長薌書院山長，未行而卒，年僅四十四。其門人金華宋濂等私謚為「淵穎先生」。據其《謚議》，取經義玄深為「淵」，文詞貞敏為「穎」也。

萊與黃溍、柳貫並受業於宋方鳳，再傳而為宋濂，遂開明代文章之派，故年不登中壽，身未試一官，而在元人中，屹然負詞宗之目，與溍、貫相埒。

遺稿甚夥，濂為摘其有關學術議論之大者，編為斯本。青田劉基序之〔一〕。碑文、謚議一卷，別為《附錄》〔二〕。張綸《林泉隨筆》〔三〕曰：「吳立夫《諭倭書》蓋其十八歲所作，規模仿司馬相如《諭蜀文》，其末所述諭其王之言，雖古之辨士莫能過也。其他《大遊》《觀日》兩賦，與夫《形釋》《泰誓論》《補牛尾歌》等篇，皆雄深卓絕，真先秦、兩漢間作者。」黃溍亦稱其文嶄絕雄深，類秦漢間人〔四〕。皆未免溢量。胡助謂他人患其淺陋，而萊獨患其宏博〔五〕，斯為篤論矣。王士禛《論詩絕句》有曰：「鐵崖樂府氣淋漓，淵穎歌行格盡奇。耳食紛紛說開寶，幾人眼見宋元詩？」實舉以配楊維楨。而其所選七言古詩，乃錄萊而不錄維楨，蓋維楨為詞人之詩，萊則詩人之詩，恃氣縱橫，與覃思冶煉，門戶固殊。士禛《論詩絕句》作於任揚州推官時，而《古詩選》一書，則其後來所定，所見尤深也。〔六〕（《四庫全書總目》卷一百六十七）

【注釋】

〔一〕【劉基序】四庫本未見。

〔二〕【考證】碑文、謚議，皆出宋濂之手。

〔三〕【史源】《千頃堂書目》卷十二。

〔四〕【史源】《元史》卷一百八十一。

〔五〕【浦陽淵穎吳先生文集序】見元胡助《純白齋類稿》卷二十。

〔六〕【考證】關於此書底本，王重民先生云：「元本有『翰林院印』，是四庫本即據此抄錄，《提要》未指明，今知《四庫》所據，實最善之本也。」（《中國善本書提要》第 544 頁）

164. 黃文獻集十卷

元黃溍〔一〕（1277～1357）撰。溍有《日損齋筆記》，已著錄。

其文原本經術，應繩引墨，動中法度。學者承其指授，多所成就。宋濂、王褘皆嘗受業焉。濂序〔二〕稱，所著《日損齋稿》二十五卷，溍歿後縣尹胡惟信鍥梓以傳。又有危素所編本，為二十三卷，今皆未見。此本乃止十卷，前有嘉靖辛卯（1531）張儉序稱：「舊本頗闕失，且兼載其一時泛應異端之求者，恐非公意也。索世家得善本，及公所為筆記一編，稍加刪定，付建甌尹沈璧陳圭重梓以傳（云云）。」〔三〕則儉已有所刊削，非濂所序之本。卷首題「虞守愚、張儉同校」一行，又題「溫陵張維樞重選，會稽王廷曾補訂」一行，則二人又有所竄易，並非儉所刻之本。卷數不同，有自來矣。〔四〕明人誕妄，凡古書經一刊刻，必遭一塗改。數變之後，遂失其真，蓋往往如此。然有所私損，未必有所私益，雖殘闕不完，尚可見溍之崖略也。〔五〕（《四庫全書總目》卷一百六十七）

【注釋】

〔一〕【作者研究】慈波撰《黃溍評傳》（上海人民出版社 2015 年版）。按，黃溍，字晉卿，浙江義烏人。諡文獻。事蹟具《元史》本傳。

〔二〕【宋濂序】載四庫本卷首。

〔三〕【張儉序】不見於四庫本。

〔四〕【版本】關於黃溍集的古本，有元刊二十三卷《黃文獻公集》，元刊四十三卷《金華黃先生文集》。

〔五〕【整理與研究】。王頲點校整理《黃溍集》（浙江古籍出版社 2013 年版）。王頲整理《黃溍全集》（天津古籍出版社 2008 年版）

165. 圭齋集十五卷附錄一卷

元歐陽玄〔一〕（1274～1358）撰。玄有《拯荒事略》，已著錄。玄平生三仕成均，兩為祭酒，六入翰林，三拜承旨，凡朝廷高文典冊多出其手。

揭傒斯作玄集序稱，有曰「詩流」者三卷，曰「鉛中」者十卷，曰「驅煙」者十五卷，曰「強學」者十卷，曰「述真」者三卷，其門人王師模所編〔二〕。明宋濂序則謂原集一百餘冊，皆毀於兵，惟存辛卯至丁酉七年之作二十四卷，其孫祐持編錄之〔三〕。此本詩賦四卷，文十一卷，附錄一卷，題「宗孫銘鏞編集」，又非祐持之舊矣。

孔齊《至正直記》曰：歐陽玄作文，必詢其實事而書，未嘗代世俗誇誕。時人謂文法不及虞集、揭傒斯、黃溍，而事實不妄則過之。然宋濂稱其文如雷電，恍惚雨雹交下，可怖可愕，及乎雲散雨止，長空萬里，一碧如洗〔四〕，實亦未減於三人也。虞集《道園學古錄》有《送玄謁告還瀏陽》詩曰：「憶昔先君早識賢，手封製作動成編。交遊有道真三益，翰墨同朝又十年。」〔五〕蓋集父教授於潭州，見玄文大驚，手封一帙寄集曰：「他日當與汝並駕齊驅。」故集詩云然。然則玄髫齔之初，聲價已與集相亞矣。〔六〕（《四庫全書總目》卷一百六十七）

【注釋】

〔一〕【作者研究】李文勝撰《歐陽玄年譜》（江蘇廣陵書社 2018 年版）。按，歐陽玄字原功，號圭齋，湖南瀏陽人。事蹟具《元史》本傳。

〔二〕【揭傒斯序】載四庫本卷首。

〔三〕【宋濂序】公薨二十四年，其孫祐持持公集二十四卷來，謂濂曰：「先文公之文，自擢第以來，多至一百餘冊，藏於瀏陽里第，皆毀於兵。此則在燕所錄，自辛卯至丁酉七年之間作爾。間有見於金石者，隨附入之。子幸為文，敘之以傳。」……祐持字公輔，問學精該，論議英發，無愧於家學者也。

〔四〕【宋濂序】君子評公之文，意雄而辭贍，如黑雲四興，雷電恍惚，而雨雹颯然交下，可怖可愕，及其雲散雨止，長空萬里，一碧如洗，可謂奇偉不凡者矣。非見道篤而擇理精，其能致然乎？

〔五〕【史源】《道園學古錄》卷五。

〔六〕【整理與研究】王欣夫先生輯有《圭齋文集補遺》十卷（詳見《蛾術軒篋存善本書錄》第 1370 頁）。湯銳校點整理《歐陽玄全集》（四川大學出版社 2010 年版）。

166. 待制集二十卷附錄一卷

元柳貫（1270～1342）撰。貫字道傳，浦江（今屬浙江金華市）人。大德四年（1300）薦為江山縣教諭，延祐四年（1317）授湖廣儒學副提舉，六年（1319）改國子助教，至治元年（1321）遷博士，泰定元年（1324）遷太常博士，三年（1326）出為江西儒學提舉，至正元年（1341）擢翰林待制兼國史院編修官，僅七月而卒，故世稱柳待制焉。事蹟附載《元史・黃溍傳》。

貫雖受經於金履祥，其文章軌度則出於方鳳、謝翺、吳思齊、方回、龔開、仇遠、戴表元、胡長孺，其史學及掌故舊聞則出於牟應龍。具見宋濂所作行狀中〔一〕。學問淵源，悉有所受，故其文章原本經術，精湛閎肆，與金華黃溍相上下。

早年不自存稿，年四十餘北遊燕，始集為遊稿。其後有《西雝稿》《容臺稿》《鍾陵稿》《靜儉齋稿》《西遊稿》《蜀山稿》。至正十年（1350），余闕得稿於貫子卣，以濂及戴良皆貫門人，屬其編次，凡得詩五百六十七首，文二百九十四首，勒為二十卷。闕及危素、蘇天爵各為之序，濂為之後記〔二〕。天爵序又稱有別集二十卷，今未見其傳本。考濂記稱：「尚餘詩九百七首，文二百四十八首，謄為二十卷，授先生子卣藏之。」蓋刪汰之餘，本未刻也。以數計之，詩僅存十之四，文僅存十之六，宜其簡擇之精矣。

附錄一卷，雜錄誥敕、祭文、像贊、行狀、墓表之屬，不知何人所編，卷首亦題曰「柳貫著」，其謬陋可想。又墓表今在黃溍集中，而題曰「戴良記」〔三〕，舛駁尤甚。以所記較史為詳，尚可考貫之始末，姑仍其舊本存之云爾。（《四庫全書總目》卷一百六十七）

【注釋】

〔一〕【史源】見《待制集外編附錄》。

〔二〕【余闕、危素、蘇天爵序與宋濂後記】均載四庫本中。

〔三〕【考證】此處以不誤為誤。所謂「墓表今在黃溍集中，而題曰戴良記」，其實不然。今檢四庫本原書，《元故翰林待制柳公墓表》題曰黃溍，《墓表碑陰記》題曰戴良，二者分別甚為清楚，而《四庫全書總目》混而為一。

167. 雁門集三卷集外詩一卷

元薩都拉〔一〕（約1300～約1348）撰。案：薩都拉，原作薩都剌，今改正。薩都拉字天錫，號直齋。其祖曰薩拉布哈，案：薩拉布哈，原作思蘭不花，今改正。父曰傲拉齊，案：傲拉齊，原作阿魯赤，今改正。以世勳鎮雲、代，居於雁門（今山西代縣），故世稱雁門薩都拉，實蒙古人也。舊本有干文傳序〔二〕，稱薩都拉者，譯言「濟善」也。案：薩都拉，蒙古語結親也。此云濟善，疑文傳以不諳譯語致誤。今姑仍原文，而附訂於此。則本以蒙古之語連三字為名，而集中《溪行中秋玩月》詩乃自稱為薩氏子，殊不可解。又孔齊《至正直記》載薩都拉本朱姓，非傲拉齊所生。其說不知何據。豈本非蒙古之人，故不諳蒙古之語，竟誤執名為姓耶？疑以傳疑，闕所不知可矣。據所自序，稱始以進士入官，為京口（今江蘇鎮江）錄事長。南行臺辟為掾，繼而御史臺奏為燕南架閣官，遷閩海廉訪知事，進何北廉訪經歷。干文傳序則稱其登泰定丁卯（1327）第，應奉翰林文字，除燕南經歷，升侍御史，於南臺以彈劾權貴，左遷鎮江錄事宣差，後陟官閩憲幕，與自序稍有不同，然自序當得其實也。〔三〕

虞集作《傅若金〔四〕詩序》稱：「進士薩天錫，最長於情，流麗清婉。」今讀其集，信然。楊瑀《山居新語》〔五〕嘗辨其《宮詞》中「紫衣小隊」諸語及《京城春日》詩中「飲馬御溝」之語為不諳國制，其說良是。然《驪山》詩內誤中荔枝，亦何傷杜牧之詩格乎！

集本八卷，世罕流傳。毛晉得別本刊之，並為三卷，後得荻匾王氏舊本，乃以此本未載者別為集外詩一卷，而其集復完。其中《城東觀杏花》一詩，今載《道園學古錄》中，顯為誤入，則編類亦未甚確。然八卷之本今不可得，故姑仍以此本著錄。晉跋〔六〕又稱尚有巧題七言八句百首，別為一集，惜其未見。今距晉又百餘載，其存佚益不可知矣。〔七〕（《四庫全書總目》卷一百六十七）

【注釋】

〔一〕【作者研究】周雙利撰《薩都剌》（中華書局 1993 年版），楊光輝撰《薩都剌生平及著作實證研究》（高等教育出版社 2005 年版），段海蓉撰《薩都剌傳》（蘭州大學出版社 2014 年版）。

〔二〕【辨偽】干文傳序，桂棲鵬認為是偽作，文載《文學遺產》1993 年第 5 期。

〔三〕【史源】自序不見於四庫本。

〔四〕【傅若金】（1303～1342），字與礪，江西新喻人。著有《傅與礪詩集》《詩法正論》。

〔五〕【山居新語】元楊瑀撰。楊瑀字元誠，杭州人。所記當時見聞，對元代史實有所涉及。有《知不足齋叢書》本。

〔六〕【史源】毛晉跋不見於四庫本。

〔七〕【整理與研究】殷孟倫、朱廣祁校點《雁門集》（上海古籍出版社 1982 年版）。

168. 滋溪文稿三十卷

元蘇天爵（1294～1352）撰。天爵有《〔元朝〕名臣事略》，已著錄。

所作有詩稿七卷，文稿三十卷。其詩稿《元百家詩》尚錄之，今未見其本。此為其文稿三十卷，乃天爵官浙江行省參政時，屬掾高明、葛元哲所編。

元哲，字廷哲，臨川人，以鄉貢第一人舉進士。趙汸《東山存稿》中有別元哲序一篇〔一〕，載其行履甚詳。高明，字則誠，永嘉人，登進士第，調官括蒼都錄事。趙汸又有《送高則誠歸永嘉序》〔二〕，即其人也。

天爵少從學於安熙，然熙詩文粗野不入格，天爵乃詞華淹雅，根柢深厚，蔚然稱元代作者。其波瀾意度，往往出入於歐、蘇，突過其師遠甚。至其序事之作，詳明典核，尤有法度。集中碑版幾至百有餘篇，於元代制度、人物，史傳闕略者多可藉以考見。《元史》本傳稱其身任一代文獻之寄，亦非溢美。虞集《賦蘇伯修滋溪書堂》詩有曰：「積學抱沉默，時至有攸行。抽簡魯史存，采詩商頌並。」〔三〕蓋其文章原本由沉潛典籍、研究掌故，而不盡受之於熙也。（《四庫全書總目》卷一百六十七）

【注釋】

〔一〕【史源】《東山存稿》卷二《別葛廷哲序》。

〔二〕【史源】《東山存稿》卷二《送高則誠歸永嘉序》：「高君則誠，學博而深，文高而贍。」今按，高明，字則誠。著有《琵琶記》。張憲文等輯校《高則誠集》（浙江古籍出版社 1992 年版）。

〔三〕【史源】《道園學古錄》卷一。

169. 東山存稿七卷附錄一卷

元趙汸（1319～1369）撰。汸有《周易文詮》，已著錄。

初，汸於洪武二年（1369）應召修《元史》，歸，未逾月而卒。其門人汪蔭裒輯遺文為一編，後其門人范準又搜羅補綴，汪仲魯為之序〔一〕，但稱若干卷，而不詳其數，似作序時尚未編定也。又有嘉靖戊午（1558）鮑志定序〔二〕稱：「文集散佚，間輯於汪、范二君而未備也。先翰林於先生為莫逆交，故諸所撰述，留余家藏書樓中，大率悉備。先君子棠野公追念世好，收摭先生遺文，總匯成集，攜遊北雍，潛川豫庵汪君亟請繡梓（云云）。」則此本乃志定之父所編，非汪蔭、范準之舊也。凡詩詞一卷，文六卷，附錄一卷。詩文間注本事有似汸自注者，有稱汸為「先生」，如《贈推命焦月巖》《詠蟋蟀》二詩及虞集《私試江西六君子策》之類，灼然為後人所加者。詳其語意，殆汪、范二人所附歟？康熙辛酉（1681）趙吉士重刊跋〔三〕稱，第六卷《虞集行狀》中闕二頁，今考此篇之末，其文未畢，蓋尚闕其末一頁，不但二頁也。

有元一代，經術莫深於黄澤，文律莫精於虞集。汸經術出於澤，文律得於集，其淵源所自，皆天下第一。故其議論有根柢，而波瀾意度均有典型，在元季亦翹然獨出。詩詞不甚留意，然往往頗近元祐體，無雕鏤繁碎之態。蓋有本之學，與無所師承、剽竊語錄、自炫為載道之文者，固迥乎殊矣。（《四庫全書總目》卷一百六十八）

【注釋】

〔一〕【汪仲魯序】見四庫本卷首。

〔二〕【鮑志定序】四庫本未載。

〔三〕【趙吉士跋】四庫本未載。